Mrs. Days Töchter

Mary E. Mann

Writat

Diese Ausgabe erschien im Jahr 2024

ISBN: 9789359941523

Herausgegeben von
Writat
E-Mail: info@writat.com

Inhalt

KAPITEL I

Ihre großen Stunden

Es war drei Uhr morgens, als die Gäste auf der Neujahrsparty von Mrs. William Day Sir Roger de Coverley tanzten. Sie hätten damals genauso gern daran gedacht, ihr Abendessen ohne Kleinigkeiten, Kuchen und Lehrplan einzunehmen, als den Abend ohne Sir Roger ausklingen zu lassen. Um halb sieben hatte der Tanz begonnen. Die Dame am Klavier sackte vor Müdigkeit zusammen. Violine und Cello gähnten über ihren Bögen; nur krampfhaft und halbherzig drang das Trommeln und Klingeln des Tamburins ans Ohr.

Das letzte war ein Instrument, das nicht zur kleinen Gruppe der professionellen Musiker gehörte, sondern von keinem Geringeren als Mr. William Day selbst gedreht, geschüttelt und auf Hände, Knie und Zehen geschlagen wurde.

Der Hausherr war zu beleibt zum Tanzen, von zu unruhigem und gereiztem Temperament für die Rolle des Zuschauers. Er liebte Lärm, schon immer; vor allem von ihm selbst verursachter Lärm. Er hielt keine Unterhaltung für wirklich erfolgreich, bei der man sich selbst sprechen hören konnte. Er hätte eine große Trommel vorgezogen, um die Tänzer anzuspornen, doch als das nicht gelang, hallten die Schellen des Tamburins in ihren Ohren wider.

„Das Tamburin macht so viel Spaß!" sagten immer die Tänzer, die außer Atem von Polka, Schottisch oder Galopp an seiner Seite stehen blieben. „Ein Tanz bei Ihnen zu Hause wäre ohne Ihr Tamburin überhaupt nicht dasselbe, Mr. Day."

Für solche Komplimente schlug er noch lauter, drehte es auf seinem breiten Daumen und schüttelte es über seinen großen Kopf mit dem sandfarbenen und grauen Haarschopf; Wie die finstereren seiner Gäste sich gegenseitig anvertrauten, verursachte er „einen höchst höllischen Krach."

Aber eine Übung von acht Stunden ist selbst für die angenehmste Darbietung lang genug, und als Sir Roger de Coverley das Programm beendet hatte, war das Klirren und Rasseln des Tamburins nur noch vereinzelt zu hören. Als sie dies bemerkte, verließ Deleah Day, die jüngere Tochter des Hauses, ein schlankes, dunkelhaariges und dunkeläugiges Mädchen von sechzehn Jahren, ihren Platz auf einer der beiden Seiten der Figur, die sich fast über die gesamte Länge des Zimmers erstreckte, und rannte auf sie zu Vater und nahm ihm das Tamburin ab und zog es an seinen Händen.

„Ja, Papa! Ja!" sie drängte ihn. „Seit ich laufen kann, hast du jedes Jahr Sir Roger mit mir getanzt – und das wirst du auch tun!"

Er schrie lautstark seinen Protest, lachte schallend, als er nachgab, und das alles auf die laute Art und Weise, die seiner Meinung nach zum Vergnügen beitrug. Als er nun der aufrechten, hübschen Gestalt seiner Tochter gegenüberstand, redete er mit ihr, was für ein unartiger Schurke sie sei, und rief alle auf, zu bezeugen, dass er im Begriff sei, sich zum Vergnügen seines Tyrannen – seiner Kleinen – zur Schau zu stellen Deleah. Dann drehte er sich um, die Hände auf den Schultern des jungen Mannes vor ihm, und rannte durch den Raum, um der lachenden Deleah am Ende der Prozession die Hände zu reichen, wobei er seinen schweren, kurzhalsigen Kopf senkte, um seine breite Hand zu drücken Gestalt mit ihrer schlanken Gestalt unter dem Torbogen der erhobenen Arme und stürmte wieder zu seinem Platz gegenüber seiner Tochter oben im Raum. Atemlos, lachend, stotternd, stampfend machte er alles durch.

Und jetzt sind er und seine kleine Partnerin selbst Top-Paar und müssen die halbe Länge des Raumes durchtanzen, um von dem Paar, das ihnen entgegentanzt, herumgeschwenkt zu werden; muss mit der rechten Hand, mit der linken Hand oder mit beiden Händen geschwungen werden; muss tanzen, um sich zu verbeugen, tanzen, um mit dem gegenüberliegenden Paar zu kapern, Rücken an Rücken. Und William Day, der das Tanzen geliebt hatte, bis er zu dick zum Tanzen war, und der für einen so großen, kräftigen Mann außerordentlich leichtfüßig war, schrie nie um Gnade, sondern feuerte seine Gefährten an und blieb bis zum Ende auf Trab .

"Nie wieder!" verkündete er, als der Tanz zu Ende war, und er stand da, schlug sich keuchend auf die Brust und rang nach Atem, um seinen Gästen gute Nacht zu sagen: „Niemand von euch wird mich jemals wieder dabei erwischen, wie ich mich so lächerlich mache.“

„Warum, Papa, du hast es wunderschön getanzt! Jedes Jahr wirst du Sir Roger de Coverley tanzen, und du wirst es immer mit mir tanzen.“

Er schrie, dass er es nicht tun würde. Er hat immer geschrien. Er hätte gespürt, dass er bei diesem festlichen Anlass in Rückstand geraten wäre, wenn er bis zum Schluss weniger ausgelassen gewesen wäre.

„Ich denke, es war die schönste aller unserer Partys“, erklärte Deleah ihrer Schwester, als die Mädchen in ihr Zimmer gingen.

„Mir hat es auf jeden Fall am meisten Spaß gemacht“, sagte Bessie. „Und Reggie hat das auch gesagt.“

„Du hast sechs Mal mit Reggie getanzt, Bess. Ich habe gezählt.“

„Schade, dass du nicht besser beschäftigt warst. Du wolltest wohl selbst mit ihm tanzen, nehme ich an?“

„Warum, das habe ich!" Deleah weinte und lachte. „Ich habe mit ihm die Lancers getanzt – *zweimal* . Und in der großen Kette hat er mich von den Füßen gehoben. Er ist wunderschön stark, Reggie! Hat er dich von den Füßen gehoben, Bess?"

„Reggie würde es besser wissen, als sich eine solche Freiheit herauszunehmen", sagte Bess, die nicht dunkelhäutig und *zierlich war* wie ihre Schwester, sondern rundlich und blond und etwas kräftig gebaut. „Und du bist selbst zu alt für solches Toben, Deleah; und du hast dein Kleid damit hübsch verwöhnt!"

„Meterweise Rüschen sind weg", sagte Deleah glücklich, als ob der Verlust so viel Materials ein Verdienst wäre. „Anfangs ging nur ein winziges Stück ab; Tom Marston verfing sich mit dem Zeh darin und galoppierte mit ihm und seinem Partner durch den ganzen Raum, bevor ich ihn aufhalten konnte. Oh, *wie* ich gelacht habe!"

„Mama wird nicht lachen! Sie sagte, dass du nächste Woche beim Arkwrights-Tanz das gleiche Kleid tragen musst."

„Die weiße Seide darunter ist in Ordnung – schau! Nur ein neuer Netzrock darüber. Mama wird es nicht im Geringsten stören."

„Wenn du einen neuen Netz-Überrock hast, werde ich auch einen haben. Du sollst kein Abendkleid mehr haben als ich. Also komm! Ich werde wieder Blau haben. Blauer Tarlatan mit weißen Rüschen an den Volants. Blau ist mein." Farbe. Reggie hat es heute Abend gesagt.

„Ich nehme an, er hat dich in diesem Kranz aus Vergissmeinnicht bewundert?"

„Er hat nicht gesagt, dass ich es dir sagen soll, wenn er es täte! Du gehst zu Bett und schläfst, Deleah, und mische dich nicht ein."

„Ich ziehe meine Klamotten so schnell ich kann aus. Warum ziehst du deine nicht aus, Bess?"

„Ich gehe noch nicht ins Bett. Ich warte auf Mama. Ich muss ihr etwas sagen."

„Was ist mit? Oh, Bess, erzähl es doch! Ich erzähle dir immer alles."

Sie hielt inne, stieg aus ihrem Kleid, das wie ein Haufen glänzender Seide und wogendem Netz auf dem Boden lag, und blickte ihre Schwester an. „Es hat etwas mit Reggie zu tun", erklärte sie mit großem Interesse. „Ja, das ist es! Oh, Bessie, sag es mir zuerst. Dein Gesicht ist so rot wie rot! Sag es mir zuerst!"

Du kümmerst dich um deine eigenen Angelegenheiten, Deda; und bürste dein Haar.

„Ich werde es heute Abend nicht bürsten, ich kann nicht. Es ist so filzig. Ich werde nur meine Gebete sprechen und ins Bett hüpfen.“

„Mama wird es nicht mögen, wenn du deine Haare nicht bürstest. Ich werde es ihr sagen, wenn du es nicht tust, Deda.“

„Dann sag es ihr!“ Deda forderte sie heraus und eilte in ihr Nachthemd, warf sich neben ihrem Bett auf die Knie und verbarg ihr Gesicht in ihren Händen, um sich auf die Andacht vorzubereiten.

Ein leises Klopfen an der Tür, bevor sie sich öffnete, und Mrs. Day erschien mit einem Kerzenständer in der Hand. Eine hübsche Frau mittlerer Größe, mittleren Alters, wie Frauen sich vor fünfzig Jahren offen gesagt zu sein erlaubten. Sie trug ein hübsches Kleid aus grünem Satin, einen Kopfschmuck aus weißer Spitze, grünem Samt und rosa Rosen, die ihr üppiges dunkles Haar fast bedeckten.

„Noch nicht im Bett?“ flüsterte sie und blickte auf die kleine weiße kniende Gestalt des jüngeren Mädchens, deren Haar in einer dunklen Masse aus Wellen, Locken und Wirrungen auf ihrem Rücken hing. Deleah eilte gewissenhaft durch die etablierte Form ihrer Gebete und versuchte, die vorgeschriebene Summe ihrer Bitten zu erreichen, bevor ihre Mutter ging.

„Kann ich kurz mit dir sprechen, Mama?“ forderte Bess mit einer Miene der Wichtigkeit. „Nicht hier“, blickte Deleah an; „Draußen; nur eine Minute.“

„Bete, Gott segne dich, lieber Papa und Mama, liebe Schwester und Brüder und Freunde. Mach uns alle gut und bring uns endlich sicher in den Himmel. Amen“, plapperte Deleah, ihr Gesicht auf der weißen Decke, die Ohren offen.

„Sicherlich, Liebes.“ Mrs. Day trat zurück und schloss die Tür hinter sich und ihrer Tochter.

„Ich möchte nicht, dass Deda es erfährt. Sie ist so ein Blödsinn, Mama.“

„Oh mein Lieber, ich höre das nicht gerne von dir sagen!“

„Aber sie ist es. Und sie hört sich die Dinge an.“ Hier stieß Bessie die Tür hinter sich auf und enthüllte den Täter in ihrem weißen Nachthemd auf der anderen Seite. „Ich sollte mich schämen, ein Paul Pry zu sein!“ Sagte Bessie empört und verächtlich.

Deleah war überhaupt nicht beschämt. „Mama, ich verstehe nicht, warum ich, wenn schöne, interessante Dinge passieren, sie nicht so gut kennen sollte wie Bessie!“ Sie hat sich beschwert.

Sie wurde jedoch ins Bett geschickt und dort zugedeckt, geküsst und von einer nachsichtigen, tadelnden Mutter aufgefordert, ein braves Mädchen zu sein und ruhig einzuschlafen. Welche Mutter könnte wütend auf Deleah sein, wenn sie ihr rosafarbenes und weißes Gesicht inmitten des Tumults der wirren dunklen Locken auf ihrem Kissen betrachtet!

Dann führte Bessie ihre Mutter in ein unbewohntes Zimmer ganz in der Nähe auf dem Treppenabsatz und begann, ihre Geschichte zu erzählen.

„Mama, es geht um Reggie." Der Raum wurde nur von der Flamme der Kerze beleuchtet, die Mrs. Day hielt, aber es war hell genug, um die Röte auf Bessies jungen, rundlichen Wangen sichtbar zu machen. „Mama, er hat schon wieder etwas dazu gesagt . Weißt *du* ."

„Über seine Verlobung mit dir?"

Bessie nickte verzückt, ihre Wangen und Augen strahlten und leuchteten; Ihr schöner Busen im Gewand aus weißem Tüll und Vergissmeinnicht hob und senkte sich. „Was für zwei hübsche Töchter ich habe!" Sagte Mrs. Day zu sich selbst und bedankte sich als fromme Frau entsprechend.

„Na, Schatz, und was hast du gesagt?"

„Ich sagte – ich weiß nicht, was ich gesagt habe, Mama. Wir haben den letzten Galopp getanzt – den Orlando Furioso, wissen Sie – und der Raum war so voll, und andere Paare stürmten auf uns zu – die Leute sind so schrecklich." egoistisch, wenn sie tanzen, und manche von ihnen tanzen so ausgelassen."

„Es wäre eine sehr schöne Verlobung für dich, Bessie. Ich nehme an, dass heute Abend kein Mädchen hier war, das ihn nicht gerne mitnehmen würde."

„Das weiß ich. Das weiß ich, Mama. Er auch – Reggie."

„Er hat es nicht gesagt, hoffe ich?"

„Nein. Reggie will die Dinge nicht immer genau *sagen* ."

„Aber was hat er zu dir gesagt, Liebes? Ist die Sache weiter als beim letzten Mal, als du mit mir darüber gesprochen hast?"

„Nun, ich denke schon, Mama."

„Du meinst, du und Reggie Forcus betrachten euch als verlobt?"

genauen Worte sagte, sagte er es."

„Hat er irgendetwas davon gesagt, mit Papa zu sprechen?"

„Nein. Aber ich habe es gesagt."

„ *Du* hast es gesagt, Bessie?"

„Nun, Mama! Reggie schien nicht gestört zu werden."

"Ich verstehe."

„Noch nicht ganz, verstehen Sie."

"Ich verstehe."

In der Pause, die darauf folgte, verweilten die großen Augen der Mutter, die von dunklen Ringen umgeben waren und ziemlich tief in der düsteren Blässe ihres wohlgeformten Gesichts lagen, nachdenklich auf den runden Wangen ihrer Tochter mit ihrer hellen, glatten Haut, auf ihren graugrünen Augen. und glattes blondes Haar.

„Ich fürchte, es ist nicht sehr zufriedenstellend, Bessie", sagte sie schließlich widerstrebend.

Bessies Gesicht verfinsterte sich. „Ich dachte, ich sollte es dir besser sagen."

„Sicherlich, meine Liebe."

„Ich frage mich, was wir tun sollen, Mama?"

„Zu erledigen, Bessie?"

„Ich dachte vielleicht, wenn Reggie nicht mit Papa spricht, könnte dieser Papa vielleicht mit Reggie sprechen?"

Mrs. Day schüttelte scharf widersprechend den Kopf. „Das wäre überhaupt nicht dasselbe, mein liebes Kind."

„Was sollen wir dann tun? Ich dachte, du wüsstest es. Mütter müssen diese Dinge arrangieren, nicht wahr?"

„Nun ja, Bessie, normalerweise ist der junge Mann …"

„Ich weiß. Aber Reggie will es nicht. Wenn du es unbedingt wissen musst, Mama, er hat es mit so vielen Worten gesagt."

„Dann, Bessie –!"

„Aber ich denke, dass etwas getan werden sollte. Du solltest etwas tun – oder Papa. Es kann nicht *alles* mir überlassen werden!"

Bessies Nasenspitze wurde rosa, ihre Lippe zitterte, Tränen zeigten sich in ihren blassblauen Augen. Mrs. Day legte beruhigend eine Hand auf ihren Arm.

„Wir werden jetzt nicht mehr darüber reden", sagte sie. „Wir sind beide müde. Wir werden darauf schlafen, Bessie. Geh ins Bett, Liebes, und lass alles bis zum Morgen stehen."

Mit dem silbernen Kerzenständer in der Hand ließ Mrs. Day ihren satten grünen Satin über den Treppenabsatz gleiten und blieb an der Tür von Bernard, ihrem Zweitgeborenen, stehen, der zwischen Bessie und Deleah kam. Sie lauschte einen Moment und klopfte dann an die Tür. „Im Bett, Liebes?"

"Ja Mutter."

"Lichter aus?"

„Vor einer halben Stunde."

„Nicht rauchen, Bernard?"

„Natürlich nicht. Geh weg."

Als nächstes begab sie sich zum Bett des jüngsten Kindes. Franky, der einige Stunden vor dem Rest zu Bett geschickt worden war, schlief tief und fest. Zwischen diesem Kind und Deleah lagen neun Jahre; Franky war das Baby, der Liebling von allen. Die Mutter, müde von den Pflichten und Verantwortlichkeiten des Abends, stand lange da und blickte auf das schlafende Gesicht des Jungen. Sein dunkles Haar, das dank Mutters Stolz auf seine Schönheit länger wachsen durfte, als es sich für einen Jungen gehörte, lockte sich feucht um seine Stirn, seine kleinen, dunklen, zart adlerähnlichen Gesichtszüge glichen denen der hübschen Deleah. Der ältere Junge und das ältere Mädchen mit heller Haut und glattem Haar von blassem, glanzlosem Gold ähnelten ihrem Vater; Mrs. William Day war von der Liebe zu ihrem Mann nicht so sehr geblendet, dass sie sich nicht insgeheim darüber freute, dass mindestens zwei ihrer Kinder sie „bevorzugt" hatten.

Die Mutter saß einige Minuten auf dem Bett, die Kerze im Schatten ihrer Hand, und beobachtete den regelmäßigen Atem des Kindes. „Mein lieber Franky!" sie flüsterte laut; und zu sich selbst sagte sie: „Wenn sie nur alle immer Frankys Alter behalten könnten!" Sie lächelte und seufzte und dachte an Bessie und ihre Liebesbeziehung, an der sie viele Zweifel hatte; von Bernard, der trotz Gebeten und Tadel im Bett rauchte und einmal seine Bettwäsche in Brand gesteckt hatte; sogar von Deleah, die als Schulmädchen ihre eigenen Ideen hatte und an ihnen festhielt und nicht mehr so leicht zu kontrollieren war wie früher. Wenn eine Mutter ihre Kinder immer bei sich behalten könnte, wäre es nicht schwieriger, sie glücklich zu machen als Franky!

Sie seufzte, küsste das Kind, strich ihm die bewunderten Locken aus dem Gesicht und schleppte dann ihre üppigen, voluminösen Vorhänge in ihr eigenes Zimmer, wo ihr Mann, seinem Schweigen nach zu urteilen, bereits schlief.

In dem großen, hübsch eingerichteten Schlafzimmer befand sich ein Pierglas. Als sie näher kam, fing Mrs. Day ihr Spiegelbild darin auf und blieb davor stehen. Bessie hatte gedacht, dass ihr neuer grüner Satin im Rock vielleicht einen Meter größer geworden wäre. War diese Änderung wirklich nötig, fragte sie sich? Sie zündete die Kerzen an, die von dem langen Glas abzweigten, und während sie davor stand, diskutierte sie ernsthaft mit sich selbst darüber. Sie entfernte sich vom Glas, drehte den Kopf über die Schulter und untersuchte den Rückeffekt; ging auf sich selbst zu, immer noch voller Zweifel; nahm die Fülle des Rocks in ihre Hand, ließ ihn los und breitete die reichen Falten aus. Dann drehte sie plötzlich den Kopf zu dem großen Bett, dessen rote Moränenvorhänge direkt neben den vier geschnitzten Pfosten herabhingen, und ihr Blick traf auf die weit geöffneten Augen des Mannes, der dort lag.

"Oh!" Sie weinte. „Wie du mich erschreckt hast, William! Ich dachte, du würdest   schlafen.
Wie albern musst du mich gedacht haben!“

„Nicht mehr als sonst“, knurrte William. Er vertrat die Auffassung – die war zu dieser Zeit vielleicht noch verbreiteter –, dass Frauen besser seien, wenn sie brüskiert und beleidigt würden.

„Ich überlegte, ob ich mein Abendkleid ändern lassen sollte oder nicht.“

„Es mangelt Ihnen nie an einer Ausrede, um vor dem Spiegel zu posieren. Was spielt es in Ihrer Lebensphase für eine Rolle, wie Ihr Kleid aussieht? Kommen Sie ins Bett und geben Sie mir die Chance, einzuschlafen.“

Mrs. Day löschte erneut die Kerzen, die sie angezündet hatte, und begann fügsam, sich auszuziehen. Dabei redete sie.

„Heute Abend ist alles sehr gut gelaufen, glaube ich, William?“

„Erstklassig. Der Champagnerbecher ist knapp geworden.“

„Es hätte genug sein sollen. Die Barkers trinken auf ihrer Party überhaupt keinen Champagner.“

„Wenn es darum geht, machen Sie die Sache gut. Was nützen schon hier und da ein paar Kilo mehr, wenn das Ende kommt!“

„Das Ende, William?“

„Das Jahresende. Wenn die Rechnungen eingehen.“

„Wie hat Bessie Ihrer Meinung nach heute Abend ausgesehen?“

„Ich dachte, meine kleine Deleah wäre die Ballkönigin.“

„Deleah ist nur ein Kind. Du hast nie Augen außer für Deleah.“

„Bess war in Ordnung.“

„Ich fand sie so schön und süß. Ihr Hals und ihre Arme sind wie Milch, William. Ich frage mich, ob Reggie Forcus – etwas bedeutet?“

„Ba-a! Nicht er! Kein Glück.“

„Ich verstehe wirklich nicht, warum. Ich verstehe nicht, warum unsere Mädchen nicht so viel Glück haben sollten wie die anderen Leute. Reggie wird jemanden heiraten, nehme ich an.“

„Seien Sie jetzt kein dummer Narr, wenn Sie es vermeiden können, und ermutigen Sie das Mädchen nicht, sich über solchen Unsinn zu ärgern. Francis Forcus wird seinem Bruder genauso wenig erlauben, Ihre Tochter zu heiraten, wie die Königin es ihm erlauben wird einen von ihr zu heiraten. Das habe ich dir schon gesagt.

„Aber Bessie – das arme Kind – denkt anders.“

„Dann sag Bessie, sie soll kein Arsch sein, und komm ins Bett.“

Sie ging zu Bett; und trotz ihrer beunruhigenden Gedanken an Bessie und ihre Liebesbeziehung schlief sie ein.

"Oh je!" sagte sie, als sie sich hinlegte. „Was für eine Menge Mühe wird es für die Bediensteten geben, morgen das Haus in Ordnung zu bringen; und sie kommen so spät ins Bett! Der Teppich im Wohnzimmer muss wieder hingelegt werden, und alle Möbel müssen an ihren Platz gebracht werden. Und das nur.“ Es scheint neulich, seit wir am letzten Silvesterabend das Gleiche durchgemacht haben.

„Frauen mögen es, das Haus auf den Kopf zu stellen. Dafür sind sie gemacht.“

„Ich frage mich, wie viele Tänze wir noch aufführen müssen, bevor die beiden Mädchen verheiratet sind und wir nichts mehr zu tun haben! Ich bin mir sicher, dass ich mir nie die Mühe machen werde, einen für die Jungen aufzuführen.“

„Das solltest du in der Tat nicht tun!“

„Warum sprichst du so, William? Ich weiß nicht, ob ich etwas gesagt habe, worüber du dich lustig machen könntest.“

„Oh, geh schlafen! Und hoffen wir, dass du keine schlimmeren Probleme hast als das Auslegen oder Aufnehmen eines Teppichs.“

Die alte Dienerin Emily, die seit ihrer Heirat mit den Days zusammengelebt hatte und ihrer Herrin und den jungen Leuten gleichermaßen Freundin wie Dienerin war, hatte einmal, als sie über ihren Herrn sprach, die denkwürdige

Aussage gemacht, dass er „Äpfel im Ausland" sei Krabben zu Hause. Die Interpretation dieser Rede bedeutete, dass die laute, ausgelassene gute Laune und der Hochmut, die seine Bekannten an ihm beobachteten, nicht immer das Verhalten des Hausherrn im Kreise seiner Familie kennzeichneten.

Er lag eine Zeit lang da und starrte auf das erlöschende Feuer, das auf seiner Seite des Zimmers brannte. Er lag still, um seine Frau glauben zu lassen, dass er schlief, war aber zu gereizt und unruhig, um so lange zu liegen. Er drehte sich auf seinem Kissen um, zunächst vorsichtig, um sie nicht zu wecken; Doch als sie nicht aufwachte, war sie betrübt und rief scharf ihren Namen.

„Du schläfst wie ein Schwein", sagte er. „Ich habe meine Augen nicht geschlossen, seit ich ins Bett gekommen bin."

Die Tatsache, dass sie schlafen konnte und er nicht, war für ihn ein Kummer, der aus ihrer Ehe vor zwanzig Jahren stammte. Die arme Mrs. Day war zu dem Schluss gekommen, dass ihre Vorliebe, beim Zubettgehen zu schlafen, darauf zurückzuführen sei, dass sie es versäumte, sich dafür zu entschuldigen und es, wenn möglich, zu verbergen. Sie wurde oft vorgetäuscht, um zu protestieren, dass sie auch wach gelegen hatte. Er erhielt eine ähnliche Aussage, als sie es jetzt in verächtlichem Schweigen tat.

„Ich habe darüber nachgedacht, was Sie mir über Bess und den jungen Forcus erzählen", sagte der Vater. „Natürlich wäre es eine sehr gute Sache für das Mädchen, wenn zufällig etwas darin wäre."

„Ich freue mich, dass du es endlich in diesem Licht siehst, William. Ich habe natürlich immer gewusst, dass es eine gute Sache sein würde."

Forcus   gehen   sollte   ."

„Reggies Bruder? Oh nein, William! Das würde ich nicht tun."

„Und warum nicht, bete? Du und ich können nie zwei Minuten lang eine Sache im gleichen Licht betrachten. Wenn ich mich auf meinen Rudern ausruhen will, drängst du mich dazu, aufzustehen und zu arbeiten. Wenn ich anfange Sehen Sie, es ist Zeit für mich, einzugreifen. Es heißt „Oh nein, William!" An Widersprüchen gab es nie etwas Vergleichbares.

„Trotzdem sollte ich nicht zu Sir Francis gehen."

„Und warum nicht? Was ist Ihr Grund? Was spricht dagegen? Wenn sein Bruder, der vorerst von ihm abhängig ist, als wäre er sein Sohn, meine Tochter heiraten will, müssen er und ich darüber reden , Ich nehme an?"

„Ja. Aber nicht, bevor Reggie mit dir gesprochen hat. Bis jetzt hat er kein Wort gesagt, außer zu Bessie. Ich denke, Reggie sollte es tun. Ich denke —"

„Kümmere dich nicht darum, was du denkst. Kommen wir zu den Fakten. Ist an dieser Angelegenheit etwas Ernstes oder nicht?"

„Bessie sagt, das gibt es."

„Können Sie nicht eine klare Antwort auf eine einfache Frage geben? Macht der junge Forcus, der immer hier herumlungert, Liebe mit meinem Mädchen, oder nicht?"

„Er hat ihr auf jeden Fall Aufmerksamkeit geschenkt."

„Ist er mit ihr verlobt?"

„Bessie hält sich für verlobt. Aber wie ich Bessie sage —"

„Das will ich nicht. Was du denkst oder was du Bessie sagst. Ich möchte, dass Fakten bekannt werden. Ohne Fakten kannst du nicht erwarten, dass ich handele."

„Ich möchte wirklich nicht, dass du schauspielerst, William."

„Überlass das mir. Ich frage nicht, was du wünschst", blaffte William sie an; und dann drehte er sich auf die Seite und schien einzuschlafen.

KAPITEL II

Im Büro stimmt etwas nicht

Mrs. Day hatte beschlossen, den ersten Morgen des neuen Jahres damit zu verbringen, das Verlegen des Salonteppichs zu überwachen und ihr Haus nach dem Tanz wieder in die gewohnte Ordnung zu bringen. Bessie hatte sich anders entschieden. Sie hatte beschlossen, dass sie mit ihrer Mutter an ihrer Seite in der Kutsche zu einigen überschwemmten und gefrorenen Wiesen drei Meilen außerhalb der Stadt gefahren werden sollte, wo sich viele der jungen Leute, die letzte Nacht getanzt hatten, zum Schlittschuhlaufen verabredet hatten. Deleah und die Jungs hatten sich gleich nach dem Frühstück auf den Weg dorthin gemacht. Bessie, die nicht Schlittschuhlaufen konnte, wollte auch dort sein, wollte aber nicht zu Fuß gehen und durfte nicht allein in der Kutsche sein.

Das Mädchen, sehr hell und hübsch in ihrer Samtjacke mit Hermelinkragen und Manschetten, saß in der Victoria an der Seite ihrer Mutter und suchte eifrig die weite Eisfläche nach der vertrauten Gestalt des jungen Mannes ab, der ihr währenddessen so besondere Aufmerksamkeit geschenkt hatte der denkwürdige Galopp. Sie suchte vergebens. Mehrere der Partnerinnen der letzten Nacht kamen an die Seite der Kutsche und fragten nach der Gesundheit der Damen nach der Ermüdung des Tanzes und redeten über ihre eigene Befreiung von der Müdigkeit, oder auch nicht. Deleah, deren Gesicht die Farbe einer wilden Rose hatte und deren lockeres dunkles Haar sich frisch in der frostigen Luft kräuselte, rief ihrer Mutter Grüße zu, als sie vorbeiflog, eine kleine aufrechte, anmutige Gestalt, die ihre elegante Haltung mit der Leichtigkeit der Jungen und Furchtlosen beibehielt . Hin und wieder sah man sie lachend vor einem Schlittschuhläufer fliehen, der an Deleahs Hand einen Bogen über die überschwemmte Wiese machen wollte. Das Mädchen war gleichzeitig tollpatschig und schüchtern. Sie lachte mit tanzenden Augen, als sie vorwärts flog; aber gefangen genommen, hatte einen verängstigten, besorgten Blick, ihre Augen appellierten an ihre Mutter, als sie aus Protest und um Schutz suchte.

„Deleah wird eine Flirtfrau sein, wenn sie groß ist", sagte Bessie, die wusste, dass ihre Mutter das hübsche Kind mit Bewunderung betrachtete.

„Glaubst du das, meine Liebe? Ich hoffe nicht, Bessie."

„Das wird sie! Und sie möchte sich um sie kümmern. Ich dachte, für ein Mädchen, das noch nicht draußen ist, war sie letzte Nacht sehr offen. Reggie dachte das auch."

„Ich fürchte, du hast es ihm in den Kopf gesetzt, Bessie."

„Als ob Reggie keine eigenen Ideen hätte! Ohne dass ich es auch nur *angedeutet hätte* , sagte er, er nehme an, sie wisse, dass sie hübsch sei."

„Reggie ist heute nicht hier, Bessie."

„Ich denke, er wird kommen. Er sagte, er würde kommen, und da ich nicht Schlittschuh laufen konnte, versprach er, mich auf einem Stuhl auf dem Eis zu schieben. Wir müssen noch nicht nach Hause gehen, Mama. Ich schaue gerne beim Schlittschuhlaufen zu."

Aber sie beobachtete nur die Ankömmlinge; und Reggie Forcus war nie unter ihnen.

„Vielleicht ist er gegangen, um mit Papa zu sprechen", sagte sie nach einem Schweigen fröhlich. „Zweifellos dachte er, es wäre doch besser, die Dinge zu regeln. Ich gehe davon aus, dass Reggie das getan hat, Mama."

„An deiner Stelle würde ich nicht so viel darüber nachdenken, meine Liebe. Warte, bis sich die Dinge geklärt haben."

„Ja, aber sollten wir nicht etwas tun, um sie zu arrangieren?" Bessie blieb hartnäckig.

„Das ist nicht üblich, Bessie."

„Aber, Mama, soll ich Reggie wegen so einem Unsinn verlieren? Üblich oder nicht üblich, ich denke, du oder Papa sollten mit ihm reden."

Um sie zu beruhigen, gab die Mutter zu, dass ihr Vater überhaupt daran gedacht hatte.

„Dann hoffe ich, dass Papa den Verstand hat, es zu tun und die ganze Sache zu regeln", sagte Bessie.

Sie erwartete in fieberhafter Erwartung die Rückkehr ihres Vaters aus seinem Büro an diesem Abend, begrüßte ihn mit leuchtenden Augen und gespannten Blicken und versuchte in seinem Gesicht zu lesen, was sie unbedingt von seinen Lippen hören wollte. Aber Mr. Day war in einer Stimmung nach Hause gekommen, die das Gegenteil von Ermutigung war. In düsterem Schweigen saß er während der Mahlzeit, die Familien der oberen Mittelschicht dann zur Essenszeit anstelle des Abendessens einnahmen. Eine gemütliche, ungezwungene Mahlzeit, bei der ein großes silbernes Teetablett, eine große silberne Teekanne und stark geprägtes Teeservice eine herausragende Rolle spielten; wo Brötchen und Pasteten und riesige Schinken und vielverzierte Zungen vorhanden waren; und heißen Toast und Muffins und viele Kuchen. Keine Diener warteten; es gab kein Mittelstück aus Blumen; Aber das Gas aus den vielen Zweigen des großen Kronleuchters aus funkelndem, geschliffenem Glas an der Decke schien auf das Silber und das Porzellan und die appetitlichen Speisen, denen die Days stets auf sehr angenehme Weise gerecht wurden.

Aber heute Abend aß der Hausherr, der seiner Frau an ihrem Teetablett gegenübersaß, nichts von der großzügigen Kost. Er hatte einen schwarzen Ausdruck auf seinem schweren Gesicht und kurze, knurrende Antworten für diejenigen, die es wagten, ihn anzusprechen. Eine solche Stimmung war bei ihm nicht ganz ungewöhnlich; Als ihnen klar wurde, dass im Büro etwas schief gelaufen war und es am sichersten war, ihn in Ruhe zu lassen. Aber Bessie, deren Charakteristikum es war, dass sie niemals einen Moment lang, egal unter welchen Umständen auch immer, ihre eigenen individuellen Interessen vergaß, flüsterte immer wieder ihrer Mutter, an deren Seite sie saß, zu und drängte sie, von ihrem Vater das zu verlangen, was sie wollte wissen.

„Frag ihn, Mama. Frag ihn!"

„H'sh, mein Lieber!" ein Stirnrunzeln und ein warnender Blick in die Richtung des finsteren Gesichts.

Bessies Fuß auf dem ihrer Mutter unter dem Tisch. „Mama, warum bist du so albern? Frag ihn! Frag ihn!"

Die Mutter war den Bitten oder Befehlen ihres Nachwuchses nie lange immun. „Hast du heute etwas von Reggie Forcus gesehen, William?" Jetzt fragte sie.

Der Mann am anderen Ende des Tisches starrte sie einen Moment lang mit wütenden Augen an. "NEIN!" er donnerte. „Aber ich habe Francis Forcus gesehen, das hat mir völlig gereicht."

Es herrschte Stille. Bessies Herz schlug laut, die Farbe verließ ihr Gesicht. Ihr Vater drehte sich zu ihr um, als er die letzten Worte sagte. „Ja, Papa?" sie geriet ins Stocken.

„Deine Mutter hat mich mit einem dummen Auftrag zu ihm geschickt", sagte er. Dann blickte er seine Tochter und seine Frau finster an, trank eine Tasse Tee, schob seinen Stuhl geräuschvoll zurück und verließ das Zimmer.

Als sich die Tür hinter ihm schloss, brach Bessie in Tränen aus.

Die Jungen und Deleah sahen sie bestürzt an. "Was läuft jetzt?" fragten sie einander mit hochgezogenen Augenbrauen.

„Bessie, mein liebes Kind! Du darfst nicht nachgeben. Du musst wirklich ein wenig Stolz aufbringen", tadelte die Mutter.

„Es ist alles sehr gut für dich!" Bessie erwiderte erstickt und schluchzte weiter. Sie tastete nach ihrem Taschentuch, und da sie keines ihrer eigenen hatte, griff sie ohne Dank nach dem, was Deleah über den Tisch warf. Deleah war schockiert über das Schauspiel und beobachtete ihre Schwester. „Was auch immer passiert ist, ich würde nicht vor jedem so weinen", sagte sie sich. Bernard, der ältere Junge, der in einem chronischen Zustand des Streits mit Bessie lebte, kicherte offen. Franky, der das Gesicht seiner Mutter an sich gezogen hatte, flüsterte: „Was ist, Mama? Was ist jetzt mit Bessie los? Fühlt sie sich krank?" Sich krank zu fühlen war Frankys Vorstellung vom größten irdischen Elend.

Nachdem sie ihre Augen an Deleahs Taschentuch abgewischt hatte, rollte Bessie es zu einer Kugel zusammen und schleuderte sie über den Tisch, mit mehr Willenskraft als Zielgenauigkeit, auf Bernards Gesicht. "Du Biest!" sie würgte. „Mama, Bernard lacht mich aus. Sollte Bernard nicht wissen, wie er sich besser benimmt? Weil ich so unglücklich bin, ist das kein Grund, warum ich ausgelacht werden sollte."

Worüber sie alle lachten – Bessie war so lächerlich, dachten sie; und Mrs. Day reichte dem wütend schluchzenden Mädchen freundlich die Hand und führte sie aus dem Zimmer. „Du bist zu schade", sagte sie und blickte zurück auf die kichernde Gruppe. „Bernard, du solltest es besser wissen."

„Bessie ist so ein alter Arsch!" Der Junge entschuldigte sich. „Ich möchte noch etwas Tee, Mutter. Ich werde nicht zulassen, dass ihr durchnässtes Taschentuch hineingefallen ist. All ihre bestialischen Tränen in meiner Tasse!"

„Deleah muss es für dich einschenken", sagte die Mutter und schloss die Tür hinter sich und ihrer Tochter.

„Ich werde von Bernard nicht als Arsch bezeichnet! Sie alle werden sich nicht über   mich   lustig   machen!" Bessie weinte. „Du solltest zurückgehen und sie bestrafen, Mama."

Mrs. Day murmelte beruhigende Worte, führte sie zum Fuß der Treppe und sah zu, wie das Mädchen langsam in ihr Zimmer stieg und dabei hörbar auf kindliche Weise weinte. „Sie müssen versuchen, mehr Selbstbeherrschung zu haben", sagte sie.

„Aber warum hat Papa mich so schrecklich angeschaut?"

„Du weißt, was dein Vater ist, Bessie. So oft gereizt zu Hause, wenn im Büro etwas schief gelaufen ist. Geh in dein Zimmer, bis deine Tränen trocken sind; ich werde deinen Vater sehen und herausfinden, ob es dir etwas zu sagen gibt." "

Mr. Day war in dem Raum, den sie Frühstücksraum nannten. Als Mrs. Day es mit dem Wunsch einer Hausfrau nach Sauberkeit betrachtete, sprach sie oft vom Schweinestall, aber es war der Raum, den sie alle im Haus am liebsten hatten. Hier lernten die Kinder ihre Lektionen für die Schule, die Damen arbeiteten, Franky spielte. Es war geräumig und freundlich und enthielt nichts, was grobe Nutzung verderben könnte. Alle bequemsten Stühle im Haus wurden an den Kamin herangezogen, auf dem Frankys Katzen und Bernards Hund liegen durften. Im Fenster hing ein Kanarienvogel, Deleahs besonderer Schützling.

Mr. Day hatte einen Stuhl, der zu klein für seine riesige Masse war, vor das Feuer gestellt und saß zusammengekauert und unbehaglich da, die Füße unter dem Stuhl angezogen, die Knie gesenkt, und starrte auf die Gitterstäbe.

„Ist irgendetwas los, William?" fragte seine Frau. „Gehst du heute Abend nicht wieder aus?"

Jede Nacht seines Lebens, außer am Sonntagabend, an dem er es auf keinen Fall versäumt hätte, mit seiner Familie in die Kirche zu gehen, ging er in einen Club in der Stadt, wo Whist und Drei-Karten-Klo gespielt wurde – allerdings mit höherem Einsatz flüsterte, als die meisten seiner Mitglieder entbehren konnten.

„Du hast deine Stiefel ausgezogen, William. Gehst du nicht in deinen Club?"

„Nein, ich gehe nicht in meinen Club."

„Um Himmels Willen, warum?"

„Weil mein Verein das letzte Mal von mir gesehen hat."

Sie sah ihn entsetzt an und hörte die Nachricht mit echter Bestürzung. Als gütige Frau und pflichtbewusste Ehefrau hätte sie selbst sich selbst gegenüber nie zugegeben, dass sie ihren Mann außerhalb ihrer Gegenwart lieber hätte als in seiner Gegenwart – ihre Kinder hätten eine solche Illoyalität nicht geflüstert; Doch wenn er seine Abende in Zukunft im Kreise seiner Familie verbringen würde, würde jeder von ihnen tief in seinem Herzen wissen, dass die friedlichsten und schönsten Stunden des Tages verdorben würden.

„Hatten Sie irgendwelche Unannehmlichkeiten wegen des Kartenspiels gehabt, William?"

Er drehte sich wütend zu ihr um, als sie an der Ecke des Kaminsimses stand. „Warum zum Teufel hast du mich mit diesem dummen Auftrag zu Francis Forcus geschickt?" er hat gefragt.

„*Ich* schicke dich, William?"

„Ich bin wegen des Lügenberichts gegangen, den du mir gebracht hast."

„William, ich –!"

„Du hast mich dazu gebracht zu glauben, dass Bessie und der junge Forcus verlobt waren. Hast du mich nun dazu gebracht oder nicht? Sag die Wahrheit, wenn du kannst. Hast du das getan oder nicht?“

"Ich nur-"

„Hast du mich dazu gebracht, es zu glauben?“

„Ja, dann, wenn du willst.“

„Und hat mich wie einen Idioten dastehen lassen! Ich dachte, es wäre zu schön, um wahr zu sein – aber du hast dich daran gehalten. Du warst dir so sicher. Du wolltest es so haben. Nichts würde dich verändern.“

„William, du musst bedenken, dass ich dir geraten habe, nicht zu gehen.“

„Habe ich Sie um Rat gefragt? Habe ich mich jemals gebeugt, um danach zu fragen? Ich habe auf die Informationen reagiert, die Sie mir gegeben haben. Bin gegangen – und wurde rausgeschmissen.“

„Rausgeschmissen? William!“

„Praktisch. Ich will nicht sagen, dass der Mann tatsächlich seinen Stiefel benutzt hat. Wenn er es getan hätte, hätte er nicht klarer ausdrücken können, was er meinte. Francis Forcus hatte in seinem ganzen Leben nie ein höfliches Wort, das er mir entgegenschleudern konnte. Aber für dich höllisches, albernes Gekicher, ich wäre lieber zum Teufel gegangen als zu ihm, wenn ich nur an mich selbst und mein eigenes Gefühl gedacht hätte – Bessie hin oder her –, ich hätte mich eher erhängt, als zu ihm gegangen zu sein . Aber ich hatte mehr als das.“

Seine Stimme war von der tyrannischen Tonlage in eine tonlose Melancholie abgerutscht. Mrs. Day, die bisher gestanden hatte, setzte sich auf den Stuhl an der Ecke des Kamins und betrachtete das stumpfe Profil ihres Mannes, der vor dem Feuer saß, mit einem üblen Gefühl drohenden Unheils und einer bestürzten Frage in ihren dunklen Augen.

„Ich muss an dich und die Kinder denken“, fügte der Mann hinzu.

„Was hätte Sir Francis zu Ihnen sagen können, William?“

Ihr Mann wandte sich brutal gegen sie. „Sagen Sie? Er sagte, es gäbe keine Verlobung zwischen seinem Bruder – seinem ‚*jungen* Bruder‘ – und meiner Tochter. Dass eine solche Verlobung niemals seine Zustimmung erhalten würde. Dass er seinen ‚*jungen* Bruder‘ nicht kannte – er hält immer daran fest deine Kehle; der scheinheilige Idiot – ich hätte ihn am liebsten getreten! – war mit irgendjemandem in meiner Familie intim.“

"Wilhelm!" Mrs. Day rief, bis auf den Punkt, protestierend den Namen ihres Mannes. „Ich hoffe, du hast ihm dort geantwortet. Ich hoffe, du hast es getan!"

„Ich sagte, dass der junge Bettler ständig in meinem Haus herumlungerte. Er hätte die halbe Nacht mit meiner Tochter getanzt – und – und mit ihr geschlafen."

„Und dann? Und dann, William?"

„Er sagte: ‚Ich wünsche mir, dass alle Bekanntschaften aufhören. Ich bitte dich, meinen kleinen Bruder nicht noch einmal zu dir nach Hause einzuladen.'"

"Er hat das gesagt?"

„Verdammt! Ja."

„Aber das war eine Beleidigung!" Die arme Frau war blass vor Überraschung und Bestürzung. Sie starrte ihren Mann atemlos an. „Hast du ihm nicht gezeigt, dass du das als Beleidigung empfandst, William?"

William bewegte seine riesigen Schultern. "Was denken Sie?"

„Erzähl mir, was du zu ihm gesagt hast."

„Ich habe ihn zehn Minuten lang beschimpft. Er wusste nicht, ob er auf dem Kopf oder auf den Fersen stand, als ich mit ihm fertig war. Dann bin ich weggegangen."

„Ich glaube nicht, dass *Fluchen* die Sache verbessern würde."

„Vielleicht sagen Sie mir, was sie verbessern würde? Das möchte ich hören, und mehr als ich weiß."

„Arme Bessie! Oh, arme, arme Bessie!"

"Ah!" sagte der Vater der armen Bessie, und sein kurzhalsiger Kopf fiel auf seine Brust, und er blickte wieder trübsinnig auf das Feuer.

Mrs. Day stand auf und stand da. Ihre weiße Hand glitzerte mit den Ringen, die auf dem schwarzen Marmor des Kaminsimses lagen, und dachte an Bessie.

„Ich würde in den Club gehen, William", riet sie plötzlich. „Es kann die Sache nicht besser machen, zu Hause zu sitzen und darüber zu trauern."

„Habe ich dir nicht gesagt, dass ich nicht in den Club gehe? Glaubst du, ich bin wie eine Frau und weiß nicht, was ich denke?"

„Ich dachte, es wäre angenehmer für dich", sagte sie; und dann verließ sie ihn. Ihre Gedanken waren voll von Bessie und dem Schlag, der Bessies Hoffnungen versetzt werden musste.

„Ich weiß nicht, wie ich jemals das Herz finden werde, es ihr zu sagen", sagte sie sich, als sie das Zimmer verließ.

KAPITEL III

Forcus' Familienbier

Es war die Zeit, in der es ein Verbrechen gewesen wäre, einem armen Mann – oder auch einem reichen – sein Bier zu stehlen, um das Gerechtigkeitsgefühl des Volkes zu wütendem Ausdruck zu erwecken; als Bier sowohl auf dem Herrentisch als auch im Gesindesaal stand; als jeder Keller der Wohlhabenden sein großes Fass für den Familienkonsum bereithielt und niemand daran gedacht hatte, den armen Mann vom Genuss seines Nationalgetränks abzubringen. Es war die Zeit, in der die Brauer riesige Vermögen machten – und das, obwohl sie gutes Malz und Hopfen für ihre Brauereien verwendeten – und auch nicht von der Einmischung der Regierung in ihr Monopol träumten, vielleicht in ihrem schlimmsten Albtraum. In Brockenham und seiner Grafschaft galt der in der Hope Brewery gebraute Schnaps als das beste erhältliche Getränk. Nichts rutschte so zufriedenstellend durch die lokale Kehle wie Forcus and Son's Family Ale; und die gegenwärtigen Vertreter der Firma waren mit Abstand die reichsten Leute der Stadt.

Damals gab es nur zwei von ihnen: Francis Forcus – seit zwölf Monaten Sir Francis, der im zweiten Jahr seiner Amtszeit als Bürgermeister anlässlich des Besuchs einer königlichen Persönlichkeit in seiner Heimatstadt zum Ritter geschlagen wurde – und Reginald, sein Bruder , zwanzig Jahre nach ihm aus der zweiten Ehe seines Vaters geboren und jetzt im vierundzwanzigsten Lebensjahr. Sehr gutaussehend, sehr gutmütig, sehr fröhlich und freundlich und zugänglich war der jüngere Bruder. Vielleicht der am meisten bewunderte und beliebteste junge Mann der Stadt. Sein einfältiges Streben nach Vergnügen nahm einen Großteil seiner Zeit in Anspruch und verhinderte, dass er viel davon in der Brauerei verbrachte, wo sein Bruder es sich zur Ehrensache machte, jeden Tag drei oder vier Stunden zu verbringen. Doch hin und wieder tauchte Mr. Reginald bei dem riesigen Gebäudehaufen auf, der sich aus dem langsam fließenden Fluss erhob, an dem Brockenham liegt und wo das berühmte Family Ale gebraut wurde. Ab und zu vergnügte er sich eine Stunde lang, schlenderte im Sonnenschein über die weiten, mit Kies bestreuten Höfe umher, inspizierte die riesigen Karrenpferde in ihren Ställen und tauschte „die Spitze des Morgens", wie er es scherzhaft nannte, mit ihnen aus. mit den Fuhrleuten. Er war selten versucht, dort zu erscheinen, wo gerade Brauereien stattfanden, aber er ging nie, ohne einen Blick auf seinen Bruder in dem geräumigen und komfortablen Zimmer mit Blick auf den Fluss zu werfen, in dem dieser Herr drei oder vier Stunden am Tag gewissenhaft saß Lesen Sie die *Times* und die Lokalzeitung.

Am Morgen nach Mrs. Days Neujahrstanz stattete er dem Senior Partner früher als gewöhnlich seinen Besuch ab, aber nicht so früh, dass Sir Francis Forcus nicht schon vor ihm Besucher empfangen hätte. Ein Besucher, der den Gleichmut dieser stets äußerlich ruhigen und sorgfältig zurückhaltenden Person gestört hatte.

„Du bist heute Morgen mit dem Wurm fertig, Reggie“, sagte er.

Von seinem Aussehen her war er überhaupt kein typischer Brauer, seine große, imposante Gestalt war in kein überflüssiges Fleisch gekleidet, sein Gesicht mit seinem eigentümlich gesetzten Gesichtsausdruck war blass und gutaussehend. Sein schwarzes Haar, das nach der damaligen Mode ziemlich lang getragen war, war glatt von den Schläfen gebürstet; er war rasiert, bis auf den dicht wachsenden Schnurrbart, der bis zur Hälfte seiner Wangen reichte.

„Wem verdanken wir die Ehre eines so frühen Anrufs?“ erkundigte er sich mit einer Bewegung seiner eingezogenen Lippen.

„Du warst weg, bevor ich heute Morgen unten war“, sagte der junge Mann. „Ich habe nur reingeschaut, um dir zu sagen, dass ich ausgehe. Das ist alles.“

„Ich glaube, Sie kommen ziemlich häufig wegen derselben Besorgung vorbei. Wäre es von meiner Seite indiskret, zu fragen, wohin Sie gehen?“

„Nicht im Geringsten“, erklärte Reggie leichthin. Er hob ein Paar Schlittschuhe, die er an seiner Seite baumeln ließ, zur Inspektion durch seinen Bruder hoch. „Sie haben die Wiesen bei Tooley überschwemmt. Das Eis sollte heute Morgen in erstklassigem Zustand sein.“

„So ist es im Graben zu Hause. Als ich heute Morgen wegfuhr, waren dort schon ein halbes Dutzend Leute Schlittschuh gelaufen. Tooley ist fünf Meilen entfernt. Warum musst du dir die Mühe machen, nach Tooley zu fahren?“

„Mehrere Leute haben letzte Nacht gesagt, dass sie gehen würden. Ich dachte, ich könnte genauso gut auch gehen.“

„Wo warst du letzte Nacht, Reggie? Ich möchte dich auf keinen Fall zu Hause fesseln, aber manchmal möchte ich wissen, wo du warst.“

„In Ordnung, Francis. Natürlich. Es gab einen Tanz bei den Days in der Queen Anne Street. Ich bin seit Jahren jeden Neujahrsabend dorthin gegangen. Ich war dort.“

"Ich verstehe." Die hellbraunen Augen von Sir Francis, die seltsamerweise mit seinem schwarzen Haar und seiner blass-düsteren Gesichtsfarbe harmonierten, betrachteten das fröhliche Gesicht seines Bruders.

„Ich werde dich bitten, nicht mehr zu den Days in der Queen Anne Street zu gehen, Reggie", sagte er.

Reggie starrte ihn weithin an. „Ich glaube nicht, dass es irgendjemandem schaden kann, wenn ich dorthin gehe, wenn ich es wünsche und sie mich darum bitten", protestierte er.

„Setzen Sie sich, ja?" sagte sein Bruder und zeigte auf den Stuhl auf der anderen Seite des Tisches, an dem er saß.

„Ich denke nicht, jetzt. Ich denke, ich werde weg sein. Das Eis wird vielleicht nicht halten —"

Der andere zeigte immer noch auf den Stuhl. „Was ich dir sagen möchte, werde ich nicht halten – mit Nachdruck. Setz dich", sagte er und Reggie setzte sich.

Es war ihm keineswegs peinlich oder ängstlich. Sein Bruder hatte ihm als Vater zur Seite gestanden, seit sein eigener Vater gestorben war, als er noch ein Junge in der Schule war, aber er belehrte ihn so wenig wie möglich und machte ihm nur sehr selten einen Strich durch die Rechnung. „Komm so schnell wie möglich darüber hinweg, Francis", war alles, was er sagte.

„Haben Sie Mr. Day beim Weggehen getroffen, als Sie hereinkamen?"

„Mr. Day? Nein."

„Er hat mich gerade verlassen. Er kam, um mir zu sagen, dass Sie", er schaute während einer kurzen Pause in Reggies große Augen, „sich verlobt haben, um seine Tochter zu heiraten."

„Nun! Komm! Das ist ja gut!" Reggie war überrascht, wie sein Bruder sah, aber nicht so zufriedenstellend überrascht, wie er gehofft hatte.

"Ist es so?"

"NEIN."

„Was meinte der Mann dann, als er es wagte, es mir zu sagen?"

Reggie bewahrte einen Moment lang völlig unbeirrtes Schweigen; dann: „Sehen Sie, sie sagt es auch", sagte er.

"Sie?"

„Bessie."

„Days Tochter? Sie muss davon abgehalten werden, es zu sagen."

„Oh, ich weiß nicht. Mädchen sagen so etwas."

„Ich denke nicht. Es sei denn, sie haben das Privileg, es zu sagen. Miss Day, sagen Sie, hat nichts, worüber Sie sich äußern könnten?“

„Oh, na ja, wissen Sie!“ Reggie lehnte sich vom Tisch zurück, steckte die Hände in die Taschen und lehnte sich entspannt in seinem Stuhl zurück, mit der Miene, als würde er wie ein Mann von Welt mit dem anderen reden.

„Aber ich weiß es nicht. Ich warte darauf, dass du es mir sagst.“

„Du willst wohl nicht, dass ich ins Detail gehe?“

„Du meinst, du hast mit diesem Mädchen geflirtet und sie hat versucht, dich zu packen?“

Reggie dachte einen Moment über das Thema nach. „Das gebe ich nicht ganz zu“, sagte er gewissenhaft. „Irgendwie scheint sie zu denken, dass ich weiter gegangen bin, als ich gegangen bin. Sie hat mir gestern Abend etwas darüber gesagt, dass ich mit ihrem Vater gesprochen habe.“

„Stattdessen wird ihr Vater geschickt, um mit mir zu sprechen. Schauen Sie mal, Reggie, Sie und ich hatten bis jetzt noch nie irgendwelche Unannehmlichkeiten – nicht wahr? Lassen Sie uns das nicht aus der Ruhe bringen. Eine Tochter von William Day handelt von der letzten Person auf der Welt, deren Heirat für Sie wünschenswert wäre.“

„Ich denke noch nicht daran, jemanden zu heiraten, Francis.“

„Das hoffe ich nicht! Wollten Sie Miss Day auf dem Eis treffen?“

„Nun, sie sagte, sie würde da sein. Eine ganze Menge von ihnen war dabei.“

„Bleiben Sie weg, ja? Um mir einen Gefallen zu tun?“

„Wenn du es so ausdrückst –“

„Danke. Ich will unseren Namen nicht“ – er war so stolz auf die Brauerei, als wäre sie ein Herzogtum gewesen; er sagte „unseren Namen“, als spräche er von etwas Heiligem – „verwechselt mit dem Namen von Mr. William Day.“

„Er ist ein netter, gutmütiger alter Kerl. Du hättest ihn gestern Abend mit seinem Tamburin schlagen hören sollen.“

„Ich werde Ihnen etwas im Vertrauen erzählen. Aufgrund Ihrer Verlobung mit seiner Tochter – warten Sie! Ich weiß, dass Sie nicht mit ihr verlobt sind – kam Mr. William Day hierher, um sich fünfhundert Pfund von mir zu leihen.“

"Gute Nacht!"

„Ich habe ihm natürlich den Kredit verweigert. Moment! Was ich sagen wollte, ist folgendes: Ich weiß zufällig, warum er dieses Geld wollte. Warum es für ihn wichtig war, es sofort zu bekommen. Es ging darum, einen zu beruhigen Ein bestimmter Kunde von ihm drängt ihn, einige Anteile zu verkaufen, was er jedoch nicht durchsetzen kann.

„Das sage ich! Das ist ziemlich schlimm, nicht wahr?"

„Und es ist der einzige Fall, dessen Vorgeschichte ich zufällig kenne. Es gibt, wie mir gesagt wurde, noch andere, die eklatanter sind als dieser."

„Muss er zerschlagen werden?"

„Ich hoffe, dass es nicht schlimmer wird. Ich hoffe – nun, wir werden sehen. Ich habe dir das gesagt, um dir zu zeigen, wie besonders widerwärtig für mich war, was der Mann heute zu mir gesagt hat. Du verstehst, nicht wahr? "

Reggie sagte, er hätte es verstanden. „Es war ziemlich verfrüht", erklärte er. "Ganz!"
Aber er sah sehr nachdenklich aus.

„Du wirst dich von ihnen fernhalten, denk daran."

„Ich glaube, ich gehe ihnen vorerst am besten aus dem Weg."

„Anstatt heute Morgen Schlittschuh zu laufen, würde ich mir wünschen, dass du nach Runnydale gehst und dir das Vollblut ansiehst, das Candy für mich macht."

Sir Francis kannte seinen Mann. Hätte Bessie Day eine zehnfache Anziehungskraft auf ihn ausgeübt, wäre ein Auftrag, bei dem es um ein Pferd ging, für Reginald Forcus noch attraktiver gewesen. Mit kaum einem Schmerz stimmte er zu.

Der junge Mann verbrachte einen glücklichen und gewinnbringenden Tag in Runnydale mit dem alten Candy, einem Pferdehändler, der von der wohlhabenden Jugend der Nachbarschaft sehr angetan war; er hatte eine rassige Zunge und einen Fundus an Anekdoten und eine angenehme, scherzhafte, bekannte Art, Geld aus ihren Taschen in seine eigenen zu überweisen. Er kehrte pünktlich zum Abendessen nach Cashelthorpe zurück, dem Landhaus seines Bruders ein paar Meilen außerhalb von Brockenham, wo auch der jüngere Mann wohnte. Die beiden aßen alleine, wie es in letzter Zeit üblich war, da Lady Forcus aufgrund ihrer schwachen Gesundheit oft gezwungen war, ihr Zimmer zu behalten.

„Erinnerst du dich daran, was ich dir heute Morgen über Days Angelegenheiten erzählt habe?" fragte Sir Francis und blickte über den Tisch zu seinem Bruder, als sie sich zu ihrer Suppe setzten.

Natürlich erinnerte sich Reggie.

„Wo verbringt Mr. William Day wohl seinen Abend?"

Reggie hielt mit seinem Löffel auf dem Weg zum Mund inne und sagte, er hoffe auf den Schoß von Mr. William Days Familie.

„Er verbringt es im Gefängnis."

Der Löffel fiel zurück in seinen Teller und Reggies Gesicht wurde weiß. „Das kann nicht wahr sein! Ich werde es nie glauben!"

„Was hast du erwartet, nach dem, was ich dir erzählt habe? Es sei denn, er hätte es vermasselt."

„Oh, armer alter Kerl! Aber was hat der arme alte Kerl dann getan?"

„Fertig? Hat sich das Geld seiner Kunden betrügerisch angeeignet und es für seine eigenen Zwecke verwendet."

„Armer alter Tag! Oh, armer alter Teufel!"

„Nun, hol dir dein Abendessen, mein lieber Junge."

„Er hat mir gestern Abend auf die Schulter geschlagen und ich habe seinen Champagner getrunken!"

Der jüngere Forcus erholte sich ausreichend, um den Fisch zu essen, aber seine Suppe musste ungeschmeckt entfernt werden. Er saß da, mit beiden Händen die Serviette umklammernd, die auf seinen Knien lag, den Blick auf die Tischdecke gerichtet, und sah die hübsche Deleah und ihren dicken, aber beweglichen Vater durch den fröhlichen Ballsaal tanzen. Im Gefängnis! Jemand, den er gekannt und mit dem er die Hand berührt hatte! Gefängnis!

„Ich frage mich, was sich der arme alte Kerl gedacht hat, als er letzte Nacht auf seinem Tamburin herumgeschlagen hat!" Sagte Reggie.

KAPITEL IV

Katastrophe

Kurz nachdem Mrs. Day ihren Mann auf Strümpfen über dem Feuer im Frühstücksraum sitzen ließ, hörte sie inmitten ihrer Kinder, die ihren verschiedenen Beschäftigungen nachgingen, aber aufmerksam auf das, was dahinter vorging, seinen schweren Schritt im Flur. hörte, wie sich die Haustür öffnete und schloss.

„Dein Vater ist schließlich in den Club gegangen", sagte sie und seufzte erleichtert, während sie an ihrer Stickerei arbeitete, Löcher in einen Streifen Musselin bohrte und diese umnähte, um den Unterrock der älteren Tochter zu schmücken . Sie war trotz ihres schönen und schönen Aussehens eine schüchterne Frau mit großer Angst vor dem Ungewöhnlichen. Es war die Gewohnheit ihres Mannes, auszugehen. Der Gedanke, dass er allein und untätig im Nebenzimmer saß, hatte ihr im Kopf gelastet.

Die Kinder achteten nicht darauf; Sie waren alle ein wenig müde und träge und hatten keine Lust auf ihre üblichen Vergnügungen nach der Aufregung des Tanzes gestern Abend und der Anstrengung ihres Morgens auf dem Eis. Sogar Deleah, die Vorleserin der Familie, vernachlässigte ihr Buch, lehnte sich in ihrem Stuhl zurück und starrte ins Feuer, während die Galoppmusik und das Rasseln des Tamburins ihres Vaters in ihren Ohren summten; Vor ihren Augen jagen Figuren einander über die blaue Eisfläche oder fliegen rhythmisch über polierte Bretter.

Franky hatte vorübergehend seinen Malkasten und die *Illustrated News verlassen* , die er zum Ausmalen vieler getönter Gelatineblätter gedacht hatte, die er vor den Crackern auf dem Abendbrottisch aufbewahrt hatte, und hielt sie nun der Reihe nach vor seinen Augen. „Mama, du bist ganz rot – ganz herrlich rot, wie Rosen" oder „Bessie, du bist schrecklich – du bist weiß, als ob dir schlecht wäre", rief er, entsprechend wie zuvor ein rotes oder grünes Transparent seine Augen.

Das Spiel namens „Taktik", über das sich Bessie und Bernard jeden Abend stritten, war bisher vernachlässigt worden; Ein Umstand, der nicht zu bedauern ist, da Bessie im Allgemeinen unter Tränen ein verlorenes Spiel spielte und Bernards Sieg signalisierte, indem sie das Brett umwarf und ihm die rot-weißen Elfenbeinpflöcke ins Gesicht warf.

Denn über den Tanz der letzten Nacht, der mehrere Wochen lang ein spannendes Thema gewesen war, muss jetzt, da er vorbei ist, immer noch darüber gesprochen werden.

Wie albern Deleah ausgesehen hatte, als ihr weißer Satinschuh beim letzten Walzer ausgezogen war und über den rutschigen Boden geschossen war; und sie wollte trotzdem nicht aufhören, sondern beendete den Tanz ohne ihn.

„Waren deine Schuhe zu groß, Deleah?"

„Ein wenig, Mama. Es waren ein Paar von Bessies letztjährigen, die waren zu klein für sie."

„Da hast du's! Schon wieder auf mich!" Bessie weinte. „Deda ist stolz, weil ihr Fuß kleiner ist als meiner, Mama. Wenn du so ein kleines Ding wie Deda bist, sind deine Füße natürlich schmal und klein. Das muss so sein. Darin liegt kein Verdienst."

„Und ich nehme an, Deleah hat ihre Seidenstrümpfe in Löcher getanzt?"

„Nein, Mama! Mr. Frost, mit dem ich Walzer tanzte, hat mich wunderbar hochgehalten, so dass meine Füße, nachdem der Schuh ausgezogen war, kein einziges Mal den Boden berührten."

„Ein Glück, dass du es nicht warst, Bessie! Es wäre das Ende des armen Frosts gewesen, wenn er versucht hätte, so einen Klumpen wie dich zu tragen."

„Mama, sprich bitte mit Bernard und bitte ihn, nicht immer unhöfliche Dinge über mich zu sagen."

„Still, Bessie! Unsinn! Bernard, mein Lieber, versuche doch, höflicher zu deiner Schwester zu sein."

„Mama, hier ist ein Motter, den ich in diesem grünen Cracker sehr mag.

,,Was ich an dir am meisten bewundere,
sind deine Augen von wunderschönem Blau.'

„Was hättest du getan, Deleah, wenn ein Gentleman den Cracker mit dir gezogen hätte? Weil deine Augen nicht blau sind, sondern gelbbraun."

„Ich hätte es an Bernard weitergeben sollen."

„Und warum hätten Sie es mir nicht weitergegeben, bitte, Miss. Meine Augen sind vermutlich so blau wie die von Bernard?"

„Deine Augen sind grün", von einem Bernard, der immer kampfbereit ist.

„Mama! Mama! Er ist wieder auf mich los! Bernard ist wieder auf mich los! Er sagt, meine Augen sind grün!"

„Kommt, kommt, Kinder! Still, Bessie! Du bist schade, Bernard. Nun, wir haben uns noch nicht entschieden, wer letzte Nacht die Ballkönigin war."

Während sie ihre Meinung zu diesem bedeutsamen Thema äußerten, schlief Franky über seinen Kekspapieren ein und wurde eine Stunde vor seiner Zeit ins Bett geschickt, während seine Mutter hinaufging, um ihm seine Gebete sprechen zu hören, wie es ihre abendliche Gewohnheit war. Sie durchquerte gerade den Flur, als sich die Haustür öffnete und der Hausherr zum Erstaunen seiner Frau wieder auftauchte und erneut eintrat.

„Lydia!" flüsterte er, und mit einem seltsamen Zurückschrecken vor ihm bemerkte sie, dass etwas Verstohlenes in seinem Benehmen war und dass seine Stimme, die bei seiner Rückkehr immer beunruhigend durch das Haus klang, heiser und gedämpft war. „Lydia, wie viel Geld hast du im Haus?"

"Geld!" wiederholte seine Frau und blickte ihn erschrocken an.

„Geld – ich habe dir am Montag einen Scheck über zehn Pfund gegeben. Wie viel davon ist noch übrig?"

Der größte Teil davon war für den Tanz aufgewendet worden. „Ich habe nur noch etwa dreißig Schilling übrig, William." Ohne zu wissen, warum, war ihre Stimme ebenso wie seine in einen geheimnisvollen Ton gesunken.

„Dann gib es mir. Schnell!"

Sie zögerte und fragte ängstlich: „Hat irgendetwas –?"

„Macht nichts. Hol es dir. Hol dir alles, was du in die Finger kriegen kannst. Schnell!"

Ihre Handtasche steckte in der Tasche, die in den vielen Falten ihres Seidenkleides verborgen war. Es war nicht ganz so viel drin, wie sie erwartet hatte; Mit zitternden Fingern drückte sie ihm den Souverän und ein paar Schilling in die Hand.

„Ich könnte Bernard und Bessie William fragen."

„Nein! Ich werde ihr Geld nicht nehmen", sagte er. „Das bringt mich nach London."

"Nach London?"

„Ich gehe mit der Post hoch."

„Aber warum in dieser Eile?"

Nicht die Aussicht auf die plötzliche Reise, sondern das Geheimnisvolle und schrecklich Unbekannte in seinem Verhalten machte ihr Angst. Er ging einen Schritt weiter in den Flur, nahm einen dunklen Schal von einem Stuhl und wickelte ihn sich um den Hals. Sie sah, dass sein Gesicht wütend war und plötzlich schlaff wirkte und dass seine Hände zitterten.

„Geschäftlich", flüsterte er. "Mach dir keine Sorge."

Als er sich zur Tür umdrehte, legte sie eine Hand auf seinen Arm. „Irgendwas stimmt   nicht.
Ich habe es den ganzen Abend gespürt. Sag mir, hattest du Verluste, William?"

Er nickte, ohne sie anzusehen. „Das ist ungefähr die Melodie davon."

"Du hättest mir das sagen sollen."

„Ich habe es dir jetzt gesagt. Du wirst bald davon erfahren."

Sie packte seinen Arm. „Geh nicht so! Was auch immer es ist, lauf nicht weg. Ist es sehr schlimm? Ist es –" das Wort, das für das schlimmste geschäftliche Unglück stand, das sie sich vorstellen konnte, zitterte und erstarb auf ihren Lippen – „ist es? *Versagen* ?"

Er zog seinen Schal über sein Gesicht, den Hut tiefer in die Stirn: „Du hast es geschafft", sagte er. "Es ist das."

Ihre Hand glitt von seinem Mantelärmel, er schlüpfte durch die halboffene Tür und schlurfte die drei weißen Stufen hinunter, die zur stillen Straße führten. Dann, als sie ihn weiß und halb benommen beobachtete, drehte er sich um, stieg die Stufen wieder hinauf und stellte sich neben sie.

„Gehen Sie besser zu George Boult", sagte er. „Boult wird Ihnen sagen, was Sie tun sollen. Hören Sie zu? Gehen Sie zu Boult."

„Aber kommst du morgen nicht zurück, William? So kannst du uns nicht zurücklassen! Du musst zurückkommen!"

Er ging wieder die Stufen hinunter. Am frostigen Himmel war ein klarer Mond zu sehen. Wie weiß leuchteten die Stufen! Ihr ganzes Leben lang erinnerte sie sich an die große, schwerfällige Gestalt ihres Mannes, der sie hinunterschlurfte.

„Ich weiß nicht, wie meine Bewegungen aussehen werden. Im Moment sind sie unsicher." Auf dem Bürgersteig angekommen, richtete er seine elenden, verstohlenen Augen auf sie, als sie in der offenen Tür stand, den hell erleuchteten Flur des Hauses hinter sich. „Mach die Tür zu", sagte er mit etwas von seiner alten leidenschaftlichen Gereiztheit. „Ich möchte nicht, dass die ganze Welt erfährt, dass ich heute Abend weggehe. Mach die Tür zu!"

Sie gehorchte ihm, wie immer, wenn er ihr gegenüber diesen Ton anschlug, mit nervöser Eile. William Day wartete einen Moment, bis er hörte, wie die Riegel einrasteten. Es war eine Pflicht, die er jede Nacht seines Lebens selbst erfüllte, wenn er zu Bett ging. Die Tür war jetzt verriegelt und er befand sich auf der falschen Seite. Er wusste, dass er in all den kommenden Jahren niemals das Sicherheitsschloss des schlafenden Hauses öffnen und mit der

Bettkerze in der Hand nach oben schlendern würde, um wieder Wärme, Trost und friedlichen Schlaf zu finden.

Als Mrs. Day zurück in den Flur ging, blieb sie unter der Hängelampe stehen und versuchte, ihre Gedanken zu sammeln. Sie versuchte zu begreifen, konnte es aber überhaupt nicht, dass ihr Zuhause, ihre Kinder und sie selbst ruiniert waren. Ruine, die sie gesehen hatte, wie sie die Häuser anderer Menschen heimsuchte und sie verwüstete; Aber sie hätte nie gedacht, dass ihr Schatten auf ihr eigenes Schicksal fällt.

An den Wilhelmstagen; so wohlhabend; an diesem Ort so respektiert; die gestern Abend ihren alljährlichen Tanz hatten, alle nettesten und begehrtesten Leute der Stadt waren anwesend. Niemandes Tanz war so gut gemanagt, so temperamentvoll, so erfolgreich wie ihrer.

Sie dachte tatsächlich an den Tanz, als sie benommen in der gaserleuchteten Halle stand. Sie würden nie wieder einen Neujahrstanz geben.

Trotz all seiner Fehler war William nie gemein. „Verderben Sie das Schiff nicht für ein Viertel Teer“, war eines seiner Lieblingsmottos. Sie hatte es jemals für ein ebenso angenehmes wie weises Sprichwort gehalten. Sie war keine extravagante Frau, aber sie mochte es auch, wenn die Dinge gut gemacht wurden, und hatte kein Verständnis für die Art, Käse zu schälen. Das Haus war gut und hübsch eingerichtet, sie und die Kinder hatten reichlich Kleidung, ihr Tisch war ausgezeichnet, und alle ergingen sich in amüsierter Verachtung für die häuslichen Sparsamkeiten ihrer Freunde. Die Bediensteten blieben jahrelang bei ihnen, und wenn sie gingen, war es leicht, ihre Plätze zu besetzen. Der Bequemlichkeit halber behielten sie eine davon mehr als nötig. Sie war eine gute Geliebte; Er war trotz seiner zeitweiligen leidenschaftlichen Haltung gegenüber seinen Angehörigen ein guter Herr.

War das jetzt alles fertig? War es möglich? Die alte angenehme, natürliche Ordnung der Dinge – die einzige Ordnung, an die sie jemals gewöhnt war. Jetzt fertig?

Und wenn ja, was würde folgen?

Möbelverkauf. Staub fremder Füße in den vertrauten Räumen. Menschen, von denen sie nie im Traum zugegeben hätte, dass sie dort ihre Teppiche herumstreiften, ihre Federbetten stupsten und ihre Nase über die schäbigen Stuhlbezüge im Frühstücksraum rümpften, es hatte keinen Sinn, das zu leugnen; und da sie nicht in der Lage war zu erklären, zogen sie es ihnen so vor. Keine teuren Malkästen und Spielzeuge mehr für Franky; Bessie und die süße Deleah mit schäbigen Hüten; Bernard ohne Taschengeld wurde vielleicht Bankangestellter – sie hatte ihren Mann sagen hören, Bankangestellte hätten keine Aussichten, arme Bettler! Bernard – ihr hübscher Bernard soll ein „armer Bettler“ sein –!

Ein plötzliches Schwindelgefühl erfasste sie: Der Saal drehte sich um; Sie streckte blind eine Hand aus, um Halt zu suchen, und zog einen Schirmständer um, der krachend und klappernd umfiel.

Die Mädchen und Bernard kamen herausgerannt. „Was zum Teufel machst du, Mama? Hast du dich verletzt? Was ist los?"

Sie war auf einen Stuhl im Flur gesunken, ihr Gesicht war gespenstisch, ihre ganze Kraft schien verschwunden zu sein. „Ich fühlte mich schwach. Mir geht es besser", brachte sie hervor und blickte sie alle seltsam an. Ihr Blick wanderte verweilend von Objekt zu Objekt im Flur, als hätte sie es noch nie zuvor gesehen. Sie zitterte heftig vor tödlicher Kälte. „Ich werde zu Bett gehen", sagte sie.

Die Kinder halfen ihr nach oben. Sie stützte sich auf Bessies Arm, der Arm von Deleah lag um ihre Taille. Die Treppe war breit, es gab Platz für alle drei. Bernard stand unten auf der Matte und sah mit besorgtem Gesicht zu.

„Sicher, dass ich nichts tun kann, Mutter?" er sagte immer wieder.

Sie alle mochten sie so sehr und fürchteten sich so sehr, wenn sie sie auch nur einen Moment lang im Stich ließ. Sie konnte sie nicht loswerden, bis man sie ausgezogen und zu Bett gebracht hatte. Bis sie selbst zu Bett gingen, kamen sie immer wieder zurück und guckten zu ihr hinein. „Papa wird bald zurück sein. Bitte schick ihn zu uns, wenn du dich krank fühlst", beschworen sie sie.

„Mama, bist du sicher, dass es nicht daran liegt, dass ich dir wegen Reggie Forcus Sorgen gemacht habe?" fragte eine zerknirschte Bessie. „Weil er bestimmt morgen kommt – das glaubst du doch, nicht wahr? – und wir werden es trotz Sir Francis wieder in Ordnung bringen. Versprich mir, dass du dir keine Sorgen machst, Mama."

Zweimal in der Nacht schlüpfte Deleah aus ihrem eigenen warmen Bett und stand auf, eine ängstliche kleine Gestalt, die in ihrem Nachthemd zitterte, ihre dunklen Locken über ihren Rücken fielen und ein neugieriges Ohr am Schlüsselloch der Tür ihrer Mutter hielten. Menschen fielen in Ohnmacht, weil sie eine Herzerkrankung hatten. Auch sie starben an einer Herzerkrankung. Sie wagte nicht hineinzugehen, weil Papa da war, sondern wartete zitternd vor Kälte und Angst, bis der Seufzer ihrer Mutter sie beruhigte.

Am Morgen kam die Hausherrin mit blassem Gesicht und dunklen Ringen um die tiefliegenden großen Augen herunter. Sie könne nicht lächeln, sie könne nicht essen, sie könne kaum sprechen, aber es gehe ihr besser, sagte sie.

Die Kinder müssten es wissen; aber sie brachte es nicht über sich, es ihnen zu sagen. Dass ihr Vater nicht im Haus war, bemerkten sie nicht, sondern führten seine Abwesenheit vom Frühstückstisch darauf zurück, dass er zu viel geschlafen hatte.

Im Herd brannte ein großes Feuer. Ein Stapel Muffins wurde in einer silbernen Schüssel auf einem Messingständer davor warmgehalten. Auf dem Tisch standen Fisch und gebratene Nieren; ein Schinken und eine Sülze und eine glasierte Zunge auf der Anrichte. Mrs. Day trank zum Frühstück immer Kaffee, Deleah mochte Kakao, die anderen tranken Tee; Alle drei wurden bedient.

Mrs. Day betrachtete diese Zeichen von Komfort und Luxus mit einem tauben Gefühl im Herzen. All dies und dergleichen müsste verschwinden. Wie würden die Kinder ein Leben ohne sie aushalten? War diese üppige Menge an Essen „Extravaganz"? fragte sie sich zum ersten Mal. War es möglich, dass sie mit ihrem gut gefüllten Tisch, auf den sie stolz war, zu dem Unglück beigetragen hatte? Sie war eine Frau, deren Gewissen sehr leicht zu berühren war und die begann, sich selbst die Schuld zu geben. „Aber ich habe nie geträumt!" Sie sagte: „Ich habe nie geträumt!"

Bessie konnte an diesem Morgen weder Fisch noch Nieren essen. „Mama, gestern Abend war noch etwas Wildpastete übrig. Darf ich nicht etwas davon haben?"

Der Diener wurde gebeten, die Wildpastete zu bringen. „Wenn es Austernfrikadellen gibt, könnten wir sie reinlegen, Mutter", schlug Bernard vor.

Die Mutter stimmte mit traurigem Blick zu. Nichts hätte sie ihnen an diesem Morgen verweigert – ihren armen Kindern, die so bald für immer auf Wildpasteten und Austern verzichten sollten!

Sie waren mitten im Frühstück, ihre Stimmen ein wenig gedämpft, weil es Mama nicht gut ging, doch mit einem angenehmen Gefühl der Freiheit, weil Papa, der bei dieser Mahlzeit so oft gereizt war, noch nicht heruntergekommen war, als sich plötzlich die Tür öffnete und Ohne Ankündigung kam Mr. George Boult herein.

Er war ein Mann, den sie alle als Freund und Verbündeter des Hausherrn kannten, aber weder bei seiner Herrin noch bei ihren Kindern, die tatsächlich nur die geringste Bekanntschaft mit ihm hatten, war er nie in Gunst gestanden. Er war ein Schulkamerad von William Day an der Brockenham Grammar School gewesen; Von da an bis heute bestand zwischen den beiden eine Art Kameradschaft. George Boult hatte jahrelang die Angewohnheit angenommen, sonntagnachmittags in der Queen Anne Street vorbeizuschauen, um mit dem Anwalt eine Zigarre zu rauchen und ein Glas

Wein zu trinken, aber es war eine Veranstaltung, bei der die Männer das *Tête-à-Tête genossen hatten* : als Vertrauter im Familienkreis sei er nicht zugelassen worden.

Boult hätte all die überlegenen Leute aufkaufen können, die die Nase über ihn rümpften, erklärte sein Freund oft; Es war ein ständiger Groll von ihm gegen seine Frau, dass sie sich weigerte, Herrn Boults Namen auf die Liste der zu ihren Partys eingeladenen Personen zu setzen.

George Boult war ein Selfmademan; Der Herstellungsprozess ist neu und leider noch frisch in den Köpfen der Menschen. „Wenn ich den Mann einlade, der das Textilgeschäft betreibt, werden die Fachleute nicht kommen, um ihn zu treffen", betonte Mrs. Day und blieb in diesem Punkt hartnäckig. Aber weil er, der überhaupt nicht zu ihren Partys gehen wollte, nicht zu ihnen eingeladen werden konnte, war ein wenig Unbeholfenheit in den Beziehungen zwischen dem Sonntagnachmittagsbesucher ihres Mannes und Mrs. Day entstanden.

Sein Erscheinen so früh am Morgen und mitten beim Essen war für sie alle mehr als überraschend. Er war ein kleiner, ziemlich pummeliger Mann mit blonden Schnurrhaaren auf roten Wangen, einer gewöhnlichen, nach oben gerichteten Nase mit breiten Nasenlöchern und einem breiten Mund mit dicken Lippen; schnelle, aufmerksame, aber keineswegs schöne Augen, ein hervorstehendes Kinn und eine Fleischrolle, die über seinem Kragen im Nacken sichtbar war. Er war jedoch gut und sorgfältig gekleidet und trug die Ausstrahlung bewussten Wohlstands, die man bei dem Mann beobachten kann, der sein eigenes Vermögen geschaffen hat und stolz darauf ist.

Er ergriff mit seiner breiten, kurzfingrigen roten Hand die weiße Hand von Mrs. Day, die ihm entgegentrat. „Ich habe gestern Abend eine mündliche Nachricht von Ihrem Mann erhalten, in der er mich gebeten hat, heute Morgen als erstes nach Ihnen zu suchen", sagte er. „Das ist eine traurige Angelegenheit für Sie alle. Es tut mir leid – sehr leid."

Mrs. Day nahm wieder ihren Platz hinter ihren Teetassen ein, da ihr die Kraft fehlte, aufzustehen.

„Wissen es die Kinder?" fragte er zwar gedämpft, aber in den Ohren der Kinder deutlich hörbar.

Mrs. Day schüttelte den Kopf. „Aber sie müssen es wissen", sagte sie.

„Weißt du was?" fragten sie alle, wachsam auf Neuigkeiten, ahnend aber nichts Böses. Sogar Franky blickte fragend von seinem Toast und seiner Marmelade auf. Vielleicht kam der Zirkus und es würde eine weitere Prozession geben, mit Elefanten und Kamelen, die durch die Straßen zogen, und unsichtbaren, aber laut brüllenden Löwen, die in ihren Käfigen geschleppt wurden.

„Es gibt schlechte Nachrichten, meine Lieben", begann Mrs. Day, aber sehr schwach; Sie legte ihre Hände auf den Rand des Teetabletts, und die Tassen und Untertassen zitterten. „Der arme Papa ist in Schwierigkeiten. Sag es ihnen", flüsterte sie dem Mann zu, der neben ihr stand. „Ich kann es ihnen nicht sagen."

Mr. Boult fixierte Bessie mit dem Blick aus seinen leicht hervortretenden, steinfarbenen blauen Augen. Sie war die Älteste, die Einzige, die man wirklich als erwachsen bezeichnen konnte. Trotz seines Fracks und seiner eleganten Krawatte war Bernard mit siebzehn immer noch ein Junge.

„Was ist mit Papa los? Wo ist Papa?" Bessie fragte ihn.

„Gerade im Moment – wir hoffen nur auf kurze Zeit, bis wir ihn retten können – ist Ihr Papa im Gefängnis", sagte George Boult.

Er hatte gewusst, dass es ein schwerer Schlag für sie sein würde, aber er war ein Mann ohne Vorstellungskraft und daher völlig unfähig, sich in die Lage eines anderen Menschen zu versetzen. In der Geschäftswelt kursierten Gerüchte. Es war Geld ausgegeben worden, das ihm der mühsame Anwaltsberuf allein niemals hätte einbringen können: Mehr als einmal war ihm der Verdacht in den Sinn gekommen, was das Ende seines alten Schulfreundes bedeuten würde. Aber dass die Möglichkeit eines für sie schrecklichen Unglücks für die Frau und die Kinder des Mannes nie in Betracht gezogen worden war, hatte er nicht in Betracht gezogen, und er war auch nicht in der Lage, den Kummer und die Schande einzuschätzen, die sie durch eine solche Schande erleiden würden.

Er hatte keine hohe Meinung von William Days Frau und Familie; Sie waren Menschen, die die Welt für einen Ort zum Spielen und nicht für harte Arbeit hielten, die Theater, Konzertsäle und Tanzveranstaltungen besuchten. Es war unwahrscheinlich, dass sie etwas wirklich spüren konnten. Er war auf die Wirkung seiner Worte nicht vorbereitet.

Sie waren jung, sie waren undiszipliniert, sie waren an Unglück völlig gewöhnt. Die Nachricht von seinem Auftauchen unter ihnen wurde von den Kindern mit einem lauten, entsetzten Protestschrei aufgenommen. Mrs. Day hatte sich auf ihn geworfen, ihn gepackt, sich an ihn geklammert.

„Nicht William! Nicht mein Mann! Nein! Nein! Nein!" sie schrie.

„Ich dachte, du wüsstest es! Ich dachte, du wüsstest es!" sagte George Boult. Die Frau verletzte ihn, indem sie seine Arme festhielt; Was für ein Lärm war in seinen Ohren!

„Papa! Oh, Papa! Papa!" Bessie schrie.

Auch Franky schrie. Er war vom Tisch heruntergekommen und lief zu seiner jüngeren Schwester, die weiß und zitternd wie ein Blatt das Kind in die Arme nahm. Bernard war mit aschfahlem Gesicht aufgestanden und starrte ihn an. „Das ist nicht wahr!" schrie er den Übersetzer seines Vaters wütend an. "Es ist eine Lüge!"

„Wussten Sie das nicht?" sagte George Boult immer wieder zu der armen Frau, die ihn mit der Kraft ihres Zitterns schüttelte, während sie sich an ihn klammerte. „Ich hätte dich vorbereitet – ich dachte, du wüsstest es."

„Ich dachte, es wäre Bankrott", brachte sie mit klappernden Zähnen hervor. „Ich wusste nicht, dass es eine Schande ist. Bist du sicher? Ganz sicher?"

„Ganz recht. Es besteht nicht der Hauch einer Chance, dass es nicht wahr ist. Ein Polizist hat mir gestern Abend eine Nachricht von ihm aus dem Polizeigebäude überbracht."

Sie ließ seine Arme los und sank wieder in ihren Stuhl; und Franky, der in Deleahs Umarmung keinen Trost finden konnte, verließ sie und schrie immer noch sein verängstigtes „Papa! Papa! Papa!" flog, um seiner Mutter um den Hals zu hängen.

Deleah schlich zu Bernard. „Oh, Bernard, was können wir tun?" Sie sagte. „Was sollen wir tun?"

Bernard, der in seinen Stuhl gesunken war, legte nur seine Arme auf den Tisch, seinen Kopf auf seine Arme, und schluchzte.

George Boult dachte, sie würden es sehr schlecht aufnehmen. „Das kommt von zu viel Vergnügen", sagte er sich. Er blickte sich auf die elende Gruppe um und fühlte sich schockiert und hilflos. Er war dorthin gegangen, um zu sehen, ob er von Nutzen sein könnte. Wie konnte man Menschen helfen, die sich so verhielten! Er war Witwer, hatte aber keine eigenen Kinder. Wenn er in dieser Hinsicht mehr Glück gehabt hätte, was für ernsthafte, wohlerzogene Jungen und Mädchen sie gewesen wären: Sie hätten nicht über das Unglück gequietscht, sondern ihm standgehalten, als es kam; Sie schauten sich mit offenen Augen um, nach Möglichkeiten, Geld zu verdienen, Geld zu heiraten und weiterzukommen. Die Kinder von William Day und ihrer Mutter benahmen sich wie eine Gruppe von Verrückten, die nur für Bedlam geeignet waren.

„Es tut mir leid, dass ich es dir plötzlich antun muss. Ich dachte, deine Mama wüsste es", sagte er noch einmal. „Aber es ist eine Sache, die bekannt sein muss – und vielleicht einmal so gut wie die andere. Es ist eine Sache, die man auch ertragen und das Beste daraus machen muss."

Es wäre ganz einfach, den Philosophen zu spielen, wenn sie nur zugehört hätten, aber das taten sie nicht. Mrs. Day wiegte sich auf ihrem Stuhl hin und her, den schreienden Franky in ihren Armen; Bessie hatte sich auf den Boden geworfen, schlug mit den Handflächen darauf und rief den Namen Papa. George Boult bedauerte ihr Unglück, aber er sah und hörte mit Abscheu zu. Um nicht mehr Sperma zu haben!

„Mit wem von euch kann ich sprechen?" fragte er schließlich scharf. Er durchquerte den Raum und berührte Bernards zitternde Schultern. „Komm raus", sagte er; und Bernard, der offen heulte, stand auf und folgte dem Freund seines Vaters aus dem Zimmer. Im Flur legte George Boult eine beruhigende Hand auf den Arm des armen Jungen. „Du musst das wie ein Mann ertragen, Bernard", sagte er. „Du bist weder ein Kind noch eine Frau; versuche ein Mann zu sein."

„Was hat er getan? Was hat mein Vater getan?" fragte der Junge. Er putzte sich die Nase, wischte sich die Augen und bemühte sich, aufrecht zu bleiben.

„Es geht darum, ob etwas Geld einem Kunden gehört."

„An einen Kunden, Sir?"

„Dein Vater hat eine große Summe Geld für sie investiert, dann die Anteile verkauft und keine anderen gekauft oder ihr das Geld gegeben."

„Aber – er hätte es getan – rechtzeitig. Er – hatte vor, es zu tun."

„Dein Vater muss das beweisen."

„Mein Vater wird es tun", mit einem Schluchzen.

„Das hoffe ich. Es gibt noch eine weitere Angelegenheit, auf die wir jetzt nicht näher eingehen müssen. Ihre Unterschrift, die den Verkauf genehmigt, bestreitet sie."

„Mein Vater – wird es erklären."

„Vielleicht. Er wird heute vor den Richtern stehen. Ich werde anwesend sein und mich anbieten, eine Kaution für ihn zu stellen. Sie werden wahrscheinlich zwei verlangen. Wen können Sie da fragen?"

Bernard wusste es nicht. Er hatte nicht genug Verstand, um überhaupt nachzudenken. „Ich kann meine Mutter fragen", sagte er. Er schluchzte erneut, lag schlaff an der Wand und hatte sein Gesicht verborgen.

„Denken Sie daran, dass Sie den Mann spielen müssen", sagte George Boult. Angesichts dieser überraschenden Hilflosigkeit fühlte er sich hilflos. Mit erstauntem Abscheu blickte er auf die zuckenden Schultern des Jugendlichen. Was sollte man mit so weichem Material anfangen? „Es tut mir leid, dass ich so schlechte Nachrichten überbrachte, aber es hat nichts Gutes, wenn ich jetzt damit aufhöre. Ich komme vorbei und erzähle es deiner Mutter, wenn ihr euch alle mehr daran gewöhnt habt. Wunderbar, wie schnell die Leute sich darauf einlassen." Denken Sie daran, ich werde die Kaution für Ihren Vater übernehmen, wenn Sie einen anderen finden. Und Sie müssen sich sofort an die Arbeit machen.

„Hilfloses Set!" sagte er zu sich selbst, als er ausstieg und die drei glitzernden weißen Stufen hinunter in die ruhige Straße ging. „Hysterische, nutzlose, hilflose Gruppe! Nur für Vergnügungssucht und Geldverschwendung geeignet. Was soll jetzt aus ihnen werden?"

Sie waren sicherlich hilflos. Als Bernard in den Raum zurückging, in dem das Frühstück – die Mahlzeit, die für immer unvollendet bleiben sollte – herumstand und ihnen sagte, sie müssten auf der Stelle jemanden finden, der bereit sei, seinen Vater zu retten, verstand keiner von ihnen oder wusste was machen.

„Kennst du jemanden, den wir fragen könnten, Mutter?" Mrs. Day saß da, die Stirn fest in beiden Händen gefaltet, als fürchtete sie wirklich, ihr Kopf würde platzen. „Lass mich nachdenken! Lass mich nachdenken!" sagte sie mitleiderregend, konnte aber nicht denken.

„Würde einer der Leute, die hier beim Tanz waren – die Challises, die Hollingsbys, die Buttifers, die Frosts – es tun? Welchen von ihnen sollen wir fragen?"

„Ich glaube nicht, dass einer von ihnen es tun würde. Es wäre ihnen egal."

„Aber sie sind oft hier – zum Abendessen und so weiter."

„Fragen Sie sie nicht."

„Wer denn, Mama?" fragte Deleah. Sie hatte weniger Lärm gemacht als die anderen, und sie hatte einen Hauch von Entschlossenheit an sich, der im Übrigen fehlte, obwohl ihr kindliches Gesicht traurig aussah.

„Es gibt niemanden, den ich um einen Gefallen bitten möchte."

„Aber wir müssen jemanden fragen."

„Dann soll es jemand sein, den wir nicht kennen."

„Könnten wir Sir Francis Forcus fragen? Er ist sehr reich."

„Ich werde irgendwohin gehen – ich werde jemanden fragen", sagte Mrs. Day; Doch als sie versuchte aufzustehen, fiel sie in ihren Stuhl zurück, und ihre verängstigten Kinder sahen, dass sie ohnmächtig geworden war.

Sie legten sie auf das Sofa und über ihrem liegenden Körper erneuerten sie das Thema der Kaution.

„Bessie muss gehen", sagte Deleah.

„Dann werde ich es nicht tun, Fräulein!" sagte Bessie und schluchzte und würgte und schrie ihre Schwester an: „Das werde ich nicht! Das werde ich nicht!"

„Bernard muss gehen."

„Von einer Frau wäre es besser", sagte Bernard.

Am Ende war es Deleah, die ging – die kleine, verhätschelte, behütete Deleah, die noch nie zuvor eine bedeutsamere Aufgabe erledigt hatte als die Suche nach Berliner Wolle oder die Ausleihe des dreibändigen Romans in der öffentlichen Bibliothek.

„Deleah kann nicht gehen – Deleah darf nicht!" Die am Boden liegende Mutter auf dem Sofa schnappte nach Luft. Sie sah aus wie eine Leiche unter den mit Eau de Cologne und Wasser getränkten Tüchern, die Bessie über ihre Stirn gelegt hatte. „Wir können Sir Francis nicht fragen. Rufen Sie Deleah zurück. Halten Sie sie auf."

Aber Deleah ließ sich nicht aufhalten. Es ging darum, ihren Vater aus dem Gefängnis zu befreien, und man hatte ihnen gesagt, sie sollten keine Zeit verlieren. Während Bessie, ihre Mutter und Bernard noch erklärten, sie dürfe nicht gehen, war sie in ihr Zimmer gerannt, um Hut und Jacke zu holen; Und damit sie sie nicht erwischten und aufhielten, blieb sie nicht im Haus, um sie anzuziehen, sondern warf sie ihr trotzdem zu, sobald sie draußen vor der Tür war. Dann, als ihr kleines wildes weißes Gesicht fast in den Massen offener dunkler Haare verloren ging, die aus dem Netz, das sie morgens trug, hervorkamen und trotzdem unter ihren Hut fielen und ihre kleinen bloßen Hände die Jacke umklammerten, hielt sie nicht inne, um sie anzuknöpfen Hals über Kopf rannte sie durch die Straßen.

War das wirklich Deleah, die dorthin lief und diesen Auftrag erledigte? Deleah, die zu dieser Stunde normalerweise gemächlich zur Schule ging; Während sie ging, las sie sich vielleicht ihre französischen Gedichte durch oder warf einen letzten Blick in ihr Geographiebuch, um sich noch einmal über den Breiten- und Längengrad von Montreal zu vergewissern oder sich die Ein- und Ausfuhren von Montreal noch einmal fester einzuprägen Preußen.

Um zu ihrer Schule zu gelangen, musste sie am Büro ihres Vaters vorbei; und manchmal, wenn es ihm gefiel, früh genug aufzubrechen, ging er mit seiner kleinen Tochter dorthin, ihre Hand in seinem Arm. Ihr gegenüber war er nie wild und selten gereizt; Auf diesen Spaziergängen war seine Stimmung verspielt und scherzhaft, und sie stachelten sich gegenseitig an, Büro- und

Schulschwänzer zu spielen, und taten so, als würden sie gemeinsam einen Urlaubsausflug machen.

Und jetzt war ihr lachender, lauter, liebevoller, ausgelassener Vater im Gefängnis – im Gefängnis! – und sie rannte los, um einen Fremden um Hilfe zu bitten, damit er ihn rausholen könne.

Sie dachte nicht an den Mann, zu dem sie ging, noch an die Worte, die sie ihm sagen würde. Die Schwierigkeit, einen solchen Fremden um einen solchen Gefallen zu bitten, bereitete ihr keine Sorgen. Ihr Vater – ihr Vater – ihr Vater! war ihr einziger Gedanke.

KAPITEL V

Deleahs Auftrag

Zufällig fuhr Sir Francis Forcus an diesem Morgen eine Stunde früher als gewöhnlich zur Brauerei, und – was selten vorkam – dass Reginald froh war, mit ihm zu fahren. Beide Männer kamen zusammen in das Privatzimmer des Ältesten, wo Deleah eine Stunde lang, die ihr wie eine Ewigkeit vorkam, auf sie wartete.

Wenn Sir Francis William Days kleine Tochter jemals gesehen hatte, hatte er sie vergessen. Es war Reggie, die Deleah nie ansah, die in seinem freundlichen, gutmütigen Willkommenston ihren Namen rief.

„Warum, es ist Deleah!" Er schrie auf, als ob Deleah von allen Menschen auf der Welt die Person wäre, die er am meisten sehen wollte. „Das ist Deleah Day, Francis."

Er mochte die kleine Deleah – welcher junge Mann mit Augen im Kopf mochte sie nicht! – sie war so hübsch; bei weitem hübscher als Bessie, die nach Francis' Worten versucht hatte, ihn zu packen. Sie war das lustigste kleine Ding, mit dem man lachen und tanzen konnte; Leicht wie eine Feder – du könntest sie von den Füßen reißen und mit ihr weitertanzen, ohne ihr Gewicht auf deinem Arm zu spüren.

Er streckte ihr nun seine Hand entgegen, aber sie sah es nicht. Ihre eigenen Hände waren gefaltet. Ohne sie zu umarmen, hätte sie sich nicht niedergekniet, um Gott um etwas zu bitten. Sie ging durch den Raum und hob ihr kleines weißes, geschlagenes Gesicht über die gefalteten Hände zu Sir Francis und blickte ihn mit einem schmerzvollen Gebet in den Augen an.

„Mein Papa ist im Gefängnis", sagte sie. „Ich bin gekommen, um dich zu bitten, ihn rauszuholen."

Sir Francis sah sie erstaunt und nicht ungerührt an; im Hinterkopf hatte er den Gedanken, dass es sich hier um eine Familie handelte, die sich unverschämt in ihn eingemischt hatte und mit der er nachdrücklich nichts zu tun haben wollte. Weil dieses Mädchen so jung und hübsch war, hatten sie es geschickt!

„Wirst du meinen Papa aus dem Gefängnis holen?"

„Mein armes Kind, ich fürchte, das übersteigt meine Grenzen. Übersteigt jetzt irgendjemanden."

Sie drückte die verschränkten Hände schmerzhaft zusammen, ihre Augen hefteten sich an sein Gesicht: „Nein, du kannst! Du kannst! Ich habe sie das sagen hören", sagte sie. „Mr. George Boult und Sie können ihn ausschalten, wenn Sie wollen. Sie können es mit Geld tun. Er hat es gesagt. Sie können es heute tun."

„Sie meint, für ihn eine Kaution zu holen", erklärte Reginald leise.

„Aber warum sollte ich das tun?" fragte Sir Francis und wandte sich an seinen Bruder. „Ihr Vater war kein Freund – nicht einmal ein Bekannter – von mir." Ihm lag am Herzen, dass dieser Punkt geklärt werden sollte. „Leute in – in der Lage von Mr. Day bringen ihre Freunde dazu, sie gegen Kaution zu befreien", sagte er zu dem Mädchen. „Und ich werde nicht anwesend sein; ich verlasse heute die Stadt."

„Nein! Du darfst nicht gehen!" Deleah schluchzte. „Du musst es tun. Es gibt niemanden sonst. Ich weiß nicht, wohin ich gehen soll – ich weiß nicht, was ich tun soll. Wir alle wissen es nicht. Du musst! Du musst!"

Halb, weil ihre Kräfte nachließen, und halb, weil es die Haltung des Gebets war, ging sie auf die Knie, den Kopf zurückgeworfen, und blickte zu ihm auf, die Hände unter dem nach oben gerichteten Kinn verschränkt.

Wie könnte ein Mann, egal wie kalt, zurückhaltend, distanziert, feindlich gegenüber ihrer Sache, auch nur ein taubes Ohr gegenüber einem solchen Appell sein mag, hartnäckig angesichts ihrer Hilflosigkeit, ihrer Vertrauenswürdigkeit, ihrer kindlichen Schönheit und Selbstaufgabe bleiben?

„Wer hat dich zu mir geschickt?" er hat gefragt.

„Niemand. Ich bin gekommen", flüsterte sie. Die Veränderung in seinem Ton hatte sie geschwächt, sie begann von Kopf bis Fuß zu zittern.

„Sie hätten sich für einen solchen Auftrag eine fittere Person aussuchen sollen. Es ist eine Grausamkeit, ein solches Kind wie Sie zu schicken", sagte er.

Er streckte seine Hand aus, um sie hochzuheben; aber Reggie ging zu ihr, hob sie hoch und setzte sie in einen bequemen Stuhl. „Es wird alles gut. Er wird es tun. Mach dir keine Sorgen", flüsterte er und beruhigte sie.

Sie beachtete ihn nicht, ihr Blick war auf den älteren Mann gerichtet, der zu einem Schrank im Zimmer gegangen war, aus dem er eine Karaffe Sherry hervorholte. Es war in jener Urzeit, als man bei geistigen oder körperlichen Problemen üblich war, „ein Glas Wein zu trinken". Er war immer steif und distanziert in seiner Haltung, und gerade jetzt war er verärgert und gekränkt, als er das Gefühl hatte, „gehabt" zu werden, wie es in einem späteren Zeitalter heißt. Aber sein Herz war gesund. Den Anblick dieses zitternden, verängstigten Kindes und die Erinnerung an den Auftrag, mit dem es gesandt worden war, empfand er als beunruhigend.

„Nippen Sie ein wenig Sherry", sagte er und reichte das Glas seinem Bruder, damit dieser es an ihre Lippen hielt.

Aber Deleah achtete nicht auf das Glas, sie schien sich der Anwesenheit von Reggie nicht bewusst zu sein, ihre Augen hefteten sich an das Gesicht von Reggies Bruder: „Wirst du es tun? Wirst du ihn retten? Wirst du?" sie flehte.

Dann stimmte Sir Francis mit düsterer Stirn zu. „Sehr gut. Ich werde heute Nachmittag im Weg sein. Sie sagen, dass Mr. Boult auch im Weg sein wird? Wenn wir etwas tun können, werden wir es tun."

„Es ist alles in Ordnung, Deleah", sagte Reggie. „Ich habe dir gesagt, dass alles in Ordnung wäre."

„Und denken Sie daran", beschwor Sir Francis sie, „dass ich das, was ich tue, für Sie tue – und nur für Sie."

Ihrer Bitte wurde, wie sie verstand, stattgegeben; Ihre gefalteten Hände lösten sich aus ihrer Gebetshaltung, aber ihre angestrengten Augen hingen noch immer an Sir Francis' Gesicht. Sie versuchte nicht, ihm zu danken; Worte reichten nicht aus, um ihre Gefühle auszudrücken – sie dachte nicht daran, sie zu benutzen; aber in ihren Augen lag Verehrung für ihn.

Mit seinem Versprechen, ihm zu helfen, war der Groll aus dem Mann verschwunden. Er nahm das Glas, das Reggie abgestellt hatte, und hielt es selbst an ihre Lippen. „Nippen Sie ein wenig; es wird Ihnen Kraft geben", sagte er mit der Stimme der Autorität; und sie nippte gehorsam.

„Ich gehe", sagte sie, hielt ihn aber noch eine Minute lang mit ihren anbetenden Kinderaugen fest, dann rutschte sie vom Stuhl und ging zur Tür. Aber da drehte sie sich um und blickte mit erbärmlich erhobenem Kopf den beiden Männern entgegen. „Mein Papa hat nichts falsch gemacht", sagte sie. „Sie haben ihn ins Gefängnis gesteckt, aber es ist ein Fehler. Papa hat nichts Falsches getan."

"Armes Kind!" Sagte Sir Francis und wandte sich ab. Die Szene war schmerzhaft gewesen. Er war bestrebt, dass es vorbei sein würde.

Reginald war zur Tür gegangen und öffnete sie für sie. „Halten Sie Ihre Stimmung hoch", sagte er überredend. „Geh nicht und sei unglücklich, Deleah." Er ging mit ihr durch die Tür und flüsterte fröhliche Worte, aber sein Bruder rief ihn scharf zurück.

„Reggie, komm her!"

"In einer Minute."

„Nein, jetzt. Ich will dich."

Es gab bestimmte Töne in der Stimme seines Bruders, die der jüngere Mann bisher nie im Traum außer Acht gelassen hätte. Er erschien wieder im Raum und schloss die Tür hinter Deleahs sich zurückziehender Gestalt.

"Wo bist du hingegangen?"

„Nirgendwo im Besonderen. Einen Teil des Heimwegs mit diesem armen kleinen Mädchen zu Fuß zu gehen."

„Bleib hier stehen, ja? Ich will dich."

Sir Francis Forcus würde nicht zulassen, dass sein Bruder an diesem Morgen mit irgendeinem Mitglied der Familie von Mr. William Day in den Straßen von Brockenham gesehen wurde.

KAPITEL VI

Saures Unglück

Als Mrs. Day auf die elenden Wochen, Monate und Jahre zurückblickte, die auf ihre letzte Neujahrsparty folgten, neigte sie dazu, die Palme für das Elend den Wochen zu verleihen, die zwischen dem Erscheinen ihres Mannes vor den Richtern und den Frühjahrsgerichten, bei denen sein Mann erschien, lagen Der Prozess kam. Es ist mehr als möglich, dass er, wenn George Boult und Sir Francis Forcus sich geweigert hätten, eine Kaution für ihn zu stellen, und er diese zehn Wochen im Gefängnis geblieben wäre, dort weniger unglücklich gewesen wäre, als es ihm, einem bewusst schuldigen Mann, möglich gewesen wäre. in der veränderten Atmosphäre seines Zuhauses.

Was geschehen war, hatte für ihn seine Beziehungen zu Frau und Kindern für immer verändert. Unter Letzteren saß er wie ein Geschlagener, Eingeschüchterter, Entfremdeter. Mit Franky, der für immer allein war, näherte er sich einer intimen Beziehung. Franky, der sich über die Sache keine weiteren Gedanken mehr machte, nachdem das seltsame Gerede über den Gefängnisaufenthalt seines Vaters vorbei war und sein Vater wieder zu Hause war und keine Angst vor der Zukunft hatte. Er nahm ihn wie in alter Zeit manchmal auf die Knie. Er gab Franky träge Ratschläge zu den Bildern, die er malte, zu der Menge an Schusterwachs, die er auf den Bonito aufbringen sollte, den er anfertigte, und zur Takelage seiner Walnussschiffe.

Gegenüber Deleah – Deleah, die sein Haustier gewesen war und die er offen als sein Lieblingskind bezeichnet hatte – war er schüchtern. Man hatte ihm erzählt, dass sie es gewesen sei, die die Angelegenheit seiner Kaution arrangiert hatte. Seine kleine Deleah, dass sie einen solchen Auftrag für ihn erledigt hat! Am liebsten hätte er nie wieder ihren hübschen, vertrauensvollen Augen begegnet, die voller Stolz und Liebe für ihn gewesen waren.

Als er zum ersten Mal nach Hause gekommen war, hatte sie mit gebrochenem Herzen gegen ihn geweint, hatte die Arme um seinen Hals geschlungen und schluchzte, sie wisse – sie wisse – sie wisse, dass er nichts Unrechtes getan habe. Er hatte sie grob von sich stoßen müssen. Er wollte so eine Szene nicht noch einmal erleben!

Zu Bessie und seinem Sohn, die ihm gegenüber eine mürrische, verurteilende Haltung hatten, sprach er nie, wenn er es vermeiden konnte.

Seiner Frau gegenüber verhielt er sich völlig anders.

Die Schwierigkeiten, die über ihn gekommen waren, waren auf seinen gutmütigen Wunsch zurückzuführen, die hohen Ausgaben eines verschwenderischen Haushalts zu bestreiten. Es war Geld ausgegeben worden, das er in der rechtmäßigen Ausübung seines Berufes nicht verdienen und auch nicht auf ehrliche Weise beschaffen konnte. Wer außer ihr – seiner Frau – hatte das Geld ausgegeben? Für sein schmerzliches Verderben war also nur sie verantwortlich.

Diese Erklärung gab er ihr gleich in der ersten Stunde nach seiner Rückkehr nach Hause ab.

Sie war zu betroffen, zu verblüfft, zu sehr von Scham und Kummer überwältigt, als dass er sich über den Angriff auf sie selbst ärgern oder Repressalien versuchen könnte. Er nutzte ihre wehrlose Unterwerfung aus und hatte sich bald zu der ehrlichen Überzeugung durchgerungen, dass die Verantwortung für seinen Untergang auf den Schultern seiner Frau liege.

Sein Anwalt riet ihm, sich schuldig zu bekennen. Niemand hatte Zweifel daran, wie das Urteil ausfallen würde. Die wenigen, denen er am Herzen lag, konnten nur auf eine milde Strafe hoffen.

Als Deleah hörte, dass er seine Schuld nicht einmal leugnen durfte, versteckte sie sich in ihrem Schlafzimmer und lag dort stundenlang mit dem Gesicht nach unten auf dem Boden. Der Teppich war nass von ihren Tränen, der Duft stieg ihr in die Nase. Ihr ganzes Leben lang erinnerte sie dieser muffige, stickige Geruch an die Zeit ihrer unkontrollierten, rebellischen Qualen und ihrer grausamen Schande.

War es wahr? War es möglich? Konnte diese schreckliche Sache in ihrem Haus passiert sein? Deleahs, wer hatte dort nur unbeschwerte, glückliche Tage erlebt? War dieser Mann, der sich der Fälschung schuldig bekennen sollte, der einer armen Frau jeden Penny geraubt hatte, den sie besaß, der vielleicht Jahre im Gefängnis verbringen sollte, wirklich ihr Vater? Die manchmal so liebevoll zu ihnen allen gewesen war, immer so liebevoll und nachsichtig zu ihr; der am Sonntagmorgen mit ihnen allen in der quadratischen Familienbank gesessen und jeden Tag beim Essen das Tischgebet gesprochen hatte; der ihnen oft lustige Geschichten erzählt hatte und vor Lachen über seine eigenen Witze brüllte; Wer hatte erst vor ein paar Nächten das Tamburin geschlagen und sich Sir Roger de Coverley angeschlossen?

Bessie und Bernard, die durch ihr Unglück zusammengezogen waren und vergaßen, sich gegenseitig zu quälen, redeten mit dicht zusammengesteckten Köpfen über die Tragödie, die geschehen war. Sie waren wütend und empört, als sie sahen, was ihr Vater getan hatte, weil es sich auf sie selbst auswirkte, und sie verschonten ihn nicht. Manchmal zu ihnen – dem älteren Jungen und dem älteren Mädchen – Mrs. Day fühlte sich zum Reden gezwungen. Es war eine Erleichterung für aufgestaute Gefühle, zu reden, und sei es nur, um zu sagen: „Was wird aus uns? Wie sollen wir leben? Was, im Namen Gottes, sollen wir tun?" Die Kameradschaft im Unglück brachte diesen dreien einen gewissen Trost.

Aber Deleah sagte kein Wort – außer zum Teppich.

Alle hatten viel Freizeit. Mrs. Day und Bessie würden ihr Gesicht im Freien nicht zeigen. Bernard, der das letzte Viertel in der Schule verbrachte, um das Senior Cambridge Examen zu bestehen. Bevor er in das Büro seines Vaters ging, beschloss er, zu Hause dafür zu arbeiten und nicht in der Schule, wo alle anderen Kollegen Bescheid *wussten* . Von der Direktorin des Establishments, „deren Schüler alle Töchter von Berufstätigen waren" und in dem Deleah ihre Ausbildung erhielt, ging ein Brief ein, in dem es hieß, dass, bis sich die dunkle Wolke lichtete, die derzeit ihre Familie überschattete, Es wäre besser, wenn Deleah Day einen Urlaub gäbe.

„Auf jeden Fall wäre ich nicht noch einmal dorthin gegangen", sagte Deleah. „Die Mädchen reden ständig darüber, wer ihre Väter sind, und schauen aufeinander herab. Nicht aber, dass es einige gab, auf deren Väter ich auch herabschaute. Die Clarks – die Schuhgroßhändler – man kann sie kaum als *professionell bezeichnen* , schon Du? Aber jetzt – ach, was für ein Unsinn kommt dir jetzt vor!"

Frankys Erziehung war bisher von Bessie übernommen worden. Allerdings auf beklagenswert unsystematische Weise; aber jetzt, da sie sich aus Sparsamkeit auf ein Feuer in nur einem Wohnzimmer beschränkt hatten, musste der Unterricht des armen Kindes aufgegeben werden. Es wäre unmöglich gewesen, innerhalb der vier Wände zu leben, in denen die ältere Tochter und der jüngere Sohn sich durch die Schwierigkeiten kämpften, Wissen zu vermitteln und zu erwerben. Entweder schrie Franky, der auf dem Rücken auf dem Boden lag, und fuchtelte gefährlich mit den Beinen herum, oder eine wütende Bessie jagte ihn um den Tisch herum. Das Buchstabierbuch wurde häufiger als Angriffswaffe denn als Lehrbuch verwendet, und Bessies Stimme, die die Information herausbrüllte, dass CAT „Cat" buchstabierte, war auf der Straße zu hören.

Wirtschaften in Kohle, Wirtschaften in alle Richtungen mussten sie üben. Geld, wo es so reichlich vorhanden war, wurde plötzlich schmerzlich knapp; Kredit, der unbegrenzt schien, gab es nicht. George Boult, der die Dinge in die Hand nahm und versuchte, etwas Ordnung in das Chaos zu bringen, übergab Mrs. Day wöchentlich zwei Pfund für die Haushaltsführung. Der Wechsel von Verschwendung zu Armut verwirrte die arme Frau, und der Wechsel von einem mit guten Dingen beladenen Tisch zu einem fast leeren Tisch war nicht geschickt gelungen. Eine Zeit lang, bis die Erfahrung sie lehrte, kaufte sie weiterhin Dinge, auf die sie hätten verzichten können, und verzichtete auf das wirklich Notwendige. Und diese Zulage, so dürftig sie ihr vorkam, konnte nicht lange reichen. Es war keineswegs sicher, dass ihnen rechtlich genug verblieben war, um Herrn Boult diese Auszahlungen zurückzuzahlen. Wenn sie bereit gewesen wären, von seinen Mitteln zu leben, wäre er überhaupt kein großzügiger Mann gewesen; er ermutigte sie nicht, von ihm finanzielle Hilfe zu erwarten.

„Was raten Sie? Haben Sie keinen Plan? Was sollen wir alle tun?" fragte Mrs. Day ihren Mann.

„Du musst durchhalten, bis ich rauskomme. Wenn wir Glück haben, ist es nur eine Frage von ein paar Monaten."

„Aber selbst für ein paar Monate, William, was sollen wir tun?"

„Du musst arbeiten", sagte William. „Verdiene dir etwas. Es wird eine Veränderung für dich sein. Ich habe euch alle bis jetzt in Untätigkeit gehalten. Jetzt werdet ihr lernen, was es heißt, zu arbeiten. Es wird euch nicht schaden."

„Das lässt sich alles so leicht sagen. Aber welche Arbeit sollen wir tun? Wo sollen wir arbeiten? Ich kann mir nicht vorstellen, dass wir ein Dach über dem Kopf haben werden."

Dann brach der unglückliche Mann, der genauso wenig wusste wie sie, was aus ihnen allen werden würde, und der deshalb noch viel unglücklicher war, in einen Strom von Flüchen aus. „Habe ich nicht genug zu ertragen?" er fragte sie. „Muss ich nicht selbst darüber nachdenken? Ist meine Aussicht so angenehm, dass du kommst, um mich zu belästigen und mir keine Ruhe gibst? Wie kommen andere Frauen zurecht? Frauen, die noch nie Ehemänner hatten, die für sie schuften, so wie ich Du."

Die arme Mrs. Day, die am wenigsten kämpferische Frau, die selbst in ihren besten Zeiten kaum gewusst hatte, wie sie mit ihm mithalten sollte, floh vor dem unvernünftigen, elenden Mann.

Als Bessie mit ihrem Bruder über die Hoffnungslosigkeit ihrer Lage sprach, nutzte sie den althergebrachten Vorwurf des Kindes gegen die Eltern. „Papa und Mama hätten keine Kinder bekommen sollen, wenn sie solch ein Durcheinander verursacht hätten", argumentierte sie. Bessie habe nicht geboren werden wollen, erklärte sie. Ihr Vater und ihre Mutter waren dafür verantwortlich. Sie müssen zumindest sagen, was zu tun ist. Papa, erklärte sie Bernard, sollte dazu gebracht werden, es zu sagen.

„Papa, wenn Deleah und ich unsere Hüte und Kleider für den Frühling haben wollen, was sollen wir dann tun?" fragte sie ihren Vater mit dem Tonfall der Aggressivität in der Stimme, den er von ihr kannte.

„Tun? Gehen Sie ohne sie", antwortete er prompt.

„Du weißt ganz genau, dass wir ohne Kleidung nicht gehen können, Papa."

„Dann geh zum Teufel", sagte Papa und stand gebeugt aus dem Zimmer auf.

Auch Bernard, der vor dem veränderten Mann mehr Angst hatte als Bessie und lange vor jedem Gespräch mit ihm zurückschreckte, wurde schließlich von seiner Mutter dazu gebracht, seinen Vater bezüglich seiner eigenen Zukunft zu konsultieren.

„Ich sehe keinen großen Sinn darin, für diese Prüfung vor meinen Büchern zu schwitzen, Sir", sagte er.

"Ach, warum nicht?"

„Angenommen, ich schaffe es, was soll ich dann tun?"

„Sie müssen Ihr Bestes geben. Dieses Senior Cambridge Exam, sagen sie mir, sei eine Tür zu jedem Beruf."

„Aber Sie wollen Geld, um einen Beruf zu ergreifen, Sir. Soweit ich gehört habe, haben wir keins."

„Dein Gehör hat dich in dieser Richtung nicht falsch getäuscht. Was ich hatte, hast du unter euch ausgeben können. Ich war die Gans, die das goldene Ei gelegt hat; jetzt verbieten die Umstände es mir, mehr zu legen – für eine gewisse Zeit. Ihr müsst auf euch selbst aufpassen." ."

„Aber wenn Sie uns nur eine Vorstellung davon geben könnten, wie wir vorgehen sollen."

Dann wandte sich sein Vater, der bisher ein größeres Maß an Nachsicht gezeigt hatte, als er den bloßen Frauen seiner Familie zugestanden hatte, auch ihm gegenüber grausam. Der arme Kerl wusste nicht, wie er ihnen helfen sollte, wusste nicht, was er ihnen raten sollte: Sie zu erschrecken war seine einzige Möglichkeit.

„Habe ich nicht genug zum Nachdenken?" schrie er den Jungen an. „Du und deine Mutter und deine Schwestern kommen und belästigen – und belästigen mich –"

„In Ordnung, Sir. Ich werde Sie nicht mehr belästigen."

„Alles, worum ich bitte, ist, in Ruhe gelassen zu werden – ein wenig Frieden zu bekommen. Du hast keine Gnade – keine!"

Aber nach diesem Gespräch gab der Junge sogar den Vorwand auf, zu lernen. „Wo ist das Gute?" fragte er Bessie. „Wenn ich das gesegnete Ding bestanden habe, wo ist dann das Gute? Ich muss wohl Laufbursche werden oder eine Kreuzung kehren. Dafür möchte ich kein Senior Cambridge Certificate."

Die Frauen taten ihr Bestes, um ihn zum Durchhalten zu überreden, aber er erklärte, dass er ohne Feuer nicht in seinem Schlafzimmer lernen könne, noch könne er sich auch nur ein Wort in den Kopf treiben, wenn er im selben Zimmer wie sein Vater sitzen müsste .

Der Raum, in dem sie angenehme Abende verbracht hatten, während Mr. Day im Club Karten spielte, bot in diesen traurigen Zeiten, in denen dieser unglückliche Mann Teil des Kreises war, einen ganz anderen Anblick. Der arme, massige Kerl saß immer über dem Feuer – im wahrsten Sinne des Wortes, wobei seine Stuhlfüße den Kaminofen berührten, seine eigenen Füße oft auf den Gitterstäben; Der Rest der Familie zog sich so weit wie möglich vom Herd zurück. Wenn unter ihnen geredet wurde, während sie mit Nähen, Malen oder Büchern an ihrem Tisch saßen – und da sie jung waren, redeten sie und lachten manchmal sogar – ärgerte er sich über die Tatsache, dass sie das konnten, und knurrte sie manchmal an eine Bitte um Schweigen. Aber es schien ihm ebenso unangenehm zu sein, dass ihr Schweigen nachließ, und wenn sie sich zurückzogen, machte er sarkastische Bemerkungen über die Lebendigkeit der Gesellschaft, die sie für ihn sorgten.

Ein ungebührlicher Betrag der wöchentlichen zwei Pfund Haushaltsgeld ging an den Tabak des Hausherrn. Im Keller gab es guten Portwein; Er könnte es genauso gut trinken, solange er die Gelegenheit dazu hätte, dachte William Day. Was blieb ihm anderes übrig, als zu rauchen und zu trinken? und er tat beides, den ganzen Tag.

Er war weder ein Trinker gewesen, obwohl er jemals seinen Anteil an den guten Dingen des Lebens genommen hatte, noch ein Müßiggänger. Seine Familie blickte nun mit Angst und wachsendem Ekel auf seine veränderten Gewohnheiten. Es war überraschend, wie sich der Mann durch den Verlust seiner Selbstachtung und das Wissen, dass er den Respekt derer, die ihn geliebt hatten, verloren hatte, veränderte. Mit Erstaunen sahen sie, die ihn ihr ganzes Leben lang gekannt hatten, dass er innerhalb weniger Wochen selbstsüchtig, gierig, unmanierlich und sogar unrein wurde. Die Asche seiner Pfeife fiel auf seinen Mantel, er wollte sie nicht wegwischen; er hatte offensichtlich auf den Gebrauch einer Nagelbürste verzichtet; sein Haar hing ihm in die Stirn; Sein ungestutzter Bart und seine Schnurrhaare ragten um das große Gesicht herum, das jetzt schlaff und ungesund war.

Da er den Luxus an seinem Tisch vermisste, vergaß er die Feinheiten, die er bisher dort beobachtet hatte. Wenn er mit ungewaschenen Händen zu seinen Mahlzeiten kam und das Beste von dem, was er dort vorfand, zu sich nahm, scheinbar ohne an den Rest zu denken, sahen sich der ältere Junge und das ältere Mädchen mit wütender Verurteilung in den Augen an. Solche Abweichungen von einem bisher eingehaltenen Verhaltenskodex ertrug Mrs. Day mit scheinbar apathischer Gleichgültigkeit. Um die Wahrheit zu sagen, hatte sie seit Jahren aufgehört, den Mann zu lieben, und die kleinen Abweichungen, die sich so trivial lesen, aber im täglichen Leben so viel bedeuten, wurden von ihr fast unbemerkt in dem betäubenden Gefühl des Unglücks bemerkt, das ihnen allen widerfahren war.

Nur Deleah, die ihren Vater hingebungsvoll liebte, erkannte die wahre Tragödie hinter dieser Vernachlässigung persönlicher und familiärer Verpflichtungen. nur sie, die vage begriff, dass diese entstellende äußere Veränderung nur das Zeichen einer inneren, bemitleidenswerteren Veränderung war; Nur sie hatte die Einsicht, in der wilden Art ihres Vaters die Verzweiflung, die Selbstverachtung, die Wut auf das Schicksal, die erbitterte Feindschaft gegen eine Welt zu erkennen, in der er nicht mehr existieren sollte. Nur Deleah fühlte in ihrem Herzen den Kummer darüber – Deleah, die Thackeray, Trollope, Dickens und Tennyson las; deren Augen vor eingebildetem Leid geweint hatten, bevor ihnen diese bitteren Tropfen für ihr eigenes abgerungen wurden; der gelernt hatte, dass Tränen nicht die einzigen Zeichen eines schmerzlichen Herzens waren; und wussten, dass die Liebe zur Stellung, zur Heimat, nicht einmal zu einem schönen Namen die wichtigsten Dinge waren, um die sie als Familie hätten trauern sollen.

Und so vergingen die langsamen Wochen, sogar die langsamen Monate. Die schlammigen, schmalen Gehwege von Brockenham wurden in den beißenden Ostwinden trocken und staubig. Menschen, die Mrs. Day und ihre Töchter durch vorgehängte Fenster ansahen, gingen mit Schneeglöckchen, Veilchen und schließlich Schlüsselblumen in den Händen vorbei. Der Frühling, der so langsam auf sich warten ließ und doch von allen so gefürchtet wurde, kam endlich. Ostern war da. Ostern war zu früh da! – und die Ostergerichte.

Kapitel VII

Ehemann und Vater

Am Abend vor dem Morgen, an dem sein Prozess stattfinden sollte, schien sich ein anderes Geschöpf an dem Ort zu befinden, den William Day kürzlich bewohnt hatte.

Zum einen wurde sein Aussehen verbessert. Ein an diesem Nachmittag herbeigerufener Friseur hatte die fettigen, verhüllenden sandfarbenen Haarsträhnen abgeschnitten und den üppigen Bart gestutzt, der dem Mann ein so schlampiges, ungewohntes Aussehen verliehen hatte. Seine Oberlippe war noch einmal rasiert.

„Es macht mir jetzt nichts aus, dich zu küssen, Papa", sagte Franky, der sich davor gescheut hatte, vor dem stoppeligen Gesicht zu grüßen.

Als diese Verbesserung abgeschlossen war, änderte er seine Kleidung und erschien zur Teezeit in seinem schwarzen Tuch, dem Mantel mit langen Röcken und seinen „Pfeffer-und-Salz"-Hosen zwischen ihnen allen. Als weiteres äußeres Zeichen seiner moralischen Erniedrigung hatte er in letzter Zeit auf Leinen an Hals und Handgelenken verzichtet, doch jetzt sank sein schweres Kinn wieder in die Umfassung eines Kragens, dessen steif gestärkte Spitzen bis zur Mitte seiner Wangen reichten. Die Anstecknadel, die seine dick gepolsterte Krawatte schmückte, war groß und bestand aus einem goldgeränderten Glaskästchen, in dem geflochtene und ineinander verschlungene Haare aus den Köpfen seiner vier Kinder ausgestellt waren. Sie hatten sich alle zusammengetan, um dieses Opfer für Papa am letzten Valentinstag vorzubereiten.

Und mit der Wiederaufnahme einer sorgfältigeren Toilette hatte der arme Mann wieder das anständige Benehmen glücklicherer Tage angenommen. Er sagte nichts; Er befand sich tatsächlich in einem Zustand tiefer Depression, den er nicht zu verbergen versuchte, aber er empörte durch sein Verhalten nicht länger die sensiblen Gefühle seiner Familie.

„Papa sieht genauso aus wie früher", sagte Franky, als er die Renovierung des Aussehens seiner Eltern sah. „Sollen wir heute Abend Bilder malen, Papa?"

Sie versuchten, das Kind zum Schweigen zu bringen, aber Franky sah keinen Grund, warum er seinen Antrag nicht stellen oder ihn ablehnen sollte. Er holte seinen Malkasten und einen Vorrat an Bildern, die er aus alten Papieren ausgeschnitten hatte.

„Du machst Sonnenuntergänge so viel schöner als ich, Papa. Wenn du nur die Sonnenuntergänge für mich machen würdest!"

Und plötzlich hatte der Vater einen Stuhl neben seinen kleinen Sohn gestellt und zeigte ihm, wie man seine Farben mischt, und ermahnte ihn, nicht an seinen Pinseln zu lutschen, wie an den glücklichen Winterabenden vor dem Unfall.

Es war eine Landschaft mit Mühle, Marschland und Wasser, die das Kind gewählt hatte, und es gab einen großen Raum, den man mit dem Sonnenuntergang, bei dem seine Eltern glänzten, und viel Kratzen und Mischen von Karminrot, gelbem Ocker und Kobaltblau beschäftigen konnte. Damit Frankys Schlafenszeit schon da war, bevor der Film fertig war. Er wurde wie immer protestierend und unter Tränen vom Platz gestellt.

„Du hilfst mir, es morgen Abend fertigzustellen, Papa? Versprich mir, dass du mir morgen Abend hilfst!" er flehte durch sein Weinen. Aber Bessie, deren Aufgabe es war, ihn ins Bett zu bringen, zerrte das Kind unerbittlich aus dem Zimmer und schlug die Tür vor ihnen beiden zu.

George Boult war zu einem letzten Gespräch mit seinem Freund hereingekommen. Seine Anwesenheit war von der Familie nie gewünscht, aber sie entspannte ein wenig die Spannung dieses traurigen Abends.

Die beiden Männer saßen mit ihren Pfeifen da, und eine Flasche des stark reduzierten Vorrats von „achtzehnhundertsiebenundvierzig" wurde angesetzt. Aber bald fiel auf, dass William Day, obwohl er seine Pfeife in der Hand hielt, nicht rauchte. Mit der anderen Hand schützte er seine Augen vor dem Gaslicht und sagte nichts. Einer nach dem anderen kroch die jungen Leute ins Bett, und bald stand auch Mrs. Day auf, deren Versuch, das Gespräch mit dem Besucher aufrechtzuerhalten, schnell gescheitert war, um zu gehen.

„Verlässt du uns, Lydia?" sagte der Ehemann, als ihm ihre Absicht bewusst wurde.

„Ich werde nicht gehen, wenn du willst, dass ich bleibe, William."

„Nein, nein. Geh und schlaf etwas."

Dann, als sie einen Moment lang zögernd an der Tür stand und sich danach sehnte, dieser traurigen Gegenwart zu entfliehen, war es ihr dennoch elend, zu gehen: „Tu für meine arme Frau das Beste, was du kannst", sagte Day zu seinem Freund. „Sie war eine gute Ehefrau für mich."

Sie lebte seit zwanzig Jahren mit ihm zusammen und hatte vielleicht noch nie ein lobendes Wort von ihm gehört. Als es endlich kam, war es für sie zu viel, und sie verließ laut schluchzend das Zimmer.

Eine Stunde später, als der unglückliche Hausherr seinen Freund zum letzten Mal zur Flurtür begleitet hatte, beobachtete er ihn, wie er die Stufen in die ruhige Straße hinabstieg, und nickte der stillen Abschiedsgeste des anderen stumm zu, als er sich zum Gehen umdrehte den hallenden Bürgersteig hinunter; Als er im Wohnzimmer und im Flur das Gas abgestellt hatte und sich – wer kann das mit welcher Schwere des Herzens erraten? – schwerfällig die Treppe hinaufschleppte, stieß er auf eine kleine weiße Gestalt im Nachthemd, die auf der Treppe nach ihm Ausschau hielt Landung, vor seiner Schlafzimmertür.

Es war Deleah, die dort auf ihn gewartet hatte.

„Das bin nur ich, Papa", sagte sie, als er bei ihrem Anblick stehen blieb. „Nur deine kleine Deleah, die ich – ich – dich so liebe."

„Geh sofort ins Bett", sagte er und zeigte mit einem wütenden Finger in Richtung ihres Zimmers.

Aber sie legte ihre Arme um seinen Hals und klammerte sich mit unterdrücktem Schluchzen an ihn, bis sie spürte, wie sich seine große Brust unter dem erstickten Weinen seines eigenen Schluchzens unter ihrer anklammernden Gestalt hob und senkte.

Als er sich neben seiner Frau auf das Bett warf, würgte und schluchzte er immer noch, auf eine schrecklich anzuhörende Weise.

"Wilhelm!" sagte sie schüchtern und legte eine zitternde Hand auf seine Schulter. „Kann ich irgendetwas tun oder sagen, das dir helfen kann, William?"

Er antwortete ihr nicht, aber das Bett bebte unter seinem schluchzenden Schluchzen; und sie lag und schluchzte neben ihm.

Als sich endlich die Ruhe legte, die von Erschöpfung herrührt: „Ich habe es für dich und die Kinder getan", sagte er. „Ich dachte, mit etwas Glück hätte ich es wieder in Ordnung bringen können. Aber ich habe es für euch alle getan. Erinnert ihr euch daran?"

„Ich werde mich daran erinnern, während ich lebe", sagte sie. „Sie können ganz sicher sein, dass weder Ihre Kinder noch ich es jemals vergessen werden."

„Deleah hat mich verärgert. Sie hätte im Bett sein sollen" – er entschuldigte sich bei ihr für seine Tränen – „Ich wäre nicht so zusammengebrochen, wenn sie mich nicht entmannt hätte. Das Kind hätte ins Bett gehen sollen."

Sie hörte, wie er seine Tränen herunterschluckte, und dann begann er erneut: „Deleah   und Franky waren schon immer – waren schon immer –"

„Der Liebste“, fügte sie hinzu und verstand ihn. „Das liebste deiner Kinder, William?“

„Sag ihnen das – nach morgen, ja?“

Sie hat es versprochen. „Bessie und Bernard haben vielleicht keine so gewinnende Art, aber sie lieben dich, William, da bin ich mir sicher.“

Darauf gab er keine Antwort. Nach einer Weile sprach sie erneut zu ihm: „Hast du mir sonst noch etwas zu sagen, William? Wir haben in letzter Zeit zu wenig Worte zwischen uns gewechselt. Vielleicht war es meine Schuld. Aber jetzt, hast du vielleicht etwas zu sagen, das es könnte?“ Tröste uns beide, uns daran zu erinnern?

"Nichts." Er sagte das Wort traurig, aber nicht unfreundlich, und sie nahm sein Schweigen nicht übel. Sie wusste ganz genau, dass Bände, wenn er sie hätte aussprechen können, weder ihre Hilflosigkeit in der Gegenwart und die Angst vor der Zukunft noch seine Verzweiflung hätten lindern können.

Sie lag ein paar Minuten da, während die Tränen ungebremst in der Dunkelheit über ihre Wangen liefen, dann zwang sie sich, die einzigen Worte zu sagen, die ihr einfielen und die ihn in der kommenden Zeit trösten könnten.

„William, ich werde nicht mit dir reden, ich werde dich nicht stören. Ich möchte, dass du schlafen gehst, um eine Nachtruhe zu bekommen, wenn du kannst; aber nur eines möchte ich dir sagen – ich Ich möchte, dass du dich daran erinnerst, dass du niemals denkst, ich empfinde nur Mitleid – nur Mitleid mit dir, dass ich es nicht in Worte fassen kann du die ganze Zeit, aber-“

Sie ließ es dort liegen und er nahm schweigend auf, was sie sagte.

Nur noch einmal sprach er. „Das war die Hölle“, sagte er, und sie wusste, dass er von den Wochen sprach, die er als Außerirdischer in seinem eigenen Haus verbracht hatte und auf seinen Prozess wartete. „Verdammt! Was auch immer kommt, ich bin froh, dass das vorbei ist.“

Dann drehte er sich auf die Seite, von ihr weg, und lag ganz still da; und plötzlich wusste sie mit Dankbarkeit, dass er schlief.

KAPITEL VIII

Der Weg hinaus

Der Gefangene bekannte sich gemäß dem Rat seines Anwalts schuldig. Es war also nur eine Frage der Länge der Strafe, und der Richter, vor dem William Day erschien, täuschte sich nicht auf der Seite der Gnade. Das schwerste Urteil, das er über einen Übeltäter dieser Klasse verhängen konnte, verhängte er gegen William Day.

Von seinen eigenen Leuten war keiner anwesend, aber der Gerichtssaal war voller Menschen, für die der Gefangene eine vertraute Figur des Alltags war.

Es war nahezu unmöglich, diesen großen, wichtig aussehenden Mann in der gut geschnittenen Kleidung, der bis vor ein paar Wochen unter ihnen die Position eines Gentleman innehatte, anzusehen und zu glauben, dass es sich um einen Verbrecher handelte, der vor ihren Augen stand. Der Reiz, ein solches Phänomen zu betrachten und sich darüber zu freuen, war groß. Er war ein eindringlicher Mann gewesen, der sehr lautstark zwischen seinen Kameraden umherging und viel Platz für sich beanspruchte. So jemand erregt häufig Anstoß, wenn auch unbewusst. Es gab niemanden, der sah, wie William Day an diesem Tag auf der Anklagebank für seine Strafe eintrat, der einen Groll hegte oder sich daran erinnerte.

Bei manchen dort hatte er eine unverschämte Überlegenheit angenommen, bei anderen, deren Stellung es ihnen erlaubte, ihre Bekanntschaft zu wählen, war er ungerechtfertigt vertraut gewesen. Für den Moment, in dem er nach der Urteilsverkündung seinen Platz behielt, wanderten seine Augen langsam, aber mit einem furchtbaren, appellierenden Blick über die vertrauten Gesichter. Über Gesichter von Handwerkern, mit denen er Geschäfte gemacht hatte; von Kunden, für die er Geschäfte gemacht hatte; von Menschen, mit denen er zu Abend gegessen und die er im Gegenzug bewirtet hatte; von Männern, die ihn in Taxis gefahren, seine Stiefel geschwärzt und seine Jacken getragen hatten. Der langsam wandernde Blick hatte etwas von krankhafter Verzweiflung, etwas von einer wilden Anziehungskraft. Die Männer, über die es hinwegging, trugen es in absoluter, atemloser Stille, aber sie vergaßen es nie.

Die großen Wangen, die vor lauter Wohlleben zu platzen schienen, hingen jetzt schlaff herab, die Hände, die so schnell Freundschaftsgrüße geäußert, aus Fenster oder Gehsteig Grüße zugewinkt und immer großzügig im Geben gewesen waren, klammerten sich an die Reling des Hafens, die Knöchel waren vor Anspannung weiß. Die Zunge, die im Streit so laut, im Zorn so rau und bei der Begrüßung so ungestüm gewesen war, lag trocken und stumm in dem Mund, der sich geöffnet hatte.

Viele von denen, die kurz dem schrecklichen Blick ausgesetzt waren, hatten das Gefühl, dass sie dafür verantwortlich waren; sie wollten sich unbedingt rehabilitieren und ihm sagen: „Ich zumindest hatte nichts damit zu tun. Es tut mir leid, William Day. Es tut mir wirklich leid." Es war eine Erleichterung, als er sich umdrehte, als der Wärter seinen Arm berührte, und nach unten ging.

In dem Raum, in dem er eine Zeit lang sitzen durfte, bevor er ins Gefängnis gefahren wurde, kam sein Anwalt, um mit ihm zu sprechen; der vertrauliche Sachbearbeiter aus seinem eigenen Büro; sein Freund, George Boult.

„Es ist sehr ernst", sagte George Boult immer wieder mit nervöser Wiederholung.
"Sehr ernst."

Der Gefangene sagte nichts. Über seinem dicken Bauch trug er eine hübsche Goldkette. Mit steifen Fingern begann er, die Kette von seiner Weste zu lösen. Seine Uhr kam dabei heraus – eine große Uhr mit einem doppelten Goldgehäuse. Er öffnete das äußere Gehäuse ziellos, mechanisch und scheinbar zwecklos, denn er schaute nicht auf die Zeit. Dann reichte er seinem Freund wortlos die Uhr und die Kette und hob die Finger, die am Uhrengehäuse herumgefummelt hatten, an seine bleifarbenen Lippen.

Eine Viertelstunde nachdem William Day sich sein schweres Strafurteil angehört hatte, lag er tot auf dem Rücken.

KAPITEL IX

Für die Witwe und die Vaterlosen

Auf Initiative von George Boult wurde ein Abonnement für „die Witwe und die Kinder des verstorbenen William Day eröffnet, die sie ohne jegliche Unterstützung zurückgelassen hatten".

Diese traurige und unwiderlegbare Aussage wurde in einer Anzeige in der Lokalzeitung gemacht und in Mr. Boults eigener runder und sachkundiger Handschrift ganz oben auf der Abonnentenliste geschrieben, die an gut sichtbaren Orten in den Banken, der öffentlichen Bibliothek usw. hing Hauptgeschäfte der Stadt.

Diejenigen, die sich eine Meinung bilden konnten, sagten, dass die Ausarbeitung dieses Plans zur Unterstützung der armen Mrs. Day und ihren Kindern in anderen Händen hätte liegen sollen. Dass George Boult aufgrund seiner sozialen Stellung in der Stadt nicht dazu berechtigte, die Liste anzuführen. Dort hätte der Name eines Bankiers stehen sollen, oder der Name des Abgeordneten für Brockenham oder der Name von Sir Francis Forcus. Mit einer so einflussreichen Person als Vorreiter, so wurde argumentiert, wären die kleineren Leute eher bereit gewesen, diesem Beispiel zu folgen. Es wurde auch geflüstert, dass eine dieser wohlhabenden und angesehenen Personen mit mindestens hundert Pfund davongekommen wäre. Der Name von George Boult war für fünfzig gelistet.

Es war eine große Summe, die er geben musste – nicht, weil er sich nicht mehr hätte leisten können, sondern weil er es nicht gewohnt war, etwas zu geben. Es war bekannt, dass er der Freund des unglücklichen Mannes war, und weil er mit seinen fünfzig Pfund an der Spitze der Liste stand, hieß es, dass niemand gern diese Spende übertraf. Um die empfindlichen Gefühle, die Mr. Boult zugeschrieben wurden, nicht zu verletzen, kam Sir Francis Forcus auf den glücklichen Gedanken, seinen eigenen Namen für fünfzig Pfund und die seiner Frau und seines jungen Bruders jeweils für den gleichen Betrag anzugeben.

Es gab zwei weitere Namen für gleiche Beträge, danach kamen einige für zehn Pfund, ein paar weitere für fünf Pfund; es gab zahlreiche Spenden von einem Pfund; Danach sanken die Abonnements auf zehn Schilling, auf fünf –

Die arme Frau Day warf einen kranken Blick auf die Liste, die weiterhin einmal in der Woche in der Lokalzeitung erschien, und schämte sich für die Erbärmlichkeit der Beträge, die für sie angehäuft wurden. „Gesammelt von einem Gratulanten, sechs und neun." Mehrere Personen, bescheiden zufrieden damit, dass nur ihre Initialen erscheinen sollten, präsentierten zwei und sechs.

„Sympathy" verlor einen Schilling. Wie erniedrigt fühlte sie sich beim Lesen! Allerdings hätte sie sich nicht erklären können, warum die Schenkung eines Schillings ihr mehr weh getan haben sollte als die Schenkung von fünfzig Pfund.

Als die Abonnementsliste nach mehreren Wochen geschlossen wurde, belief sich die gesammelte Summe nur auf etwas mehr als sechshundert Pfund.

George Boult war bereit gewesen, sich zu verpflichten, dass es auf tausend gestiegen wäre. Er hatte keine Mühe gescheut, die Summe einzutreiben. Die Abonnentenliste hing gut sichtbar in seinem Laden. Er versäumte es nie, die Aufmerksamkeit seiner wohlhabenden Kunden darauf zu lenken. Ein Fall, der mehr Hilfe benötigte, sei der Öffentlichkeit von Brockenham noch nie vorgekommen, würde er sie darauf hinweisen.

Aber die Öffentlichkeit von Brockenham, zutiefst schockiert über die tragischen Umstände von William Days Tod, erholte sich schnell von dem Schlag und sagte, der Tod sei das Beste gewesen, was der Familie passieren konnte. Einen solchen Mann loszuwerden, sich nicht mehr mit dem Vorwurf eines Vaters und Ehemanns im Gefängnis belasten zu müssen, beseitigte die Hälfte der traurigen Last des Unglücks aus dem Fall. Dass die Kinder zumeist in einem Alter waren, in dem sie ihren Lebensunterhalt selbst bestreiten konnten, und dass ihre Mutter noch ziemlich jung und kräftig war, war eine Tatsache, die man sich ebenfalls in Erinnerung rief. Dann begann die Kunde von Mund zu Mund weitergegeben zu werden – zunächst im Flüsterton, aber bald war es ein Wort, das ohne Furcht vor Zurechtweisung in irgendeinem Ohr ausgesprochen werden konnte –, dass die Day-Familie schon immer von Stolz aufgefressen worden sei, und das auch Die Schwierigkeiten des Anwalts waren auf die Extravaganz seiner Frau zurückzuführen.

Als die Summe von sechshundertneunundvierzig Pfund zusammenkam, musste als nächstes entschieden werden, was damit geschehen sollte.

Am Tag nach Abschluss der Abonnementsliste ging Mrs. Day zu einem Interview mit George Boult, um ihm einen Vorschlag vorzulegen, der das Ergebnis der einstimmigen Schlussfolgerung war, zu der sie und ihre Kinder nach vielen tränenreichen Beratungen gelangt waren.

„Natürlich muss ich einen Plan haben, den ich ihm vorlegen kann", hatte die Mutter gesagt, in dem erbärmlichen Bewusstsein, dass sie, so hilflos sie sich auch fühlte, auf keinen Fall den Eindruck erwecken durfte, es sei so. „Es wäre nicht angebracht, wenn wir keine Pläne gemacht hätten, nach dem Interesse, das Mr. Boult angenommen hat, und seinen fünfzig Pfund."

„Ich wünschte, wir könnten es ihm ins Gesicht schmeißen", sagte Bernard; Er war auf dem besten Weg, der arme Junge, die Wahrheit des Sprichworts zu veranschaulichen, dass verächtliche Hunde schmutzige Puddings essen.

„Von allen Menschen, die gespendet haben, ist Mr. Boult derjenige, dem ich sein Geld am liebsten zurückschicken würde", stimmte Bessie zu. „Vielleicht können wir den Rest rechtzeitig aus unserem Gedächtnis verbannen, aber die fünfzig Pfund des abscheulichen Boult werden wir nie vergessen."

„Er war der Freund des armen Papas – der Einzige. Er war gut zu Papa", sagte Deleah, aber für sich allein. Denn in diesem unglücklichen Haushalt galt ein ungeschriebenes, unausgesprochenes, aber dennoch verbindliches Gesetz , dass der Name des Ehemanns und Vaters niemals ausgesprochen werden dürfe.

„Wir müssen bedenken, dass ihm die fünfzig Pfund sehr viel vorkommen", erinnerte Mrs. Day sie. „Das Mindeste, was wir tun können, ist, ihm das Kompliment zu machen, ihm zu sagen, was wir mit dem Geld vorhaben."

Bei einem Interview mit George Boult stellte sie jedoch fest, dass von ihr keine so große Aufmerksamkeit erwartet wurde. Das Geld, das er gesammelt hatte, war Geld, mit dem er umgehen musste – natürlich zugunsten von Mrs. Day und ihren Kindern, aber ohne Rücksicht auf ihre Gefühle in dieser Angelegenheit.

Er war kein Mann, der an seiner eigenen Weisheit zweifelte oder versuchte, eine Meinung mit der Zustimmung anderer zu bestätigen, oder bei der Verfolgung eines Weges, der seiner Wahrnehmung nach wünschenswert erschien, zu zögern. Auch nachdem er seinen Plan ausgearbeitet oder den von ihm gewählten Weg eingeschlagen hatte, erlaubte er sich hinterher nie, dass es noch andere gab. Eine einfache Methode, die für ihn die Gefahr von Bedauern oder seelischen Sorgen zunichte machte.

Er war ein überaus erfolgreicher Kaufmann. Sein Tuchmachergeschäft, das den Geschäften von einem halben Dutzend Tuchmachern gleichgekommen war, als er ursprünglich in Brockenham angefangen hatte, war nun mit Abstand das erste seiner Art, nicht nur in der Stadt, sondern im ganzen Landkreis. Es war natürlich, dass er an den Handel glaubte – natürlich, dass er seinen Glauben auf nichts anderes als Mittel zum Geldverdienen konzentrierte.

„Es gibt nichts Schöneres als Geschäfte", sagte er zu Mrs. Day.

Sie saß in seinem privaten Zählraum im Obergeschoss des großen Ladens – mittlerweile waren es ein halbes Dutzend Geschäfte, die zu einem zusammengeschlossen waren. Um zu diesem Raum zu gelangen, musste sie durch einen Vorraum gehen, der voll war mit Eingangsbeamten, die an ihren

Schreibtischen beschäftigt waren. Sie hoben den Kopf von ihrem Federkiel und schauten die arme Frau an, die vorbeiging. Sie ging mit hängendem Kopf, den dicken Witwenschleier über dem Gesicht, mit dem Gedanken: „Vielleicht war bei den armen Angestellten diese Sammlung von sechs Schilling und neun Pence gemacht worden." Vielleicht war eines der Mädchen mit frostigen Fingern hinter den Tresen unten die „Sympathisantin", der sie einen Schilling zu verdanken hatte.

Sie fühlte sich vor der Erde gedemütigt. So hätte sie ihren Zustand beschrieben, als sie zu ihrem Interview mit George Boult ging. Hätte man ihr gesagt, dass ihr Herz im Gegenteil voller Stolz sei und vor Auflehnung pochte und dass es nur der Mangel an Demut in ihr sei, der es dennoch gelang, eine demütige Haltung an den Tag zu legen, die alles so unnötig machte schmerzhaft, sie hätte es nicht geglaubt.

Als sie, ihm gegenüber an dem kleinen quadratischen, lederbezogenen Schreibtisch im Kontor des Tuchmachers sitzend, ihren Schleier zurückschlug, bemerkte er sofort die Verwüstung, die Kummer, Scham und Angst in ihrem Gesicht angerichtet hatten. Er bemerkte es schnell, denn als praktischer, fleißiger und hartnäckiger Witwer hatte er ein Auge für weibliche Schönheit und das hübsche dunkle Gesicht der Frau seines Freundes – der Frau, die in den Tagen ihres Hochmuts Sie hatte ihm den Rücken gekehrt und ihn auf Distanz gehalten – er hatte sie unfreiwillig bewundert.

Das Gesicht von Lydia Day war jetzt das einer Frau, die einst rundlich gewesen war, es aber nicht mehr war. Die Wangen, die einst fest und voll gewesen waren, hingen herab, der gesund blasse, aber brünette Teint war von bleierner Blässe; In der dunklen Haut unter den tiefliegenden, großen dunklen Augen waren kleine Fältchen zu sehen. Auch ihre Figur war eingefallen. Sie hatte ihre stolze, selbstbewusste Haltung verloren.

„Es hat sie optisch fertig gemacht", sagte sich George Boult, nicht ganz ohne Genugtuung. Er war einer von denen, die fest davon überzeugt waren, dass der Ruin seiner Freundin vor ihrer Tür stand. William Day hatte ausgeraubt, um der Extravaganz und dem Stolz seiner Frau gerecht zu werden. Es war gut, dass sie demütigt wurde.

„Es gibt nichts Besseres als ein Geschäft", wiederholte er. „Und ich habe beschlossen, das kleine Kapital von sechshundertneunundvierzig Pfund und ein paar Schilling, das ich für Sie gesammelt habe, in ein Geschäft zu investieren, das eine gute Rendite abwirft und es Ihnen ermöglicht, den Lebensunterhalt Ihrer beiden jüngeren zu bestreiten Kurz gesagt, ein Lebensmittelgeschäft.

"Lebensmittelgeschäft?" wiederholte Mrs. Day und blickte ihn ausdruckslos an.

„Groshery", sagte er knapp und blickte sie mit zusammengepressten Lippen, vorgestrecktem Kinn und seinem aufmerksamen Blick auf ihr Gesicht streng an.

"Lebensmittelgeschäft?" wiederholte sie leise und wusste nicht, was sie sonst noch sagen sollte.

„Kennen Sie dieses schöne, helle kleine Geschäft in der Bridge Street? Carr's. Der alte Jonas Carr's. Er geht in den Ruhestand, wissen Sie – oder vielleicht wissen Sie es auch nicht –, es wurde aus geschäftlichen Gründen geheim gehalten. Ich bin froh, es in die Hände bekommen zu haben rechtzeitig, und ich stecke Ihr kleines Kapital in das Geschäft.

"In der Tat!"

„Es ist ein wunderbarer Glücksfall, denke ich – es fällt gerade jetzt ein."

„Aber ich verstehe es nicht ganz. Wird jemand, der den Laden übernimmt, ein gutes Interesse zulassen, meinst du?"

„Nicht ganz das, Ma'am." Er gab einen Laut von sich, der möglicherweise von einem unterdrückten Lachen herrührte oder als verächtliches Schnauben gedacht war, und verließ den Tisch, stellte sich auf den Kaminvorleger, wo er innehielt und vielleicht um Geduld betete mit diesem Narren in ihrer ungeübten, ungelehrten Torheit fertig zu werden.

„Nicht ganz", fuhr er fort. „Ich übernehme das Geschäft, damit Sie arbeiten, Ma'am. Jonas Carr ist jetzt ein alter Mann, aber er hat aus dem Geschäft gelebt und seine Kinder daraus erzogen, und das nur mit veralteten Methoden. Mit neuen." Meiner Meinung nach – und ich denke, ich kann sagen, dass meine Meinung zu einer solchen Angelegenheit von Wert ist – wird dort ein hervorragendes kleines Unternehmen mit viel Leben und einem insgesamt modernen Management geschaffen."

„Damit ich arbeite?" fragte Mrs. Day in schwachem Protest. „Ich? Ein *Lebensmittelgeschäft* ?"

"Warum nicht?" Er musterte sie unerbittlich und kaute an seinen Fingernägeln. „Was dachten Sie, was Sie mit dem Geld machen würden, das ich für Sie gesammelt habe? Es ausgeben? Und noch einmal einsammeln?"

„Das nicht, Mr. Boult. Das schon gar nicht." Sie blickte auf die schwarz behandschuhten Hände hinunter, die in ihrem Schoß lagen. Sie zitterten; Um sie ruhig zu halten, fing sie sie ineinander auf. „Ich habe es mit meinen Kindern besprochen, und wir haben beschlossen, wenn Sie zustimmen, ein großes Haus am Meer zu nehmen, in dem wir alle zusammen leben und Untermieter aufnehmen könnten. Das wäre eine Möglichkeit, es zu schaffen." ein Lebensunterhalt, der für meine Mädchen und mich einfacher wäre als jeder andere.

„Einfacher? Ja. Das Unglück ist, meine Dame, dass die Dinge, die am Anfang einfacher sind, immer schwer zu Ende zu bringen sind. Wir fangen bitte umgekehrt an." Er kaute noch eine Minute länger auf dem Nagel herum, betrachtete ihn und versteckte ihn hinter seinen Rockschößen. „Ah nein, dieser Plan geht überhaupt nicht", sagte er ganz freundlich. „Ich kenne diese Unterkünfte und die elenden Frauen, die sie führen, und kann nur über die Runden kommen, indem sie das Hammelfleisch der Untermieter stehlen. Der Lebensmittelhandel steht völlig auf einem anderen Regal. Sie und Ihre Töchter können damit nicht nur Ihren Lebensunterhalt verdienen, Sie kann Geld verdienen.

Mrs. Day hob den Kopf, versuchte, etwas von ihrer alten Haltung einzufangen, versuchte, ihrer Stimme einen Hauch von Festigkeit zu verleihen. „Ich glaube nicht wirklich, dass ich einen Laden behalten könnte", sagte sie. „Vor allem ein Lebensmittelgeschäft. Ich könnte es nicht übernehmen, Mr. Boult; und ich bin sicher, den Mädchen würde es überhaupt nicht gefallen, und meinem Sohn auch nicht."

"Was dann?" fragte er sie ganz leise.

„Ich denke, mein eigener Plan. Das Haus am Meer. Wir sollten aus Brockenham fliehen, was wir sehr gerne tun würden; wir sollten wieder dort beginnen, wo wir – wo unsere Geschichte – nicht bekannt ist. Um der Kinder willen wäre es das Beste." Für uns alle wäre es besser geeignet."

„Aber ich habe Ihnen gesagt, Ma'am, der Plan kommt nicht in Frage." Er wandte sich von ihr ab und trat gegen die Kohle im Kamin, um seinen Ärger auf diese harmlose Art zu lindern. Dann wandte er sich wieder der armen Dame zu und nahm einen Ton an, der ihr zeigen sollte, dass mit ihm nicht zu spaßen ist. „Verstehen Sie sofort, Frau Day, dass ich nicht daran beteiligt sein werde, dass das Geld, das unter der stillschweigenden Vereinbarung gezeichnet wurde, dass es ordnungsgemäß für Sie und Ihre Kinder angelegt werden soll, auf solch hoffnungslose, alberne Weise weggeworfen wird." Ihr Mann hat mich gefragt Deinen Freund zu unterstützen; mein Bestes für Dich zu tun, hast Du sonst niemanden, an den Du Dich wenden kannst?

Er hielt inne, aber sie sagte nichts. Die Verwandten von William Day waren ärmer und weniger gut gestellt als er. Als er aufgestanden war, hatte er sie zurückgelassen und vergessen. Mrs. Day war das einzige Kind ihrer längst verstorbenen Eltern.

„Da es sonst niemanden gibt, bin ich bereit, Ihr Freund zu sein – natürlich in gewissen Grenzen. Ich habe maßgeblich dazu beigetragen, Ihnen diese Geldsumme zu sichern – viele Vermögen wurden mit weniger gemacht.

Anfangs hatte ich das nicht." Dabei habe ich die Verantwortung dafür übernommen, dass es sinnvoll eingesetzt wird.

Mrs. Day war stumm. Die Augen, die aus ihren dunkel gefärbten Augenhöhlen blickten, waren hoffnungslos.

Mr. Boult wartete auf die Antwort, die er nicht erhielt, und fuhr dann in leichterem Ton fort. „Über Carrs Laden steht ein Haus von sehr guter Größe. Ich habe es mir gründlich angesehen, bevor ich mich entschieden habe. Es gibt sechs Schlafzimmer und ein Wohnzimmer von ungewöhnlicher Größe. Das gibt Ihnen die Möglichkeit, einen Untermieter aufzunehmen. Ich habe bereits mit meinem neuen Käufer darüber gesprochen. Er möchte unbedingt bei einer angenehmen Familie übernachten, gnädige Frau.

Mrs. Day verspürte in der atemlosen Luft des Kontors ein Gefühl der Beklemmung, als würde sie von George Boult erstickt. Sie löste die breiten Schnüre aus Bändern und Krepp von der Haube ihrer Witwe und schaute sich ängstlich nach einem Fenster um. Es gab keines, da das Kontorhaus durch ein Oberlicht beleuchtet wurde. Zwei große Tränen rollten über ihre Wangen, sie holte tief Luft, als wäre es ein großer Seufzer.

„Ich gebe meinem Mann aus Manchester ein gutes Gehalt", fuhr der Tuchmacher fort. „Er wäre leicht in der Lage, Ihnen dreißig Schilling pro Woche für Kost und Logis zu ersparen, und ich würde Ihnen nicht raten, einen Penny weniger zu nehmen."

Mrs. Day riss sich mit Mühe zusammen. „Der Mann, der den Laden leiten soll, möchte wohl ein Zimmer im Haus haben, nehme ich an?" Sie schlug vor.

„Den Laden leiten? Welchen Laden?"

„Der Laden, von dem Sie gesprochen haben – der Lebensmittelladen."

„Sie selbst werden es schaffen", sagte Boult. „So ein nettes, kluges kleines Unternehmen auch ist, das Geschäft wird keinen Mann halten; Sie werden es schaffen, an arbeitsreichen Tagen unterstützt von Ihrer ältesten Tochter."

Aber obwohl Mrs. Day nicht für sich selbst kämpfen konnte, war sie in der Lage, ihre Kinder zu verteidigen. „Dem konnte ich nicht zustimmen", sagte sie; „Ich würde Bessie – Bessie! – niemals erlauben, in einem Lebensmittelladen zu warten."

„Es würde ihr nicht schaden, Ma'am. Es würde ihr gut tun."

Mrs. Day schwieg, aber ihr Schweigen war beredt. Mit zitternden Fingern band sie die Schnüre ihrer Haube zusammen – die breiten schwarzen Schnüre, die herausgezogen werden wollten, die schmalen weißen, die darüber angeordnet werden mussten.

Als Boult merkte, dass sie sich zum Aufbruch bereit machte, nahm er einen freundlicheren Ton an. „Sie dürfen nicht das Gefühl haben, in diese Sache hineingedrängt zu werden", sagte er. „Das Geld gehört natürlich gewissermaßen Ihnen, auch wenn ich entscheiden musste, was ich damit mache."

Mrs. Day stand auf, um zu gehen, Boult trat mit ausgestreckter Hand vor.

„Alles, was mit dem Essen oder Trinken der Menschen zu tun hat , *zahlt sich aus* ", sagte er ermutigend. „Wenn ich meine Zeit noch einmal hätte, würde ich mich mit der Einkaufskollektion statt mit den Vorhängen befassen. Die Menschen müssen Essen haben, Ma'am. Sie müssen es haben, noch vor Kleidern und Pelzmänteln."

„Über Bernard?" fragte Mrs. Day und verzichtete nicht ohne Würde auf das andere Thema.

„Ich habe darüber nachgedacht, Bernard nach Ingleby zu schicken. Ich habe dort eine Filiale eröffnet. Im Moment ist das natürlich kein großes Problem, aber der Junge kann dort das Geschäft erlernen, und wenn er etwas in sich hat – ich werde meine behalten." Pass auf ihn auf – er kann später zu uns kommen.

Dann ergriff er die Hand, die sie widerwillig ausstreckte.

„Sehen Sie, ich habe es dem armen William versprochen", sagte er ihr und erklärte damit sein freundliches Interesse an ihren Angelegenheiten. „Und so undankbar die Aufgabe auch sein mag, ich werde mein Wort halten."

Sie konnte ihm nicht antworten, aber als er ihre Hand losließ, senkte sie den Kopf und ging weg.

Bevor Mrs. Day nach Hause ging, drehte sie ihre Füße in Richtung Bridge Street. Es lag in einem belebten Teil der Stadt, war aber nur eine kurze und keineswegs wohlhabende Durchgangsstraße, die zwei der Hauptstraßen verband. Mrs. Day stand auf dem gegenüberliegenden Bürgersteig und betrachtete den Lebensmittelladen, aus dem sich Mr. Jonas Carr zurückzog. Sein Name war in kleinen weißen Buchstaben auf den schwarzen Türsturz gemalt: „Jonas Carr, lizenziert zum Verkauf von Tabak und Schnupftabak." Ein schmuddelig aussehender kleiner Laden; Es war kein Geschäft wie eines der Geschäfte, denen die Frau von William Day ihre Kunden geschenkt hatte, und sie war noch nie in der Tür gewesen.

Die drei Fenster über dem Laden sahen schmutzig aus, und dicht darüber waren schmutzige Spitzenvorhänge gespannt. Die Fenster im Obergeschoss waren noch schmutziger und anstelle der Spitzenvorhänge hingen schief hängende Jalousien.

Die arme Mrs. Day presste ihre Lippen zusammen, während sie hinsah. Dann überquerte sie die Straße und betrat den Laden. Mr. Carr, ein zahnloser, unangenehm aussehender alter Mann hinter der Theke, zeigte apathisch einem Kunden ein Stück fetten Speck.

„Sie können die Streifen haben, wenn Sie es bevorzugen", sagte er.

Die Kundin bevorzugte das Streifenmuster, nahm es halb eingewickelt unter ihren Schal und ging.

„Und was für dich, bete?"

Mrs. Day bat um ein Viertel Pfund Tee, und während er sie bediente, schaute sie sich in dem dunklen, kleinen, schmutzigen Laden um, in dem sich die Gerüche vermischten.

Als sie die Einrichtung von Jonas Carr verließ, war ihre Stimmung gestiegen. Das Ganze war lächerlich. Stellen Sie sich den Namen Lydia Day vor, „mit einer Lizenz zum Verkauf von Tabak und Schnupftabak", der über die Tür gemalt ist! Stellen Sie sich sie – sie! – hinter der Theke dieses schäbigen kleinen Ladens vor! Stellen Sie sich vor, Bessie und ihre wunderschöne junge Deleah verbringen ihr Leben in diesem oberen Raum hinter den Vorhängen! Es war lächerlich, grotesk, unmöglich und konnte nicht sein.

Aber sie sollte mit erstaunlich wenig Zeitverschwendung feststellen, dass es so sein könnte.

Und es war.

KAPITEL X

Verbannte aus den Feierlichkeiten des Lebens

Im ersten Jahr, in dem Mrs. Day hinter der Theke des Ladens in der Bridge Street wartete, wurde dort mehr Handel abgewickelt als in der wohlhabendsten Zeit der Miete des alten Jonas Carr. Fast die Hälfte der Damen von Brockenham verließen ihre jeweiligen Lebensmittelhändler, um der Witwe ihren Brauch zu überlassen. Aus Herzensgüte, aus Neugier, aus dem Drang, das zu tun, was andere taten, strömten die Menschen herbei, um ihren Tee und Zucker vom Lydia-Tag zu kaufen, mit der Erlaubnis, sie auf Wunsch auch mit Tabak und Schnupftabak zu versorgen. George Boults Prognosen über den Erfolg des Unternehmens schienen mehr als erfüllt zu sein.

Bessie weigerte sich strikt, in den Laden zu gehen – es brauchte mehr als George Boult, um Bessie zu leiten! – und sah sich gezwungen, die Einstellung eines Jugendlichen zu genehmigen, der hinter der Theke half. Mr. Pretty also – er wurde „Mr." genannt. aus geschäftlichen Gründen, da seine zarten Jahre ihn kaum zu dieser Bezeichnung berechtigten – und ein Junge, der Besorgungen machen musste, stellte den Stab zusammen.

Von acht Uhr morgens bis acht Uhr abends war der Laden geöffnet; und selbst als es geschlossen sein sollte, konnte Mrs. Day keine ungestörte Ruhe mit ihren Töchtern und Franky in ihrem Wohnzimmer im Obergeschoss genießen. Denn die benachbarten Händler, die alle der armen Dame, die sich so unwillig zu ihnen gesellte, freundlich die Hand ausgestreckt hatten, hatten die schlechte Angewohnheit, ihre Einkäufe zu vergessen, bis sie nach Ladenschluss ihre Mägde schickten. Sie arbeiteten bis zur Privattür, um den Käse zum Abendessen oder den Frühstückskaffee zu holen, von dem sie zu spät merkten, dass sie „aufgebraucht" waren.

Bessie und Deleah kämpften gegen den Humor dieser Kunden außerhalb der Saison. Oft versuchten sie, ihre müde Mutter gewaltsam auf ihrem Stuhl festzuhalten, wenn sie aufstand, um zu ihnen zu gehen. „Lassen Sie die Leute ihre Waren zu den regulären Zeiten bekommen, oder weigern Sie sich, sie zu servieren", sagte der Mann aus Manchester, jetzt ein Insasse des Day-Haushalts. Doch als George Boult mit der Beschwerde befasst wurde, war er anderer Meinung.

„Wenn man sich weigert, sie über Nacht zu bedienen, gehen sie morgens woanders hin", behauptete er. „Die Maxime, die ich mein ganzes Leben lang vertreten habe, lautet: ‚Geschäfte sind nie erledigt.' Und Sie können mir beim Wort vertrauen, Ma'am, ein *erfolgreiches* Geschäft ist nie abgeschlossen, Miss Bessie, und hängen Sie sie über Ihren Kaminsims.

„Nein, danke", von einer verächtlichen Bessie mit abgewandtem Kopf. „Zufälligerweise stimme ich überhaupt nicht mit Ihnen überein, Mr. Boult."

So erhob sich die arme Mrs. Day, die nicht murrte, sich aber dennoch als Märtyrerin erkannte, von ihrer köstlichen Ruhe in ihrem Stuhl über dem Feuer, begleitet von Deleah, um die Kerze zu halten, und stieg in den Keller hinab, um die Kerze zu schneiden Käse – beide Frauen hatten schreckliche Angst vor dem Keller, den unbeleuchteten Höhlen und Ecken, den Käfern, den Ratten. Als sie wieder im Laden waren, holten sie einen der riesigen grünen Kanister ab, die der pensionierte Jonas Carr gekauft hatte, um den Kunden Ehrfurcht einzuflößen, aber einige davon enthielten tatsächlich Tee und waren erlesen die besondere Mischung ganz nach dem Geschmack des Nachzüglers. Es war eine Verschärfung der Not, wenn anstelle des Dienstmädchens die Herrin hereinkam. In diesem Fall musste Mrs. Day eine halbe Stunde lang stehen bleiben, um sich über die Erkältungen der Nachbarskinder, die Verfehlungen des Nachbarsmädchens und die des Nachbarn zu unterhalten Mängel des Mannes.

Bessie war immer böse auf ihre Mutter, wenn sie zurückkam. „Das macht alles so ungemütlich und verdirbt den Abend", beklagte sie. „Die einzige Zeit, die wir zum Trost haben, Mama. Du erinnerst dich vielleicht!"

Als die Weihnachtszeit näher rückte, wurde Herr Boult von einer Idee inspiriert, die zwar gute kommerzielle Ergebnisse brachte, aber bei allen zu noch mehr extremem Unbehagen führte. Er ordnete an, dass Mrs. Day nicht nur für hausgemachtes Hackfleisch werben sollte, sondern das Hackfleisch auch zu Hause herstellen sollte, und zwar in einer Qualität, die in Geschäften nicht erhältlich war. Die Hausfrauen von Brockenham machten ihr eigenes Hackfleisch, weil das auf dem Markt befindliche Produkt nicht schmackhaft sei, erklärte der Tyrann der Familie. Jeder von ihnen wäre froh, wenn ihm Ärger erspart bliebe. Dann soll Mrs. Day, für die er eine ausgezeichnete Quittung besorgt hatte, diese für sie ausstellen. Der Verkauf wäre riesig.

Also bewarben sie ab Anfang Dezember das kostbare Zeug; und von vierzehn Tagen vor dieser Zeit bis zum Ende der zweiten Januarwoche arbeitete die kleine Familie bis spät in die Nacht daran, Rosinen zu entsteinen (damals gab es noch keine Maschinen, die diese Aufgabe erleichtert hätten), Mandeln und Talg sowie Äpfel und Orangenschalen zu hacken Nachts und manchmal bis in die frühen Morgenstunden.

Denn der Verkauf war, wie vorhergesagt, super. Es beanspruchte die Kräfte der Frauen bis zum Äußersten, um die Versorgung aufrechtzuerhalten. Befehle gingen ein, Befehle wurden wiederholt; Kunden riefen an, um Mrs. Day zu versichern, dass sie sich nie wieder die Mühe machen würden, das Zeug noch einmal herzustellen, solange sie es noch für sie tun würde. Andere kamen mit der Absicht, die Quittung der Verkäuferin zu erpressen. Das arme

Geschöpf war so ungeschäftlich eingestellt, dass sie es sofort aufgegeben hätte, wenn das Rezept bei ihr gelegen hätte. Aber George Boult, der wusste, mit wem er es zu tun hatte, hatte ein Embargo gegen das Grundstück verhängt.

Während des Stresses dieses ersten Weihnachtsfestes in der Bridge Street wurden die Beziehungen zwischen den Days und ihrem Gastfreund, dem Mann aus Manchester, die bis dahin etwas angespannt und distanziert waren, locker und vertraut.

Neben dem bequemen Stuhl in der Kaminecke, der ihm zugeteilt worden war, war ein kleiner Tisch aufgestellt, auf dem immer bereit für seinen Gebrauch sein Tabakglas, seine Pfeife, sein Buch und seine Papiere standen. Anlässlich des Abendessens, das er mit der Familie teilte, zog er sich lieber zurück und zog Stille und – meist vorgetäuschte – Vertiefung in sein Buch dem aufdringlichen Gespräch über die Witwe und ihre Töchter vor. Aber in den Drangsalen der Hackfleischzeit schwand die Schüchternheit des Mieters oder seine Zurückhaltung brach zusammen. Er konnte keine Frauen sehen, die vor Schlaf und Müdigkeit umfielen und sich halb zu Tode an ihren verhassten Aufgaben arbeiteten, während er entspannt mit seiner Pfeife und seiner Zeitung saß.

„Warum sollten Sie, meine Damen, Ihre Abende in der Küche verbringen?" er hat gefragt. „Hier ist es gemütlicher. Hacken Sie Ihre Pflaumen und reiben Sie Ihre Muskatnüsse und so weiter. Sie werden mich nicht stören."

Bessie widersprach sofort. „Wir werden zumindest unser Wohnzimmer vom Laden fernhalten, vielen Dank", sagte sie.

„Wenn Mr. Gibbon es nicht mag, hier allein zu sein, könnte er dann nicht seine Pfeife mitbringen und uns beim Hacken in der Küche zusehen", schlug Franky vor.

Der Untermieter hatte sich eine gebraucht gekaufte Pistole zugelegt, um an den streunenden Katzen zu üben, die im Hinterhof der Days einen beliebten Treffpunkt bildeten. Aber als eines der Mädchen sich beim Thema Katzen als zärtlich erwies, wurden die Flaschen durch Flaschen ersetzt, und Franky war völlig erfreut darüber, wie Mr. Gibbon versuchte, sie von seinem Schlafzimmerfenster aus zu schlagen. Eine Ehre und ein Privileg, das das Kind sehr schätzt.

Mr. Gibbon wollte seine Pfeife nicht mitbringen, aber bald erschien er unter ihnen, stellte einen Stuhl an den Tisch zwischen Bessie und Deleah und machte sich ganz geschickt daran, die Orangen- und Zitronenschale zu zerschneiden, eine Aufgabe, die Deleah ihm zugewiesen hatte.

„Es ist das schönste und am wenigsten chaotische von allen Dingen", sagte sie ihm.

Deleah achtete stets darauf, ihrem Untermieter kaum besondere Höflichkeit zu zeigen. Sie dachte daran, dass er unter ihnen lebte, einsam und abseits, und oft grübelte sie ängstlich darüber nach, ob der arme Mr. Gibbon auf seine Kosten kam?

„Deleah hackt die kandierte Schale immer selbst", erklärte Bessie. „Sie isst es und füttert Franky damit. Mama, ich denke, Deda wird dir bald den ganzen Gewinn aus deinem Hackfleisch wegnehmen, wenn sie die Zitronenschale isst."

„Iss nicht die Zitronenschale, meine Liebe", ermahnte Mama die hübsche jüngere Tochter pflichtbewusst.

„Nur das kleinste bisschen, Mama. Harte Stücke, die man nicht zerschneiden kann. Bessie kann meinen Platz einnehmen und ich kann die Muskatnüsse reiben, wenn sie möchte."

„Aber letzte Nacht hat Miss Deleah sich auch den Daumen gerieben. Wir dürfen keinen Ihrer Daumen im Hackfleisch haben, Miss Deleah."

Es war Emily, die diese Beobachtung machte. Emily, die vor neunzehn Jahren als Krankenschwester für das älteste Kind in die Familie eingetreten war. Sie war ihnen in ihrem Schicksalsschlag treu geblieben – tatsächlich war es weder ihr noch den ihren in den Sinn gekommen, der lange Dienst hatte sie so sehr zu einer von ihnen gemacht, dass sie alles andere tun konnte – und sie bekleidete nun die Position des „Generals". " in der Küche im Obergeschoss der Bridge Street. Sie war gerade damit beschäftigt, Talg zu hacken, abseits an einem Beistelltisch stehend, weil Bessie erklärt hatte, dass ihr schlecht wurde, wenn sie sah, wie der Talg geschnitten wurde.

„Miss Bessie ist eher nett als klug", bemerkte Emily; aber sie entfernte ihr Material aus der Nähe der jungen Dame.

„Ich bin auf jeden Fall froh zu wissen, dass ich nett bin", sagte Bessie mit schiefgelegtem Kopf. „Solange ich nett bin, Emily –?"

„Oh, es gibt mehr als mich auf der Welt, die das denken, Miss Bessie."

„Ich weiß es nicht, da bin ich mir sicher", murmelte Miss Bessie träge. „Ich weiß nur, dass ich sehr müde bin."

„Dann gib für heute Abend auf, Liebes, und geh zu Bett."

„Unsinn, Mama. Als ob ich euch alle verlassen könnte! Warum sollte ich zum Beispiel nicht so gut arbeiten wie der arme Mr. Gibbon?"

„Manche sind für die Arbeit gemacht, andere nicht, nehme ich an", sagte dieser Herr mit einem Seitenblick auf Bessies weiße Hände. „Ich bin einer der Arbeiter. Es macht mir nichts aus, mich um Ihre Muskatnüsse zu kümmern, nachdem ich meine Zitronen aufgegessen habe, wenn Sie das Wort sagen, Miss Bessie."

„Mama, ich frage mich, was Mr. Boult sagen würde, wenn er jetzt hereinkäme und mich um zehn Uhr nachts wie eine Sklavin arbeiten sehen würde?"

„Ich fürchte, nichts Komplementäres, Liebes."

„Schrecklicher, unhöflicher Mann! Gestern Nachmittag hat er mich beim Lesen am Feuer sitzend gefunden. Ich saß in Ihrem bequemen Sessel, Mr. Gibbon – ich hoffe, es macht Ihnen nichts aus?"

„Ich hoffe, Sie werden immer die Ehre haben, darin zu sitzen, Miss Bessie; und Sie, Miss Deleah –"

„Ich habe mich herrlich wohl gefühlt, und Mr. Boult hat es sich zur Aufgabe gemacht, mich zu belehren."

„Nun, er hört nicht bei viel auf! Aber wie er jemals seinen Mut aufbringt, *Sie zu belehren* , Miss Bessie, geht an allem vorbei", sagte der höfliche Mann aus Manchester.

„Ich dachte, Sie wären überrascht", und Miss Day lächelte schräg über die Muskatnüsse. „Er hat mich auch beschimpft."

„Namen, Bessie! Sicherlich nicht! Was kannst du mit ‚Namen' meinen?"

„Er hat mich eine Drohne genannt, Mama. Eine Drohne in einem geschäftigen Bienenstock."

„Und wie hast du ihm geantwortet, Bessie?"

„Ich habe einfach weitergemacht, meine Zehen am Feuer geröstet und mein Buch gelesen."

„Und was dann, Miss Bessie?"

„Oh, dann setzte er sich mir gegenüber und hielt mir eine Predigt. Eine Predigt von fünf Minuten, laut Uhr. Er sagte –"

„Wir wollen keine Predigten hören, danke", sagte ein gereizter, müder Franky. Im Stress ihrer Arbeit wurde die Stunde des armen Kindes, in den Ruhestand zu gehen, oft übersehen.

„Geh ins Bett, Franky. Geh sofort. Mama, schick Franky ins Bett."

„Oh, geh sofort ins Bett, mein lieber Junge."

Franky weinte, er wolle neben Deleah sitzen und zusehen, wie sie die Zitronenschale schnitt, und wurde entfernt: „Ich hasse Bessie", verkündete er an der Tür.

„Geh! verwöhnter kleiner Kerl!" rief Bessie und drohte ihm mit der Muskatnussreibe. „Mama, Franky wird so unhöflich wie ein schrecklicher kleiner Straßenjunge."

„Macht nichts, meine Liebe. Sagen Sie mir, was Mr. Boult in der Predigt gesagt hat."

„Er sagte, mein Glück und meine Pflicht bestehe darin, zu arbeiten. Er sagte, meine ‚Verärgerung' und meine ‚Nervenanfälle' – war das nicht unhöflich von ihm! es in so vielen Worten.

„Ich hoffe, Sie haben ihm eins für sich selbst gegeben, Miss Bessie?"

„Oh, ich hoffe nicht!" von einer alarmierten Mutter.

„Es ist das, was er will, Ma'am; und es ist das, was er nie bekommt. Es ist den ganzen Tag Tyrann, Tyrann, Tyrann, mit dem Gouverneur. Und wenn Miss Bessie sich nicht gegen ihn stellt –"

„Sie können mir vertrauen, dass ich keine Angst habe. Alle anderen haben Angst. Ich nicht! Du hättest sehen sollen, wie er hinschaut! „Weil ich Interesse an dir habe", sagte er ganz ruhig, wie jeder andere Mann.

„Es war nett von ihm zu sagen, dass er Interesse zeigt", fügte Deleah hinzu.

„Wenn er nur ein hübscher junger Herr wäre und Miss Bessie sich für ihn interessieren könnte, wäre das sinnvoller", bemerkte Emily von ihrem Beistelltisch aus.

„Sei nicht so ein lächerliches altes Ding, Emily!"

„Nun, er hat seinen Kerridge!"

„Und ein hübscher Anblick, wie er darin aussieht! Ein pummeliger, fetter, vulgärer Mann!"

„Miss Bessie würde nie zweimal in diese Richtung schauen, da bin ich mir sicher",
erklärte Mr. Gibbon, und Mrs. Day lachte, wie man es jetzt selten hört.

„Wie könnt ihr alle so einen Unsinn reden?" Sie sagte.

„Oh, lass es uns doch machen!" Deleah flehte. „Es hilft wirklich mit der Zitronenschale, Mama."

Deleah sagte damals sehr wenig. Der Schock, die Trauer über das grausame Ende eines Vaters, trotz all seiner Fehler, die er am meisten liebte, sagten mehr über sie als über jedes seiner anderen Kinder. Sie hatte weder das Gefühl der Verletzung gegen ihn gespürt, das Bessie dabei geholfen hatte, die Tragödie seines Todes zu ertragen, noch hatte sie Bessies vertiefte Beschäftigung mit sich selbst, ihrem Aussehen, ihren Fantasien, ihren Liebesbeziehungen gespürt. Bernard in George Boults kleiner Filiale in der Landstadt Ingleby, mit Leib und Seele an die schwere Plackerei einer unkonventionellen Beschäftigung gefesselt, dachte nur mit Wut und Groll an seinen Vater. Der kindliche Franky hatte es offenbar vergessen.

Deleah konnte es nicht vergessen. Nacht für Nacht war ihr Kissen nass von Tränen, die sie für ihn vergossen hatte, an dessen Hals sie um die unvergesslichen Minuten seiner letzten Nacht auf Erden geweint hatte. Sie quälte sich mit einer heimlichen, unverdienten Reue. Sie vergaß ihre gewohnheitsmäßige Liebe und Pflichterfüllung und dachte an eine Gelegenheit, an die sie sich erinnerte, als sie sich sagte, dass sie ihn im Stich gelassen hatte. Als sie so getan hatte, als hätte sie die ausgestreckte Hand nicht bemerkt, oder sich vor einem kleinen Dienst gescheut hatte, hätte sie ihm vielleicht einen Dienst erweisen können.

Von solch kleinen Sünden gegen ihn hatte der Vater nichts gewusst, aber sie wurde von dem Glauben gequält, ihn verletzt zu haben. Er schien sie ständig mit vorwurfsvollen Augen anzusehen. Sie vergaß seine schlechte Laune, seine Unliebsamkeit, seinen Mangel an Rücksichtnahme auf irgendjemanden außer sich selbst während der letzten elenden Wochen seines Aufenthalts unter ihnen und sah ihn nur so, wie er in der letzten Nacht vor seinem Prozess gewesen war, und hörte immer das Große Ein Schluchzen schien seine Brust zu zerreißen, als sie sich darauf lehnte.

Ihr siebzehnter Geburtstag war inzwischen vorbei, und ihrer Mutter kam es vor, als sei ihre kleine Tochter noch überaus hübsch geworden. Die arme Mrs. Day sehnte sich oft nach einem mitfühlenden Ohr, in das sie ihre mütterliche Bewunderung hineinhauchen konnte. Für Bessie war das Thema Deleahs Schönheit wie ein rotes Tuch für einen Stier. Emily, die allgemeine und vertrauliche Freundin der Familie, war in dieser Angelegenheit keine ganz zufriedenstellende Vertraute, denn in ihren vor Zuneigung geblendeten Augen war die ganze Familie gleichermaßen schön.

„Sie haben hübsche Kinder, Ma'am. Ich weiß es, seit sich die Leute um meinen Kinderwagen drängten, um einen Blick auf sie zu werfen, als ich sie früher als Babys herausrollte. Oftmals war der Bürgersteig blockiert , wie Sie schon einmal von mir gehört haben, über ihr Aussehen gibt es keine zwei Meinungen, und wir wissen, von welcher Seite sie sie haben.

Darüber gab es jedenfalls keine zwei Meinungen. Nicht einmal der wohlwollendste Kritiker hätte dem armen William Day ein gutes Aussehen

zuschreiben können; und das müde, jämmerliche Gesicht seiner Witwe war
immer noch ein hübsches Gesicht.

KAPITEL XI

Die attraktive Bessie

Nachdem man ihm erlaubt hatte, seinen Platz unter ihnen einzunehmen und an ihrem Küchentisch Material für Hackfleisch zu zerkleinern, waren sie alle der Meinung, dass ihr Pensionär für die Witwe und ihre Kinder nie wieder ein Fremder sein könnte. Aus Stolz und aus Schüchternheit hatten sie ihn auf Distanz gehalten, aber jetzt, wo sie gemeinsam über George Boults Eigenheiten gescherzt hatten und er es mit spielerischer Kraft gewagt hatte, Bessie die Muskatnussreibe aus den müden Fingern zu nehmen und ihre Aufgabe tapfer selbst zu erledigen, war es soweit Es war unmöglich, wenn auch wünschenswert, zu ihren früheren Beziehungen zurückzukehren.

Bessie, die ihn anfangs mit einem sorgfältig maskierten Hochmut behandelt hatte, gehörte zu den ersten, die ihm eine lockere Vertrautheit vermittelten. Sie hatte sich über die Aufnahme eines Fremden in ihren Familienkreis stark geärgert und begrüßte nun seine Anwesenheit dort als den einzigen interessanten Punkt in der *Ménage*.

„Vor einem Jahr, Mama, hätten wir Mr. Boults Manchester-Mann nicht mit uns an den gleichen Tisch lassen dürfen. Und jetzt halten wir seine Teller heiß, wenn er zu spät kommt, und verraten ihm alle unsere Geheimnisse."

„Mama und ich verraten Mr. Gibbon keine Geheimnisse", sagte Deleah.

„Ich wage zu behaupten, dass Mr. Gibbon sie nicht hören will. Was mich betrifft, finde ich, dass es unmöglich ist, ihn auf Distanz zu halten, wenn man mit einem Mann im selben Haus lebt."

„Wer will ihn auf Distanz halten? Ich habe nur erwähnt, dass ich mich nicht berufen fühle, ihm irgendwelche Geheimnisse zu verraten."

„Und ich habe nur gesagt, dass er deine Geheimnisse nicht hören möchte – falls du welche hast."

„Das habe ich nicht", gab Deleah lachend zu.

„Dann habe ich es. Und ich werde ihnen sagen, wem ich mag, trotz Dedas Frechheit, Mama."

„Sag zu ‚Wen du magst', Bessie."

„Mama, sprichst du mit Deleah? Sie ist mir gegenüber schon wieder unverschämt."

Wie unmöglich es gewesen wäre, Reggie Forcus und Mr. Gibbon am selben Brett zu unterhalten, hatte Bessie oft. Aber die Zeiten, in denen Reggie mit den wohlhabenden Days in der Queen Anne Street zum Essen vorbeigeschaut hatte, waren für immer vorbei. Ein halber Laib war besser als kein Brot. Zu wissen, dass ein männliches Wesen, das ihr gegenüber nicht gleichgültig sein konnte, ein Bewohner des Hauses war, war, wie sie sich oft sagte, etwas.

Sie interessierte sich natürlich nicht für ihn. Ein junger Mann aus einer Tuchmacherei! Aber es war amüsanter, selbst jemanden wie ihn zu unterwerfen, als niemanden zu ihren Füßen zu haben.

Zu der Stunde, als Boults große Fensterläden vor den sechs Geschäften in der Market Street hochgingen und der Mann aus Manchester frei war, zu seinem Abendessen zu gehen, achtete Bessie äußerst darauf, für seinen Empfang bereit zu sein. Tagsüber hatte sie es sich erlaubt, in Bezug auf ihr Aussehen ein wenig nachlässig zu werden – wer war da, um sie anzusehen, oder kümmerte es sie, was sie im Wohnzimmer über dem Laden trug? Aber bis zum Abendessen hätte sie ihr schickstes Kleid angezogen, ihr Haar aufs Schönste frisiert, mit einem rauen Handtuch gerieben oder mit einer Haarbürste die dicken, hellen Wangen gebürstet, die sie für zu blass hielt.

Bei den Mahlzeiten in der Day-Familie kam es immer zu Unregelmäßigkeiten. Die Ladenbesitzerin wurde oft eine Stunde lang unten festgehalten, nachdem sie an der Tafel oben hätte sitzen sollen, und wenn sie auf diese Weise festgehalten wurde, blieb Deleah immer auch, um ihrer Mutter zu helfen. Aber Bessie hatte angeordnet, dass das Essen ohne sie weitergehen sollte. Es war nicht richtig, dass ein Mann, der den ganzen Tag arbeitete, nachts auf sein Essen warten musste. Und so geschah es oft, dass er und sie *tête-à-tête bei dem Aufschnitt und den eingelegten Gurken* saßen , aus denen die Mahlzeit zusammen mit Flaschenbier für die Pensionsgäste bestand.

Viele vertrauliche Dinge aus ihrer eigenen Herzensgeschichte vertraute Bessie dem höflich aufmerksamen Ohr von Mr. Charles Gibbon an. Sie erhielt im Gegenzug keine Vertraulichkeiten und verlangte auch keine von ihnen. Was könnte der junge Verkäufer mit dem Interesse vergleichen, das Bessies Enthüllungen entgegennahm?

Er war kein verkleideter Prinz, wie es so angenehm gewesen wäre, ihn zu entdecken – dieser kleine, stämmige Mann mittleren Alters mit den hervorstehenden, hellen, dunklen Augen, dem großen dunklen Kopf, der knubbeligen roten Stirn, dessen Eltern in einer kleinen Marktstadt in der Grafschaft ein kleines Textilgeschäft betrieben hatten.

Was konnte ein so geborener und aufgewachsener Mann Bessie als Gegenleistung für die Geschichten über das gehobene Leben geben, an das sie gewöhnt war? Aber er musste sich durch Bessies Herablassung geschmeichelt fühlen, er musste sehen, wie attraktiv sie aussah, als sie unter dem dreiarmigen bronzenen Gasbrenner saß und ihm beim Abendessen vorstand.

Emily, die den heißen, süßen Pudding anstelle des kalten Fleisches hereinbrachte, wedelte scherzhaft warnend mit dem Kopf zu der jungen Dame hinter dem Rücken des bewusstlosen Mr. Gibbon. „Verleiten Sie diesen netten jungen Kerl nicht dazu, sich über Sie lächerlich zu machen, Miss Bessie", warnte sie das Mädchen am nächsten Tag.

„Er kann auf sich selbst aufpassen. Machen Sie es sich ganz ruhig", antwortete Bessie sehr erfreut. Sie liebte es, solche Themen mit ihrer treuen Verehrerin Emily zu besprechen, und ließ sich gern vorwerfen, ihr Herzen gebrochen zu haben.

„Wir werden wieder zu spät zum Abendessen kommen", sagte Mrs. Day, die im Laden mit Tagebuch und Hauptbuch beschäftigt war, zu der kleinen Tochter neben ihr.

„Macht nichts, Mama. Vielleicht ist es aus Nächstenliebe, sich nicht zu beeilen", antwortete Deleah einmal.

„Oh, Unsinn, mein Lieber!" sagte Mrs. Day und blickte mit Alarm in ihren müden Augen auf.

„Nun, wenn Mr. Gibbon in Bessie verliebt ist?"

"'Wenn in der Tat!"

„Das wird das Ende sein. Du wirst sehen."

„Das Ende ist in der Tat, Deleah!"

„Glaubst du, Bessie würde ihn nicht mitnehmen?"

„Bessie wird zumindest warten, bis er sie fragt."

„Aber solltest du etwas dagegen haben, Mama? Er ist kein Gentleman, nehme ich an; Bessie sagt, dass er es nicht ist. Aber ich denke, wir müssen die Dinge und Menschen und unseren Platz so akzeptieren, wie wir sind, und nicht immer auf das zurückblicken, worauf was sich bezieht Früher wünschte ich mir oft, Bessie würde das so sehen, Mama.

„Wir wären alle glücklicher, wenn wir könnten, daran habe ich keinen Zweifel", seufzte die arme Mrs. Day. Die arme Dame konnte das Schicksal von Lots Frau nicht immer vor Augen haben und richtete ihren Blick oft sehnsüchtig auf das angenehme, beschauliche Land, das einst ihr Zuhause gewesen war.

„Und ich bin nicht immer geneigt, Bessies Meinung darüber zu vertreten, was eine Dame oder ein Gentleman ist."

„Bessie denkt nicht so viel wie du, Deleah.“

„Ich weiß nicht, ob ich denke: Ich fühle“, erklärte Deleah.

Während sie darauf wartete, dass ihre Mutter mit ihren Büchern fertig war, wog sie den Tabak ab, den Lydia Day verkaufen durfte, und füllte ihn zu Halbunzenpäckchen ab. Sie senkte ihre Stimme auf einen vertraulicheren Ton, obwohl sie und ihre Mutter allein im Laden waren, wo sie ihre Abendarbeit mit Hilfe des einzigen melancholischen Gasbrenners erledigten, auf den sie sich nach Geschäftsschluss beschränkten. Es gab nicht genügend Licht für die niedrige Decke und die schmale Länge des Raums.

„Meinst du, Mama, Bessie sollte immer schreckliche Dinge über Mr. Boult sagen? Sich über ihn lustig machen, ihn nachahmen, sich über alles beschweren, was er tut; nicht nur dir und mir gegenüber, sondern auch Mr. Gibbon? An Emily – Glaubst du, dass eine Dame – was du und ich denken, eine Dame, nicht was Bessie denkt – das tun würde?“

„Bessie ist sensibel – und sehr stolz. Das dürfen wir nicht vergessen – arme Bessie! Und Mr. Boults Methoden sind nicht immer angenehm, Deleah.“

„Nein. Aber er war unser Freund. Er ist uns treu geblieben. Wer sonst von all den Menschen, mit denen wir befreundet waren, hat das getan? Und wir waren früher nie nett zu ihm – haben ihn nicht zu unseren Partys eingeladen, Du erinnerst dich, und ich war am Sonntagnachmittag nie freundlich zu ihm. Oh, ich wünschte, wir wären gewesen, Mama!“

Mrs. Day stimmte zu, aber nicht mit Begeisterung. Sie mochte George Boult nicht so sehr, dass sie es bereute, ihn auf Distanz gehalten zu haben, solange sie konnte.

„Ich bin sicher, wir sollten ihm dankbar sein“, gab Mrs. Day zu. Sie war sehr müde; Der Duft des Tabaks, den Deleah herumzog, färbte die Spitzen ihrer kleinen weißen Finger und stieg ihr in die Nase; Sie empfand keine besondere Dankbarkeit.

„Wenn Bessie dann das Gesetz festlegt, was eine Dame tun soll, würde ich sie am liebsten daran erinnern, Mama, dass eine Dame für Freundlichkeit dankbar sein muss.“

„Und warum, meine Liebe, kämpfen Sie plötzlich die Schlachten des armen Mr.
Boult?“

„Das ist ein Geheimnis“, sagte Deleah. „Aber eines Tages, wenn du gut bist, werde ich es dir sagen.“

Das Wohnzimmer, mit dem schön gedeckten Abendessen, mit Bessie schön gekleidet, blond und rundlich und attraktiv im Gaslicht, die fröhlich mit Mr.

Gibbon plauderte, sah in den Augen der armen, müden Mrs. Day wie ein Paradies der Ruhe aus. Das Zimmer war tatsächlich sehr angenehm; lang, niedrig, mit breiten Sitzen vor jedem der drei Fenster mit Blick auf die Straße; mit einem hohen und schmalen Kaminsims aus Eiche gegenüber den drei Fenstern; mit getäfelten Eichenwänden, schweren Eichensparren, die die niedrige Decke tragen, alten Messingfingerplatten hoch oben an der Eichentür – alles wie damals, als der Großvater des alten Jonas Carr zum ersten Mal ein Geschäft in der Bridge Street hatte. Es wurde auch mit Blumen süß gemacht. Ein Korb mit rosafarbenen Tulpen in Moos nahm den zentralen Platz auf dem Esstisch ein, und auf den Fensterbänken standen einige Töpfe voller blühender Primeln; Über dem Fenster, in dessen Ecke Miss Deleah Day gerne saß, ihren schlanken und geschmeidigen Körper auf möglichst kleinem Raum zusammengerollt, um die Primeln nicht zu stören, hing ein Vogelkäfig aus Messing mit einem Kanarienvogel.

Bessie führte gerade ein angeregtes, aber offensichtlich vertrauliches Gespräch mit der Internatsschülerin, als Mutter und Tochter das Zimmer betraten.

„Er ist heute wieder vorbeigeritten", sagte sie. „Ich habe dafür gesorgt, dass er nicht das Vergnügen haben sollte, zu denken, ich würde auf ihn aufpassen; aber als ich hinter den Vorhängen spähte, konnte ich sehen, wie er zum Fenster hinaufblickte. Was für einen Trost findet das arme Ding darin, nur auf ein Fenster zu schauen, in dem ich bin Sicher weiß ich es nicht.

„Er sieht Sie dort, Miss Bessie. Oder hofft, Sie zu sehen."

„Von der Straße aus kann man mich nicht sehen."

„Vom gegenüberliegenden Bürgersteig aus können Sie das. Ich weiß es, weil ich   Miss
Deleah dort sitzen sah; mit ihrem Buch, dem Vogel und den Blumen."

Bessies Aufmerksamkeit wurde durch diese Information erregt. „Kannst du? Bist du sicher?" Sie fragte; und in diesem für sie ungünstigen Moment erschien Deleah mit ihrer Mutter.

„Mama! Wenn Deda auf der Fensterbank in der Ecke sitzt, ist sie von der Straße aus zu sehen!"

"Also gut mein Lieber?"

„Nun, Mama! Du willst doch nicht, dass Deda auffällt, nehme ich an?"

„Wer sagt, dass ich mich auffällig mache?" fordert eine wütende Deleah. „Wer hat etwas über mich gesagt?"

„Ich", gibt der Mann aus Manchester hastig zu. „Ich habe nicht gesagt, dass Sie auffallen, Miss Deleah. Ich habe nur gesagt, dass ich Sie dort mit Ihrem Buch sitzen sah – zwischen den Blumen."

„Sie soll dort nicht noch einmal sitzen, Mama. Kannst du das bitte sagen? Deda, du sollst nicht noch einmal im Fenster sitzen. Wir können nicht anders, als über einem Lebensmittelladen zu wohnen, aber wir müssen uns nicht zur Schau stellen." "

„Wenn es Mr. Gibbon beleidigt, braucht er nicht zum Fenster zu schauen. Ich werde auf jeden Fall dort sitzen, wenn ich möchte."

„Kommt, kommt, meine Lieben. Es gibt genug davon. Betet, lasst uns in Frieden zu Abend essen."

„Sie hatten einen anstrengenden Tag, Ma'am", sagt Mr. Gibbon. „Lass mich dich überreden, heute Abend ein Glas Bier zu deinem Rindfleisch zu trinken. Nur um dich wiederzubeleben. Forcus' Family Ale ist der beste Muntermacher."

„Reggie Forcus ist heute Nachmittag dreimal vorbeigeritten, Mama", informierte Bessie ihre Eltern. Dann wandte sie sich scharf an ihre Schwester: „Sie waren in der Schule, Fräulein."

„Ich habe ihn getroffen, als ich wegkam", sagte Deleah und setzte sich an den Tisch. „Ich wünschte, das Vergnügen wäre dir statt mir zugefallen, Bessie."

„Hat er aufgehört zu sprechen?"

„Natürlich hat er aufgehört. Er hört immer auf."

"Also?"

„Er hat nach dir gefragt."

„Das tut er immer, nehme ich an?"

"Stets."

"Dort!" sagte Bessie triumphierend und sah sich um.

"Dort!" wiederholte Deleah, während sie sich von dem Senf bediente, den Mr. Gibbon ihr anbot.

„Mama, hörst du Deda? Sie soll mich nicht verspotten."

„Brot, Miss Deleah? Gurken, Mrs. Day?" mischt sich hastig ein unterwürfiger Mr. Gibbon dazwischen. Er kümmerte sich gewissenhaft um die Damen, stets höflich und freundlich. Dass er sein Glück unter ihnen fand und darauf bedacht war, ihre Gunst zu gewinnen und zu behalten, zeigte er deutlich. Wenn er manchmal an ihrer Sorgfalt rüttelte, wusste er es nicht.

„Irgendwelche interessanten Vorfälle in der Branche, Ma'am?" fragte er, während er sich damit beschäftigte, ihre Bedürfnisse zu befriedigen.

Nicht viel. Die Quäkerin war wieder wegen Zucker da. Wieder einmal hatte Mrs. Day bedingungslos geschworen, dass die Stöcke, aus denen es gewonnen wurde, nicht von Sklaven angebaut worden waren.

„Und haben sie das?" Fragte Deleah.

„Ich bin mir sicher, mein Lieber, ich weiß nicht, ob sie es getan haben oder nicht", gab eine belästigte Lebensmittelhändlerin zu. Ihr Gewissen wurde durch den Stress und die Anspannung des Geschäftslebens abgestumpft. „Sie hat wie immer ein Pfund davon genommen, und das ist alles, was ich dazu sagen kann."

„Aber, Mama! Um des Gewinns aus einem Pfund Zucker willen!"

„Es bringt überhaupt keinen Gewinn, Bessie. Wenn sie ein Viertel Pfund Tee dazu getrunken hätte, hätten wir drei Ha'pence in die Tasche gesteckt ."

„Lassen Sie sich von diesem Gedanken keinen Moment beunruhigen, Ma'am", riet Mr. Gibbon. „Keiner von uns kann es sich leisten, im Handel zu nett zu sein. Wir müssen leben, Miss Bessie. Die Kunden glauben das nicht – sie würden uns häuten, wenn sie könnten –, aber wir haben es getan. Ich gehöre zu Mr. Boult „Lasst uns unser Bestes für die Öffentlichkeit tun, solange sie vernünftige Preise zahlt", sagt er, „und wenn das nicht der Fall ist, dann tun wir es für *die* Öffentlichkeit." "

„Das ist alles so niedrig, Mr. Gibbon."

„Aber es geht ums Geschäft, Miss Bessie. Das Geschäft läuft schlecht."

„Oh, lass uns jetzt nicht darüber reden", fleht Deleah.

„Deleah hat ein Geheimnis. Sie möchte uns unbedingt alles erzählen", sagte Deleahs Mutter.

„Das hat Deleah gemacht!"

„Nein, Bess. Beruhige dich. Beruhige dich alle."

„Aber wie können wir das? Raus damit, Liebling."

„Es ist nichts, Mama."

"Nichts?"

„Nur eine Idee von mir."

„Etwas, das du warst und erfunden hast, Deda!"

„Ich bin mir genauso sicher, Bessie, wie ich, dass Sie immer darauf aus sind, etwas an mir zu bemängeln. Danke, Mr. Gibbon, ich habe schon *drei* Stücke Brot, schauen Sie!"

„Sie haben Deleah in so vielen Minuten dreimal Brot gereicht, Mr. Gibbon."

„Geben Sie das Brot *nur* Bessie, Mr. Gibbon. (Mama, ich *muss manchmal* antworten .")

„Wir warten auf das Geheimnis, Liebes."

„Es geht um unsere geheimnisvollen Geschenke, Mama. Mr. Gibbon, Sie haben gehört, wie wir über unseren unbekannten Wohltäter gesprochen haben, der uns mit entzückenden Dingen überschüttet und dennoch so unhöflich ist, dass er uns nicht das Vergnügen bereitet, ‚Danke' zu sagen."

Ja. Mr. Gibbon hatte gehört, dass es jemanden gab, der Miss Deleah manchmal Blumen schickte.

„Sie werden immer an Deleah geschickt – aber ich nehme an, sie sind für uns alle bestimmt", sagte Bessie.

„Und weil sie nur in meinem Namen kamen, gaben sie mir den ersten Hinweis", sagte Deleah. „Lassen Sie mich sehen, wir haben mit Veilchen angefangen, nicht wahr? Und im Januar, als sie knapp und teuer waren. Wunderschöne Veilchensträuße ‚für Miss Deleah'." Miss Deleahs Name in gedruckter Form, damit niemand sie anhand der Handschrift entdecken konnte. Dann gingen wir zu einem Korb voller Süßigkeiten – Süßigkeiten meiner ganz besonderen Art, die sich keiner von uns mehr leisten kann Mir läuft schon jetzt das Wasser im Mund zusammen, wenn ich daran denke! Nein, ich habe nicht um mehr Wasser in meinem Glas gebeten, danke, Herr Gibbon."

„Wir alle wissen, was du hattest, Deleah; wir dachten, wir würden hören, wer sie geschickt hat."

„Geduld! Geduld, alle guten Leute! Mal sehen, was kam als nächstes? Oh, der Vogel im Käfig. Und da ist er immer noch in seinem Käfig, damit ihr ihn alle sehen könnt", und Deleah lehnte sich in ihrem Stuhl zurück und warf Sie legte ihren hübschen Kopf über die Schulter und blickte auf den Kanarienvogel, der über dem linken Fenster hing, wo ihr Lieblingsplatz war. „Dann die Azalee. Die schöne rosafarbene Azalee; und danach – oh, ich vergesse es. Aber es kommt immer etwas – etwas, das wir uns nicht leisten können, das aber unser Wohnzimmer entzückend gemacht hat; und die schreckliche Bridge Street ist erträglich." Ihr wolltet alle unbedingt herausfinden, wer uns diese wunderbaren Dinge geschenkt hat, aber ich habe es schon immer gewusst, und nun werde ich es euch sagen.

„Wenn du es gewusst hättest, hättest du es uns sagen sollen. Deda hätte nicht so schlau sein sollen, Mama, wenn sie es gewusst hätte."

„Jeder von uns darf einmal raten, und als Belohnung für ihre Gutmütigkeit bekommt Bessie die erste. Nun, Bessie?"

„Ich habe es auch die ganze Zeit gewusst, Miss. Und außerdem wusste ich, dass sie zwar an Sie geschickt wurden, aber für mich bestimmt waren. Reggie Forcus."

„Falsch. Hier ist Emily mit dem Pudding. Emily, du kannst mal raten: Wer schickt die Blumen, die Bücher und die Vögel in den Käfigen –?"

„Einer der Lehrer der Schule, der sich in Sie verliebt hat, Miss Deleah." Emily äußerte ohne zu zögern ihre Meinung und fuhr mit dem Tellerwechsel fort.

„Wieder falsch, Mr. Gibbon? Jetzt gebe ich Ihnen einen Tipp. Denken Sie an die Person auf der ganzen Welt, die am wenigsten wahrscheinlich ist."

„Die Quäkerin, die Einwände gegen von Sklaven angebauten Zucker erhebt."

Deleah lachte und schüttelte den Kopf. „Das ist höchst genial. Und wäre entzückend; aber es ist falsch. Nun, Mama. Der unwahrscheinlichste Mensch auf der ganzen Welt, denk dran."

„Mr. George Boult."

„Mama hat es. Es ist Mr. Boult."

„Oh, mein liebes Kind, ich hoffe nicht!"

„Dagobert?" rief Bessie. "Niemals!" Bessie selbst hatte dem erfolgreichen Tuchmacher den Namen Scrooge gegeben, für den dieser, was sein persönliches Aussehen anging, absurd unpassend war.

„Es ist Scrooge – ein bekehrter Scrooge; und ich, nehme ich an, bin Tiny Tim. Und er hat mir Wohltaten überhäuft, Mama; er meinte damit, der Familie zu helfen."

„Oh mein Lieber, das kann nicht sein! Ich bin sicher, dass Sie Unrecht haben, Deleah. Mr. Gibbon, sagen Sie doch, dass sie Unrecht hat. Es kann unmöglich Mr. Boult sein."

Mr. Gibbon warf nur den Kopf zurück und lachte laut.

Deleah war ein wenig gekränkt darüber, dass der Internatsschüler auf seine übliche vorsichtige Höflichkeit verzichtete und die Darlegung ihrer Idee mit

Spott aufnahm. Sie betrachtete ihn ernst, bis er aufhörte zu lachen und mit einem entschuldigenden, besorgten Ernst in seinen hervortretenden, außergewöhnlich sprechenden Augen zu ihr zurückblickte. Dann wandte sie sich von ihm zu ihrer Mutter.

„Warum hältst du das für unmöglich, Mama? Weil Mr. Boult keine angenehmen Dinge *sagen kann* , ist das kein Grund, warum er sie nicht tun kann. Weißt du nicht, dass es arme, verschlossene Seelen gibt, die nett sein wollen, die sich danach sehnen? geliebt werden – wer muss in der dummen Sprache sprechen, weil er sich nicht artikulieren kann?“

„Miss Deleah hat recht. Das ist so. Das ist so!“ Mr. Gibbon bestätigte eifrig.

„Nun, Mr. Boult ist nicht mit einer Zunge gesegnet, um sanfte Dinge zu sagen; aber der Vogel im Käfig, der Korb mit Süßigkeiten, die rosafarbene Azalee – das sind seine freundlichen und höflichen Reden.“

„Meine Liebe, was für ein Unsinn!“ rief Mrs. Day, die nicht an Mr. Boult als den Urheber solch angenehmer Aufmerksamkeiten glauben wollte .

Doch der Mann aus Manchester stimmte begeistert zu: „Miss Deleah hat recht, Ma'am“, sagte er. „Ein Mann, der Miss Deleah nicht dazu bringen konnte, ihr Dinge zu sagen, könnte versuchen, sie so zu sagen.“

„Und Sie denken, Mr. Boult möchte Deleah etwas sagen?“ forderte eine verächtliche Bessie.

„Nein, das tue ich nicht, da Sie mich fragen. Nein, Miss Bessie.“

„Das glaube ich nicht! Und warum, bitte, hätte er Deda angreifen sollen?“

„Oh, warum sollte jemand auf mich losgehen?“ fragt Deleah, legt Messer und Gabel nieder, breitet die Hände aus, als würde sie mit übertriebener Demut dazu einladen, ihre dürftigen Ansprüche auf Günstlingswirtschaft zu prüfen.

„Aber – wenn es Mr. Boult wäre, könnte ich verstehen, warum es Deleah sein könnte“, sagte Mrs. Day langsam und blickte nach unten. Sie erinnerte sich daran, dass ihr armer Mann kein Geheimnis daraus gemacht hatte, dass das jüngere Mädchen sein Haustier war; und sie erinnerte sich auch daran, dass es um ihres Vaters willen Deleah war, die den arroganten, tyrannischen Mann mit unfehlbarem Respekt und Höflichkeit behandelte.

„Ja. Und ich kann es auch verstehen, Mama“, sagte Deleah leise.

„Nun, die, die noch leben, werden es sehen“, bemerkte Emily sentimental, während sie die Reste des Sago-Puddings entfernte.

KAPITEL XII

Die attraktive Deleah

Für Deleah Day war ein Engagement als stellvertretende englische Gouvernante an einer Damenschule gesichert worden. Im Seminar von Miss Chaplin war sie damit beschäftigt, auswendig gelernte Lektionen aus Brewers' *Guide to Knowledge, Mangnalls Questions* und Mrs. Markhams *History of England zu hören* . beim Vorlesen, während ihre Schüler Matten und Antimakassaren tätschelten oder häkelten; indem sie sich mit ihnen durch die von ihr nie gemeisterten Feinheiten der Dreierregel und der vulgären Fraktionen kämpfte, von neun Uhr morgens bis fünf Uhr nachmittags; mit Ausnahme des Mittwochs, an dem ein halber Feiertag war, und des Samstags, an dem überhaupt keine Schule war.

Die Schlankheit von Deleahs Figur und die Zerbrechlichkeit ihres kleinen Gesichts mit seiner unschuldigen, unbewussten Verlockung wurden durch die schwarzen Kleidungsstücke, die sie immer noch trug, noch verstärkt. Die Trauer um ihren unglücklichen Vater aufzugeben, wäre ihrer Meinung nach eine Demütigung für ihn.

„Es ist, als hätte Bessie es vergessen", sagte sie sich, als sie ihre Schwester in den Blau- und Rosatönen sah, in denen sie sich, als der Sommer wieder anbrach, für das Abendessen und den Manchester-Mann gekleidet hatte. "Ich vergesse nicht."

Schwarz war zu dieser Zeit keine modische Kleidung, sondern wurde nur zur Trauer getragen. Eine schwarz gekleidete Frau tat dies, um zu verkünden, dass sie um die Toten trauerte. Das mit ihren Zobelgewändern verbundene Gefühl verstärkte das Interesse, das Deleahs schlanke Gestalt und ihr gewinnendes Gesicht erweckten; sie ließ ihre reine Haut blasser werden; ließ ihre Augen unter der feinen Linie ihrer schwarzen Brauen noch juwelenartiger strahlen.

Unter den Angehörigen ihres eigenen Geschlechts befanden sich zum Zeitpunkt ihres achtzehnten Geburtstags alle Gefangenen ihres Charmes, derer sich Deleah bewusst war. Es gibt keine so leidenschaftliche Liebhaberin wie ein Schulmädchen, wenn sie in der Schule eine Leidenschaft für ein anderes Mädchen entwickelt; und ein halbes Dutzend der kleinen Schüler bei Miss Chaplin waren Hals über Ohren in Deleah Day verliebt. Sie seufzten sie an, ihre anbetenden Augen hefteten sich an ihr Gesicht, sie erlitten durch sie Eifersuchtsqualen. Sie waren von einem Wort niedergeschlagen, von einem Lächeln begeistert.

Eines der Mädchen, die damals im Seminar von Miss Chaplin eine höfliche Ausbildung erhielten, erinnert sich bis heute daran, wie sie Nacht für Nacht mit einem Handschuh – einem so abgenutzten und schäbigen Handschuh – der jungen Englischlehrerin unter ihrem Kissen schlief. Sie besitzt immer noch ein Album mit dem Titel „The Deleah Book", auf dem ein grausames Foto eingeklebt ist – alle Fotos (Cartes-de-visite hießen sie) – waren damals verleumderisch und grausam – eines Mädchens in einem schwarzen Kleid, dem Rock an den Füßen etwas aufgebläht durch den kleinen Ring des Tages, eine kurze schwarze Jacke, mit schwarzem Haar, das in der Mitte über einem Gesichtsfleck gescheitelt und im Nacken zu einem Netz zusammengebunden ist. Darunter stehen Deleahs Name und das Datum.

Auch im „Deleah-Buch" werden die witzigen und weisen Worte des Idols, gekritzelt in Schulmädchenschrift, geschätzt, zusammen mit so wertvollen Informationen und Erinnerungsstücken wie den folgenden:

„Tennyson ist der Lieblingsdichter von DD"

„Von allen Blumen ist die Rose die Königin und wird von DD am meisten geliebt."

„Denken Sie daran, unfreundliche Worte zurückzuhalten. DD"

„Wenn wir alles wüssten, würden wir finden, dass es für alle Ausreden gibt. DD"

„(Anmerkung). Gebrannte Mandeln sind die Lieblingssüßigkeit von DD und ‚Abide   with
Me' ist DDs Lieblingshymne."

Da ihre Wege in die gleiche Richtung gingen, war es dieser junge Anhänger, der das Privileg hatte, mit dem leidenschaftlich bewunderten DD nach Hause zu gehen. An einem bestimmten Nachmittag, als sie durch die ruhigen Straßen der Altstadt gingen, sprachen sie von einem seit langem angekündigten Konzert an diesem Abend stattfinden sollte, bei dem ein großer Sänger auftreten sollte.

„Wie sehr wird es dir gefallen, Kitty", sagte Deleah mit einer kleinen mädchenhaften Sehnsucht. „Nicht nur das Konzert, sondern alles. Lass es mich mir vorstellen. Du wirst nach Hause rennen, wenn du mich verlässt – mich in der schrecklichen Bridge Street! – und in deinem Schlafzimmer wird ein Feuer angezündet sein, und auf dem Bett wird dein hübsches Abendkleid liegen ausgebreitet sein, und dein Spitzenunterrock und deine Seidenstrümpfe –"

„Oh, woher wissen Sie das alles, Miss Day? Sie wissen alles! Aber ich werde das Konzert kein bisschen genießen. Das werde ich nicht. Wissen Sie warum? Weil Sie nicht da sein werden."

„Oh, Unsinn, Kitty! Unsinn! Unsinn!"

„Ich werde die ganze Zeit an Sie denken und wünschen – oh wünschen! Miss Day, glauben Sie, dass es wahr ist, dass, wenn wir weiterhin mit aller Kraft wünschen – kein selbstsüchtiger Wunsch, sondern etwas? „Schön für eine andere Person – wird der Wunsch jemals *wahr*?“

„Jeder Wunsch ist wie ein Gebet bei Gott“, zitierte Deleah und hinterfragte im Herzen ihres Kindes unbestritten die wörtliche Wahrheit der Worte.

„Dann, Miss Day, das ist nicht mehr Kitty Miller, die mit Ihnen geht, sondern ein großer, fester Wunsch – Oh, da ist er wieder, Miss Day! Da ist der junge Mr. Forcus – schauen Sie!“

„Ich sehe ihn. Ich werde nicht anhalten. Lass uns schneller weitergehen, Kitty.“

„Ist es nicht seltsam, dass er immer hier reitet, wenn wir aus der Schule kommen, Miss Day?“

„Macht nichts. Nein, du sollst dich nicht umsehen, Kitty.“

„Wie *schön* er seinen Hut abzieht! Er hatte einen furchtbar enttäuschten Blick, als Sie nicht aufhören wollten, Miss Day. Ich finde Sie sehr grausam.“

„Macht nichts. Nein, Kitty! Nicht, Liebes. Keine Dame blickt zurück, wenn ein Herr an ihr vorbeigeht.“

(In dieser Nacht erschien ein neuer Eintrag in „The Deleah Book“: „Keine Dame schaut sich um, wenn ein Gentleman an ihr vorbeigeht. DD“)

„Miss Day!“ – mit einem leisen, unbändigen Kichern – „Er hat sein Pferd umgedreht und reitet hinter uns her.“

„Macht nichts. Beeilen wir uns.“

Aber als die Stute neben ihr hochgezogen wurde und ihre Hufe klappernd auf dem Kopfsteinpflaster der Straße schlugen, musste Miss Day wider Willen anhalten.

„Wie geht es, Deleah?“ Kitty Miller hatte erneut das Privileg, zu sehen, wie schön sich der Hut löste und den blonden, glatten Kopf des jungen Mannes für längere Zeit freilegte. „Wow, Nance!“ zu der schwarzen Stute mit der samtenen Haut, die dagegen war, in die Rinne gezogen zu werden, die am Straßenrand entlangführte. „Ich sage – es gab etwas, das ich dir besonders sagen wollte, Deleah. Whoa! Bleib ruhig, altes Mädchen! Ich sage – wie geht es Bessie?“

„Bessie geht es sehr gut, vielen Dank, Mr. Forcus.“

„Herr Forcus?‘ Komm, sage ich, Deleah! Du wirst mich nicht auf Distanz halten, so wie ich dich fragen wollte: „Wie geht es Bessie?“

"Sehr gut danke."

„Ich habe Bessie eine Ewigkeit lang nicht gesehen."

„Ist es so lange?"

„Ich habe mich gefragt, ob ich am Mrs. Day vielleicht mal vorbeischauen könnte …"

„Mama ist immer beschäftigt, danke."

„Also bei dir? – Nur um zu sehen – Bessie?"

„Das weiß ich sicher nicht. Du fragst besser Bessie selbst."

„Ich werde sie fragen, wenn ich anrufe. Whoa! Ruhig, du Narr! Ruhig! Um wie viel Uhr könnte ich kommen, wenn ich nicht im Weg sein sollte?"

„Wir sind immer beschäftigt. Immer. Ich denke, vielleicht solltest du besser gar nicht kommen."

„Danke! Warum?"

„Du bist immer gekommen, wenn du dich erinnerst, und hast aufgehört zu kommen", sagte Deleah. Das kleine Gesicht, das sich ihm zuwandte, war ernst und stolz. Die klaren, hellbraunen Augen schauten an dem schönen jungen Mann auf dem schönen, zappelnden Pferd vorbei.

„Ich bin jetzt mehr mein eigener Herr", sagte er. „Ich würde gern noch einmal bei euch allen vorbeischauen, Deleah."

„Das sollten Sie besser nicht tun. Auf Wiedersehen."

„Warte! Warte! Einen Moment! Ich sage, gehst du heute Abend zu diesem Konzert?"

„Natürlich. Wir alle. Sogar Franky. Halbguinea-Plätze. Warum musst du fragen?"

„Aber wenn ich dir ein paar Karten besorge? Dir, Bessie und Mrs. Day? Das werde ich, weißt du. Das werde ich, Deleah, wenn du sagst, dass du gehst –"

„Die Karten wurden alle vor vierzehn Tagen verkauft. Sie sind zu spät", sagte sie, lächelte ihn unwillkürlich mit ihrem gewinnenden Lächeln an und ging weiter.

Kitty wartete ein paar Schritte weiter auf das ältere Mädchen. "Dort!" sagte sie mit großen Augen vor Ehrfurcht. „Da, Miss Day! Mein Wunsch wäre fast in Erfüllung gegangen! Oh, wenn er Ihnen Karten hätte besorgen können und Sie gegangen wären, wie himmlisch, himmlisch wäre heute Abend alles gewesen!"

Als Deleah nach Hause kam, stand im Wohnzimmer über dem Laden Tee bereit.

Tee mit dickem Butterbrot, trockenem Toast, Brunnenkresse, kleinen Gerichten mit Schinkenscheiben und nach Emilys bester Art zubereiteten Teigtörtchen; und Bessie und Franky saßen bereits am Tisch.

Neben Deleahs Teller lag ein Brief. Ein Brief, den sie zweifelnd betrachtete und ein wenig davor zurückschreckte, ihn zu öffnen; denn es wurde auf eine Weise angesprochen, die ihr peinlich vertraut geworden war, und zwar in sorgfältig gedruckten Buchstaben.

„Diesmal geht es um Geld, denken wir", rief Franky und sprang auf seinen Stuhl.

„Beeil dich, Deda."

„Wir wollen einfach unbedingt wissen, was er dir geschickt hat. Wie langsam du bist!" Bessie schimpfte.

Widerwillig öffnete Deleah den Umschlag und zog zwei Karten für das Abendkonzert hervor.

„Die Zehn-Schilling-Orte!" Bessie weinte. „Wir werden gehen, Deleah. Wir werden gehen!"

Deleah blickte mit etwas Misstrauen auf die Tickets, die neben ihrem Teller lagen. „Es ist alles schön und gut, aber ich hätte Geschenke ohne all dieses Mysterium umso lieber. Vor Monaten hätte ich Mr. Boult gedankt, wenn Sie und Mama es mir erlaubt hätten. Ich bin sicher, es wäre besser gewesen. Ich bin sicher." wir sollten ihm danken.

„Das spielt jetzt keine Rolle. Wir müssen über das Konzert nachdenken. Ich gehe dorthin und kann nicht ohne dich gehen."

„Ich weiß nicht, ob wir gehen sollten, Bessie —"

„Warum nicht, bitte?"

Deleah schwieg.

„Wegen Papa? Er ist schon fast zwei Jahre tot. Sollen wir nie wieder unsere Nase vor anderen Menschen zeigen? Du treibst die Dinge wirklich auf die Spitze, Deda!"

Deleah nahm den Vorwurf bescheiden hin, da sie nichts zu sagen hatte — nichts, was Bessie verstehen würde.

Dann kam der Internatsschüler herein, denn es war früher Feierabend und nahm seinen Platz neben Franky ein.

„Noch ein paar geheimnisvolle Geschenke", sagte Bessie und lächelte ihn an. „Diesmal sehr nützliche und genau das, was ich mir gewünscht hätte."

„Tickets für das Konzert", erklärte Deleah und schob sie ihm hinüber. „Zehn-Schilling-Stücke. Der arme Mr. Boult hasst Musik. Ich hörte ihn einmal sagen, dass er glaubte, dass jeder sie hasse, und dass, wenn sie vorgaben, sie zu mögen, es nur Affektiertheit und Humbug war. Was für eine Freude kann es für ihn schon sein, uns etwas zu geben diese Tickets, für die wir ihm vielleicht nicht einmal danken?"

„Er wird das Vergnügen haben zu erfahren, dass Sie glücklich sind und dass er Sie dazu gemacht hat, Miss Deleah. Und natürlich auch Sie, Miss Bessie."

„Aber Mr. Boult hat diese Tickets genauso wenig geschickt, wie er den Vogel im Käfig geschickt hat, oder –!"

„Oh, du denkst wieder an Reggie Forcus", unterbrach Deleah ungeduldig. „So ein Unsinn, Bessie!"

„Sie hält viel mehr von ihm als er von ihr", verkündete Franky und kaute sein Butterbrot.

Bessie stand von ihrem Platz am Teetablett auf und ging zielstrebig um den Tisch herum. „Das halten Sie für Unverschämtheit, Sir!" sagte sie und gab Franky einen stechenden Schlag auf die Wange. Seine Absicht, sofort Vergeltung zu üben, wurde dadurch zunichte gemacht, dass Mr. Gibbon den Teelöffel ergriff, den er gerade auf seinen Angreifer schleudern wollte.

„Ich hasse Bessie", sagte Franky; Aber er war es gewohnt, dass seine ältere Schwester ihm ins Gesicht schlug, und kaute weiterhin sein Butterbrot und seine Brunnenkresse, was nicht viel schlimmer war.

„Wir können nicht zum Konzert gehen, Bessie", sagte Deleah gerade. „Wir haben keine Abendkleider."

„Oh, aber das haben wir!" Bessie erinnerte sie schnell daran. „Die Kleider, die für unsere Party neu waren und nie wieder getragen wurden."

„Wir *können sie nicht* tragen!" Deleah flehte. Sie hatte das Gefühl, dass sie es nie wieder ertragen würde, diese Kleidungsstücke auch nur anzusehen.

„Aber wir können und wir werden", erklärte Bessie. Sie war eine sehr praktische Person, wenn es um Modewaren und Schneiderei ging, und hatte in einer Minute die geringfügigen Änderungen und zusätzlichen Ausstattungen geplant, die für ihre Partykleider erforderlich waren. In der Spitze der Mieder verlaufen statt blau schwarze Bänder. Deleahs Rock wäre kurz, aber wer würde das sehen, wenn Deleah sitzen würde?

Deleah ließ den Tee in ihrer Tasse und das Butterbrot unberührt auf ihrem Teller liegen, während sie zuhörte.

„Ellbogen vom Tisch, Deda", erinnerte Franky sie, dem häufig befohlen wurde, seine eigenen zu entfernen.

Deleah achtete nicht darauf. Sie saß da, die Stirn auf die Hand gestützt, die ihr Gesicht verdeckte, und blickte auf den Abend zurück, bevor der Schatten des Unglücks und der Schande sie alle berührt hatte; als sie ihr neues weißes Seidenkleid getragen hatte und Papa Tamburin gespielt hatte.

Bessie war gegangen und hatte auch ihren Tee unverkostet zurückgelassen; Sie eilte zu Emily, die ihr dabei helfen würde, die Vergissmeinnicht von ihrem Kleid zu entfernen und sie durch ein schwarzes Band zu ersetzen, das hübscher wäre. Bessies blasse, volle Wangen waren rosa vor Aufregung, ihre Augen leuchteten.

„Schwarz wird besser aussehen als Blau, sogar – obwohl das deine Farbe *war* – auf deiner weißen Haut", ermutigte Emily sie.

Mr. Gibbon hatte sich ein ordentliches Sandwich aus Brunnenkresse und dünnem Butterbrot gemacht. Er hielt inne, während er vorsichtig Salz in seine Finger und Daumen streute, und sah Deleah über den Tisch hinweg an, ihre Hand verdeckte ihr Gesicht. So lange er sie ansah, so lange blieb sie sich seiner nicht bewusst, dass Franky es wagte, sich in ihrer Beschäftigung ein drittes Stück Kuchen zu gönnen, wobei sein Taschengeld zwei betrug.

„Miss Deleah, wenn Sie heute Abend nicht zu diesem Konzert gehen wollen, warum gehen Sie dann?" Endlich wagte der Pensionsgast zu fragen. Deleah ließ die schützende Hand fallen; Sie hatte für einen Moment die Anwesenheit von Mr. Charles Gibbon vergessen.

„Bessie will gehen. Natürlich muss ich mit ihr gehen", sagte sie.

„Aber warum ‚natürlich', wenn Sie es nicht wünschen? Wer auch immer diese Tickets geschickt hat –"

„Mr. Boult hat sie geschickt."

„Nun, dann hat Mr. Boult sie geschickt, um Sie glücklich zu machen, nicht unglücklicher."

„Ich weiß. Ich bin wirklich sehr dankbar, Mr. Gibbon. Es waren nur diese Kleider. Wir haben sie bei einem Tanz bei uns zu Hause getragen – am Abend zuvor – überall. Ich kann mir nicht vorstellen, wie Bessie das kann! Aber sie fühlt sich nicht." So wie ich hatte sie nie das Gefühl, vor Mitleid und Kummer zu sterben. Sie hob ihre Tasse an die Lippen, um zu verbergen, dass ihr Tränen übers Gesicht liefen.

Mr. Gibbon seufzte schwer. Er schob seine eigene Tasse von sich weg, vielleicht als Zeichen dafür, dass auch für ihn der Tee verdorben war. „Aber warum müssen Sie dieses spezielle Kleid tragen, Miss Deleah?"

„Ich habe keinen anderen."

„Der, den du trägst."

„Dieser? Oh!"

Sie lachte mit Tränen in den Augen und schaute auf ihr Schulkleid hinunter – einen schwarzen Rock und einen weißen „Garibaldi" aus Musselin (das damals so genannte Kleidungsstück ähnelte stark der Hemdbluse oder der Taille, wie die Amerikaner es nennen). , von heute). „Oh, wie lustig Männer sind!" Sie sagte. „Ich stelle mir vor, dass ich in einem solchen Kleid bis in die halbe Guinea gehen könnte!"

„Es ist ein wunderschönes Kleid, nicht wahr? Mir kommt es so vor. Und ich glaube nicht, dass es überhaupt eine Rolle spielt, was Sie tragen, Miss Deleah."

Er sprach mit gedämpfter Stimme, als wäre er sich bewusst, etwas von ungeheurer Bedeutung zu sagen. Deleah akzeptierte die Bemerkung als einfache Tatsachenfeststellung.

„Vielleicht spielt es keine Rolle. Aber Bessie denkt anders. Die meisten Leute tun das. Ich werde tragen müssen, was Bessie will."

„Mir fällt auf, dass Sie immer diejenige sind, die nachgibt, Miss Deleah."

„Nein – nicht immer, Mr. Gibbon."

„Kann ich alles tun? Ich würde *alles tun* –" Er sprach mit derselben gedämpften Stimme; Mit ausgestreckten Armen auf beiden Seiten seines Tellers umklammerte er fest die Tischkante. „Alles!"

„Ich weiß. Ich weiß, dass du eine wahre Freundin bist. Ich weiß, dass sie mit dir spricht. Sie spricht über Mr. Reggie Forcus. Bessie kann nicht erkennen, dass die Dinge bei uns anders sind – zumindest sieht sie es natürlich, aber sie tut es nicht erkennen, dass sie anders sein müssen ; nicht nur jetzt, sondern für immer. Sie erkennt nie, dass wir die Freunde, die wir hatten, nie wieder haben können mit uns!"

„Ich denke, dass Mr. Reggie Forcus, so mächtig er sich auch dünkt, oder der Prinz von Wales sich geehrt fühlen könnten, von Ihnen, Miss Deleah – oder von Miss Bessie – zur Kenntnis genommen zu werden."

Deleah lachte wider Willen. „Sie sind zu freundlich, Mr. Gibbon."

Sie stand von ihrem Stuhl auf, nahm die Konzertkarten und drehte sie mit etwas Abscheu zwischen den Fingern hin und her. „Das alles ist natürlich sehr nett von Mr. Boult", sagte sie, „und man möchte sicher sein, dass dahinter ein großzügiges Herz steckt – nun ja, diese grausame Art von ihm. Aber wir haben eine enorme Verpflichtung dazu." Leute schon, und wir können auf Konzertkarten verzichten. " Sie wollte ohne Blumen sagen, aber sie beugte sich über den Tisch und beugte ihr Gesicht über den Topf mit Heliotrop, der in der Mitte des bescheidenen Bretts stand hob es hoch und schüttelte den Kopf. „Nein, wir könnten nicht ohne die Blumen auskommen", sagte sie. „Ich danke dem guten Mann für seine Blumen; und ich werde es ihm sagen, wenn ich ihn zum ersten Mal sehe. Ich habe mich entschieden."

„Das würde ich an Ihrer Stelle nicht tun, Miss Deleah."

„Aber warum nicht? Sag mir, warum nicht?"

„Mr. Boult ist ein guter Geschäftsmann. Er ist mein Chef, und ich werde nicht gegen ihn sprechen; aber ich kann mir nicht vorstellen, dass er Ihnen Blumen kauft."

„Du weißt, dass er meinen armen Vater geliebt hat, nicht wahr?" fragte sie ihn mit gesenkter Stimme. Sie hatte ihm gegenüber noch nie den Namen des Toten erwähnt; Er sah, dass ihre Wange blass wurde, als sie es jetzt tat. „Und ich war das Haustier meines Vaters. Du wirst mich doch nicht für eitel halten, wenn ich das sage, oder? Mama wird dir sagen, dass es nicht nur meine selbstsüchtige Einbildung ist. Mama wird dir sagen, dass es wahr ist."

„In der Tat, Miss Deleah, ich kann es durchaus glauben."

„Er war uns allen ein guter Vater und mochte uns alle, aber von mir redete er immer, wenn er jemanden dazu bringen konnte, zuzuhören. Er mochte es, wenn ich auf seinem Knie saß – ich war damals jünger –, um mit ihm zu gehen, und warte auf ihn –" Ihre Stimme brach; Sie wartete eine Minute, bevor sie fortfuhr. „Und deshalb nehme ich an, dass Mr. Boult mir diese Dinge um Papas willen schickt. Ich konnte es vorher nicht erklären; aber Sie verstehen, nicht wahr?"

„Er verstehe ihren Standpunkt durchaus", sagte Mr. Gibbon und blickte auf die Tischdecke.

„Ich wusste, dass du es tun würdest, wenn ich es erklären könnte. Ich glaube, der arme Mr. Boult möchte, dass ich um Papas willen nehme, was er schickt – als ob es wirklich von Papa käme. Verstehst du, was ich meine? Und ich muss nachdenken In diesem Gedanken liegt etwas Schönes.

Mr. Gibbon stimmte nachdenklich zu. „Es war ein wunderschöner Gedanke, wenn ich darüber nachdenke", sagte er.

"Na dann-?" sagte Deleah.

„Nun, Miss Deleah, glauben Sie nicht, dass Sie ihm alles verderben, wenn Sie die Sache ihm gegenüber erwähnen? Seine Absicht, sein schöner Gedanke und der Rest.“

"Vielleicht!" Deleah stimmte ernsthaft zu. „Ich muss darüber nachdenken, was du sagst.“

„Sie haben mir die große Ehre erwiesen, dies zu erwähnen, Miss Deleah. Glauben Sie nicht, dass ich mir in irgendeiner Weise meine Meinung mitteilen würde?“

„Oh, Mr. Gibbon! Wie konnte ich jemals so etwas denken!“ Sagte Deleah, begann sich aber sofort ein wenig für das Vertrauen zu schämen, das sie entgegengebracht hatte. Bei einem Mann, der fragen konnte, ob er sich „auf sich selbst einlässt“, hätte sie zurückhaltender sein sollen, dachte sie.

KAPITEL XIII

Die schwule, vergoldete Szene

Als Mrs. Day erfuhr, dass ihre Töchter vorhatten, an diesem Abend ohne Begleitung in die Versammlungsräume zu gehen, erklärte sie, dass dies für sie unerhört sei und nicht sanktioniert werden dürfe. Aber unter der Belastung des Unglücks war der Wille der armen Frau, der nie ein starker war, geschwächt. Sie war sich ihrer eigenen Hilflosigkeit im Griff der Umstände schmerzlich bewusst und hatte ständig Zweifel an der Weisheit ihres eigenen Urteils. Als ihr Arbeitstag zu Ende war, war sie zu müde, um sich gegen jede Macht zu wehren, mit der sie in Konflikt geriet. In allem, was Bessie betraf, war sie absolut schwach. Bessie siegte stets als Siegerin, nicht aufgrund ihrer Überlegenheit, sondern aufgrund ihrer Widerspenstigkeit, ihrer Sturheit, ihrer hysterischen Entschlossenheit, die gegnerischen Stimmen zum Schweigen zu bringen, ihrer Angewohnheit, bei Widersprüchen wie ein Baby zu weinen und Dinge herumzuwerfen.

Bei dieser besonderen Gelegenheit erklärte die ältere Tochter mit hoher, aufgeregter Stimme, dass ihr nicht viele Freuden in den Weg kämen und dass sie, wenn sie doch eine käme, sie nehmen wollte, um ihre Mutter zufrieden zu stellen oder sie necken zu lassen Einwände wurden schnell zum Schweigen gebracht.

Mrs. Day überließ den Laden ausnahmsweise der Obhut von Mr. Pretty und ging nach oben, um ihre Mädchen noch einmal in Galakleidung zu sehen.

„Ich habe mir erlaubt, eine Fliege für die jungen Damen zu bestellen", sagte Mr. Gibbon, während er und die Mutter das Erscheinen des Paares erwarteten.

„Oh, Mr. Gibbon, wenn Sie mit ihnen gehen und sie sicher in die Versammlungsräume bringen würden, wäre ich Ihnen sehr dankbar."

Mr. Gibbon unternahm es mit großer feierlicher Miene und war sich der Verantwortung des Amtes vollkommen bewusst. Er seinerseits würde die Chance nutzen, den großen Sänger für nur einen Schilling zu hören. Er würde auf der Promenade sein, aber seine Augen sollten auf die Miss Days gerichtet sein, und wenn sie Schutz brauchten, wäre er zur Stelle.

Mrs. Day war sich in ihrem besorgten Herzen keineswegs sicher, dass ihre Töchter den starken Arm des Mannes nicht brauchen würden, um sie zu verteidigen. Während sie sie beobachtete, während sie auf die Ankunft der Fliege warteten, dachte sie, dass noch nie eine Mutter solche Schätze besessen hatte, die es zu bewachen galt. Bessie war im Abendkleid immer besonders hübsch. Ihre prallen, deutlich blassen Wangen waren jetzt vor Aufregung rosa. Ihre weiße Haut wirkte im Kontrast zu dem schwarzen Band um ihren Hals und durch die Spitze über ihrem üppigen jungen Busen blendend hell.

„Mama, ich fürchte, mein Kleid ist furchtbar kurz; selbst jetzt, wo Emily den Saum heruntergelassen hat", sagte Deleah und blickte besorgt auf ihre Extremitäten. „Es zeigt *alle* meine Füße!"

Um ehrlich zu sein, waren auch die Knöchel zu sehen; aber was hatte das *schon zu bedeuten* , wenn die Füße so klein und hübsch und die Knöchel so elegant schlank waren?

Für die Mutter war es ein Wunder, zu sehen, wie die Schönheit des Mädchens perfekt geworden war, seit sie das weiße Seidenkleid schon einmal getragen hatte.

„Findest du, dass es lächerlich aussieht, Mama?" besorgniserregend auf die Knappheit des Rocks und die unverfälschte Entblößung der Füße verweisend.

„Überhaupt nicht lächerlich, meine Liebe." Was spielte eine Unvollkommenheit der Kleidung bei einem Gesicht und einem Kopf wie dem von Deleah eine Rolle? so vorzüglich geformt, so zart auf ihrem schlanken Hals schwebend wie eine Blume auf ihrem Stiel? „Da ist ein kleines Stück Haar schief", sagte die Mutter, nahm das kleine Kinn des Mädchens in ihre Hand und fuhr mit ihren Fingern über das schattige schwarze Haar, nur um es zu streicheln.

Als Herr Gibbon bald eintrat, sah man, dass er sich in Frack gekleidet hatte, in der er noch nie zuvor erschienen war.

„Aber, Herr Gibbon, Sie hätten sich nicht die Mühe machen müssen, sich für die Schillingplätze zu kleiden!" Mrs. Day sagte es ihm.

„Ich habe die Ehre, die beiden jungen Damen zu begleiten", sagte er.

Er war rot im Gesicht und wirkte schüchtern und unwohl in dem Kostüm, von dem sie sahen, dass es neu war.

„Wenn er daran denkt, wie er sich so aufrafft!" Sagte Emily mit amüsierter Verachtung des armen Mannes, als das Taxi mit den dreien losfuhr. „Es besteht kein Zweifel, was er sich vorgenommen hat, aber Miss Bessie ist nicht für jemanden wie ihn. Sie wird besser aussehen."

Als Mr. Reginald Forcus mit seinem Bruder und der Schwester, die seit dem Tod von Lady Forcus in Cashelthorpe den Haushalt führten, die Versammlungsräume betrat und sich auf den Weg zu Sitzen machte, die nicht weit von denen der Schwestern entfernt waren, ergriff Bessie impulsiv ein Stück davon Deleahs nackten Arm in ihrem Finger und Daumen. Sie drückte es unbewusst, aber mit solch schmerzhaftem Nachdruck, dass Deleah am Morgen feststellte, dass die Stelle schwarz und blau war.

„Da ist er! Ganz nah bei uns! *Jetzt* wirst du es vielleicht glauben! Ich wusste immer, dass er es war, der die Tickets geschickt hat, und er hat alle Blumen und Dinge geschickt! Und er hat sie für mich geschickt – nur dass du sie immer zu dir genommen hast, Deda.

Sie lächelte während des Konzerts sehr, war sehr glücklich, aufgeregt und rot. Sie sah so hübsch aus, so sehr wie die Bessie der „Party"-Tage von damals, dass Deleah dachte, nicht nur Reginald Forcus, sondern jeder Mann, der sie sah, müsse ihre hübsche Schwester bewundern.

Als die „Hälfte" eintraf und die zehn Minuten, in denen das Publikum die Möglichkeit hatte, seine Beine auszustrecken, seinen Hals zu recken und die Anwesenheit seiner Bekannten zu würdigen, zusahen, wie der jüngere Forcus die Schwestern eifrig erkannte und sich als Antwort auf Miss Bessies Verbeugung verneigte entzücktes Lächeln und Nicken.

„Oh, was für ein hübsches Mädchen!" sagte eine Frauenstimme. Plötzlich verstummte das Geschwätz, und der Ausruf erreichte die Ohren weit mehr als seiner, für die er bestimmt war.

Deleah war sich sicher, dass es Bessie war, die bewundert wurde. Sie blickte den Sprecher schnell an. Es war diese Schwester mittleren Alters mit dem angenehmen, freundlichen Gesicht, die den Platz von Sir Francis Forcus' verstorbener Frau eingenommen hatte. Sie hatte mit Sir Francis gesprochen, aber sie hätte zum Wohle der Allgemeinheit die Tatsache verkünden können, dass sie ein hübsches Mädchen entdeckt hatte; so völlig war die vorübergehende Ruhe gewesen, in die ihre Rede verfallen war. Köpfe drehten sich und mehrere Augenpaare richteten sich auf Deleah.

Von vielen Anwesenden wurden die Schwestern erkannt, und hier und da wurde ihnen ein Lächeln zugeworfen, und hier und da wurde eine kühle, diskrete kleine Verbeugung gemacht. Und häufiger schauten die Leute, die sie kannten, nachdem sie unwillkürlich hingeschaut hatten, wieder weg; Für sie war die Anwesenheit der Mädchen dort, in einer eleganten Gesellschaft und auf den teuersten Plätzen, eine Beleidigung.

„Menschen, die wir vor einiger Zeit gebeten haben, nicht zu verhungern!" sagten sie sich. „Wenn sich Mrs. Days Töchter so etwas leisten könnten, hätten wir unsere Guineen genauso gut in der Tasche behalten können."

Als das Publikum wieder Platz nahm, hielt Bessie ihren Blick ständig auf den glatten, blonden Kopf von Reggie Forcus gerichtet. Vielleicht war er sich ihres Blicks bewusst und fand ihn fesselnd, denn immer wieder drehte er sich um, um die Schwestern anzusehen, und immer fesselten Bessies Blicke den seinen und hielten ihn fest.

Abgesehen von der Begleitung des Gesangs ihres eigenen Herzens war sich das arme Mädchen der Musik nicht bewusst. Wenn sie der Nachtigall des Abends lauschte oder dem Zwitschern der minderwertigen Sängerinnen des Hains, die ihre Stimmen erhoben, wenn die Königin schwieg, hätte sie es kaum sagen können; Die Melodie, die ihr Herz triumphierend sang, übertönte jede ihrer Töne.

„Es war himmlisch", sagte sie, als alles vorbei war und sie aufstanden, um „God Save the Queen" zu singen. „In meinem ganzen Leben, Deleah, habe ich noch nie ein Konzert so sehr genossen."

Während sie das sagte, blieb sie an ihrem Platz stehen und hielt die Gangway für Leute auf, die unbedingt hinaus wollten. Sie tat so, als würde sie ihren eigenen Umhang und den ihrer Schwester ordnen, in dem Bemühen, ihren Ausgang zeitlich auf den der Familie Forcus abzustimmen. Sie hat es auch geschafft; und im Gedränge, als sie sich alle der Tür näherten, rieb Bessies glückliche Schulter an der Schulter der attraktiven Reggie.

„Es war erstklassig, nicht wahr?" sagte er, als ob die zwei Jahre, in denen er kein Wort mit dem Mädchen gesprochen hatte, nichts wären und sie sich gestern getrennt hätten. „War *sie* nicht in Ordnung? Ich bin froh, dass ich gekommen bin. Ich hätte sie um nichts vermissen können."

"Paradiesisch!" Bessie stimmte zu und fügte dann schnell die persönliche Nachricht hinzu. „Ich wundere mich, dass du mich gekannt hast! Ich dachte, ich wäre völlig vergessen und war überrascht, als du dich verbeugtest."

„Es ist schon eine Ewigkeit her, seit wir uns kennengelernt haben, nicht wahr? Ich habe schon darüber nachgedacht, vorbeizukommen, aber ich nehme an, dass Mrs. Day beschäftigt ist?"

„Ich bin nicht beschäftigt. Und ich bin immer zu Hause. Kommen Sie doch."

„Eher! Soll ich Ihren Wagen rufen?"

"Wirst du?"

So wurden die Worte „Miss Days' Kutsche" von Mund zu Mund weitergegeben; Männer schrien es auf der Straße, die Beamten auf der Veranda der Halle brüllten es sich gegenseitig zu, ein Mann in der Menge in der Nähe der Tür drehte den Kopf und rief „Miss Days' Kutsche" in den Konzertraum. Die Luft hallte von dem Schrei wider, so kam es der armen Deleah vor. Wie konnte Bessie sie auf diese Weise auffällig machen!

Sir Francis Forcus hatte mit einiger Neugier das Mädchen betrachtet, mit dem sein Bruder sprach, der sich direkt vor ihm in der Menge befand; das jüngere Mädchen hinter ihrer Schwester war an seiner Seite. Er blickte sie jetzt an und sah, dass sie es war, auf deren Lieblichkeit seine Schwester die öffentliche Aufmerksamkeit gelenkt hatte. Die Tage natürlich! Er erinnerte sich, als er den Namen rufen hörte; erinnerte sich an alles über sie.

„Guten Abend. Wie geht es dir?" sagte er und blickte auf Deleah herab.

Und Deleah erinnerte sich an das letzte Mal, als sie seine Stimme gehört hatte, und hob trotz ihrer Antwort ein blasses und sprachloses Gesicht zu ihm.

Eine große und wichtige Person im Hintergrund, die die Verzögerung nicht geduldete, versuchte hier, sich durch die Menschenmenge zu kämpfen, die durch die zu engen Türen zusammengedrängt wurde. Sir Francis drehte sich um und sah sie vorwurfsvoll an.

„Es nützt nichts, Lady Elizabeth. Sie müssen wie der Rest von uns warten. Es ist nur eine Frage von ein paar Minuten."

„Oh, beeilen Sie sich da vorne!" Lady Elizabeth rief ihm lachend, aber herrisch zurück. Der Druck, den sie und ihre Gruppe ausübten, hielt weiterhin an, was zur Folge hatte, dass Deleah grob nach vorne getrieben wurde.

„Sanft! Sanft!" Sir Francis rief noch einmal, und Deleah hatte das Gefühl, dass seine Hände auf ihren Schultern lagen und er sie mit seinen Armen so gut wie möglich vor dem Andrang der Menge schützte.

Eine Minute später waren sie durch die Tür auf der geräumigen Veranda, wo jede einzelne Person sich bewegen konnte, und die frische Nachtluft wehte, und Deleah konnte sehen, wie das Licht der großen Lampe über dem Torbogen oben auf ihrer schäbigen alten Fliege aufflackerte. Dahinter befand sich eine lange Reihe hübscher Kutschen, deren Fahrer den Fahrer des Taxis mit seinem zerbrochenen Hut verunglimpften. Am Fenster war Bessies Gesicht. Man hörte Bessies aufgeregte Stimme, die schrill Deleahs Namen rief.

„Deda! Deda! Wo um *alles in der Welt* bist du geblieben?"

„Die Kutsche von Miss Days stoppt den Weg" – der Ruf, der eine Miss Day dazu brachte, ihren kleinen Kopf in der Erde zu verstecken – weckte die Echos erneut.

Deleah drehte halb den Kopf auf seinem langen Hals und flüsterte dem großen Herrn hinter ihr ein schüchternes „Danke" zu; und schoss davon.

„Oh, hier bist du, Deleah! Komm mit", rief Reggie Forcus und erschien vor ihr. „Wir dachten, wir hätten dich verloren. Nimm meinen Arm."

Doch bevor Deleah dem nachkommen konnte, wurde ihm ein weiterer Arm hingehalten, und zwar auf eine so schroffe und entschlossene Weise, dass der junge Forcus unwillkürlich zurückfiel.

„Danke. Miss Deleah ist in meiner Obhut", sagte eine Stimme; und Deleah spürte, wie sie am Arm von Mr. Charles Gibbon durch die überfüllte Veranda und über das Pflaster zur Fahrerhaustür geschleift wurde.

„Entschuldigen Sie mich", sagte er und schaute durch das Fahrerhausfenster zu den Schwestern, als die Tür geschlossen war. „Ich hoffe, ihr jungen Damen dachtet nicht, dass ich mich einmischte. Aber eure Mutter hatte mich gebeten, ein Auge auf euch zu haben."

„Und bete, warum bist du nicht mit Reggie gekommen?" fragte Bessie empört, als die Fliege endlich weiterzog.

Deleah lachte hysterisch. „Ich wurde von ihm losgerissen", sagte sie. „Er hat Reggie beinahe niedergeschlagen und mich gepackt." Sie deutete auf die Gestalt von Mr. Gibbon, der undeutlich auf dem Bock neben dem Fahrer mit dem zerbrochenen Hut saß.

"Unverschämtheit!" sagte Bessie. „Zu Hause müssen wir höflich zu ihm sein, aber wenn wir unter anderen Menschen sind, denke ich, dass er uns vielleicht unseren Freunden überlässt."

„Reggie Forcus war kein großer Freund."

„Er wird es für die Zukunft sein. Er hat um Erlaubnis gebeten, anzurufen. Es ist ein wenig umständlich, da man immer in der Schule ist und Mama immer unten" – (Bessie hatte sich noch nie dazu durchgerungen zu sagen: „Mutter ist in der Laden) „Ich hätte ihn gebeten, abends zu kommen, aber *er* " (wieder ein Nicken in Richtung der Schutzengelfigur auf dem Logenplatz) „ist immer da."

"Gut, warum nicht?"

„Können Sie nicht verstehen, dass Reggie vielleicht kein Interesse daran hat, einen jungen Mann aus einem Textilgeschäft kennenzulernen?"

„Aber er kommt, um Leute in einer gro-"

„Das ist anders", verkündete Bessie schnell. „Wir waren nicht immer dort, denken Sie daran."

„Mittwochnachmittags bin ich nach drei zu Hause. Samstags bin ich den ganzen Tag zu Hause."

„Ich weiß", sagte Bessie, versprach aber nicht, bei diesen Gelegenheiten den Schutz in Anspruch zu nehmen, den die Anwesenheit ihrer Schwester bot.

KAPITEL XIV

Eine Teeparty in der Bridge Street

Da Mr. George Boult unter der Woche so sehr mit seinen eigenen Geschäften beschäftigt war und die Stunden, die er gewohnt war, mit seinem Freund William Day zu verbringen, immer noch unbesetzt blieb, hatte er sich die böse Angewohnheit angewöhnt, zu einer geschäftlichen Beratung zu kommen die Witwe am Sonntagnachmittag. Die Familie Day beklagte sich bitter über diesen Brauch. Der eine gesegnete Tag der armen Lebensmittelhändlerin gehörte nicht mehr ihr, den sie von morgens bis abends inmitten ihrer Kinder verbringen konnte, in Ruhe und Frieden und in Vergessenheit der geschäftlichen Sorgen.

Sie war zu müde für die Kirche, sie flehte immer; Aber es war nicht nur die Müdigkeit, die sie vom öffentlichen Gottesdienst abhielt. Sie hatte sich inzwischen an ihren Platz hinter der Theke gewöhnt und war an den Arbeitstagen der Woche zu beschäftigt, um es zu bereuen, zu sehr darauf bedacht, ihre Waren zu verkaufen, um sich für die Beschäftigung zu schämen. Doch an jenem Tag, als der Rest der Welt der Frauen mit Mann und Kindern in ihren besten Gewändern in die Familienbänke trat, um ihre Plätze einzunehmen, hatte sie das Gefühl, dass ihr der Mut fehlte, ihr Gesicht zu zeigen. Sie, die es mit den Besten von ihnen geschafft hatte; Sie war die Witwe eines Mannes, der sich umgebracht hatte, um aus dem Gefängnis zu entkommen! Sie, für die „Sympathisanten" und „Gratulanten" ihre Sechsgroschenstücke gesammelt hatten, damit sie und die Ihren vor dem Verhungern gerettet werden könnten.

Also schickte sie die Mädchen am Sonntagmorgen mit Franky in die Kirche, während sie mit dem Gebetbuch in der Hand auf Deleahs Lieblingsfensterplatz unter dem Käfig des Kanarienvogels saß und den klugen und wohlhabenden Sabbath-Leuten dabei zusah, wie sie ihre neuesten Kleider vorführten auf dem gegenüberliegenden Straßenbelag.

Bald darauf stellte sich Emily, nachdem sie ihre Vorbereitungen für das Abendessen getroffen hatte, neben den Stuhl ihrer Herrin, um einen kritischen Blick auf die Passanten darunter zu werfen. Emily kannte die Namen der meisten Leute von einiger Bedeutung, die vorbeikamen; kannten die Geschichte ihrer selbst und ihrer heimischen Wirtschaft und konnten sie ausführlich erzählen.

„Da ist Mrs. Hamley, m'm. Ich habe sie noch nie in diesem schwarzen Spitzenschal gesehen."

„Vielleicht hat sie es vom letzten Sommer zurückgelegt", würde Mrs. Day vorschlagen.

"Nicht sie!" Hier beugte sich Emily über die Stuhllehne ihrer Herrin und reckte den Hals, um einen besseren Blick auf das betreffende Kleidungsstück zu werfen. „Brandneu, ich lege dir eine Guinee hin! Und sie hat immer noch fünfzehn Pfund in deiner Schuld!"

„Hier kommen die Briggses! Pass auf, M'm!" Bald würde sie weinen. „Na ja, und haben sie es nicht herausgefunden! Die ganzen vier Mädchen – und jedes einzelne von ihnen mit einer neuen Haube! Und sie kaufen eineinhalb Pfund Butter pro Woche für die ganze Familie." Das sage ich immer, die Briggs sind eine Familie, die ihr Bestes gibt, um ihre Gebote abzugeben noch nicht los. Und dann sah man, wie sich Mrs. Days eigene Töchter näherten, während Franky sich an Deleahs Arm klammerte.

„Das denken wir doch, nicht wahr, Emily? Das liegt daran, dass es unsere eigenen sind, wissen Sie", sagte die Herrin mit ihrem abfälligen Lächeln. „Weil sie uns gehören, scheinen sie so schön auszusehen."

Aber in ihrem Herzen stimmte sie Emily voll und ganz zu, dass ihre Familie tatsächlich eine bezaubernde Familie war.

Am Abend ging Bessie wieder in die Kirche, begleitet von Emily, aber Deleah blieb bei ihrer Mutter. Sie saßen in friedlicher, köstlicher Müßiggang am Winterfeuer zusammen, oder, da es Sommer war, flüchteten sie durch Hinterhöfe und enge Gassen der Altstadt, von den überfüllten Bürgersteigen zu den ruhigen Straßen mit ihren formellen Baumreihen, ihre blumenreichen Gärten und gepflegten Hecken. Langsam gingen sie dahin und genossen die süßere Luft der Vororte, oder sie standen, selbst ohne Garten, da und spähten durch die Gartentore auf die wohlgeordnete Reihe von Geranien, Calceolaria und Eisenkraut; den Duft der dicht gedrängten Baumreihen, der Mignonette-Flächen oder der blühenden Linden über uns einatmen.

Wenn an diesem duftenden Sabbathfrieden die warme Dunkelheit hereinbrach, kam es manchmal vor, dass der Gastgast, Charles Gibbon, der ebenfalls den Duft von Blumen und Sträuchern liebte und die sanfte Abendluft auf seinen Wangen genoss, sich traf oder überholte Mrs. Day und ihre Tochter, als sie nach Hause schlenderten; und auf eine sehr freundliche und angenehme Art beendeten die drei ihren gemeinsamen Spaziergang.

Aber über die Sonntagnachmittage gab es eine weniger erfreuliche Geschichte zu erzählen. Bei diesen Gelegenheiten zogen sich die jungen Damen mit ihren Büchern in ihre Schlafzimmer zurück; Franky flüchtete zu Emily in die Küche, wo der treue Diener zu seiner Unterhaltung einen Vorrat an Orangen und Nüssen bereitgelegt hatte. Der Mann aus Manchester sah an Wochentagen mehr als genug von seinem Arbeitgeber und hätte lieber einen Sabbatnachmittag im Keller bei den Kohlen verbracht, als diesen Teil seines kostbaren Urlaubs bei seinem Arbeitgeber zu verbringen. Die arme Frau Day war daher gezwungen, ihren Zuchtmeister und Wohltäter allein zu empfangen.

Dann mussten ihre Bücher produziert werden, ihr Bestellzettel wurde kritisiert; Anschließend wurde ein Vergleich zwischen den Einnahmen dieser Woche und denen der entsprechenden Woche des Vorjahres durchgeführt. Wenn, wie es leider zu oft passiert ist! Der Umsatz war geringer, die arme, entschuldigende Händlerin musste darunter leiden.

„Sie verlieren den Kundenstamm. Sie dürfen ihn nicht verlieren", polterte der Händler. Oder „Ihre Ausgaben sind zu hoch. Sie werden von den Ausgaben aufgefressen", würde er beharren. „Sie sehen nicht, wie Sie sie reduzieren können? Machen Sie es mit weniger Hilfe, meine gute Frau. Was tun Menschen, die sich keine Hilfe leisten können? Verzichten Sie darauf und erledigen Sie die Arbeit selbst. Das müssen Sie tun. Das ist es." Reduzieren Sie tatsächlich Ihre Ausgaben!

„Es ist einfacher, das zu sagen, als es zu tun", widersprach die arme Mrs. Day. „Wir haben nichts Überflüssiges."

„Sie werden überrascht sein, auf wie viel Sie verzichten können, wenn Sie sich wirklich die Mühe machen. Werden Sie Ihren Assistenten im Laden los. Werden Sie Ihren Diener los. Ein Diener ist ein sehr angenehmer Besitz, den wir uns aber nicht leisten können." Erstens können wir nicht. Was macht Miss Bessie den ganzen Tag?

„Bessie ist im Haus nützlich. Bessie ist nicht stark", flehte Bessies Mutter; und George Boult würde die Andeutung verachten.

„Ein bisschen mehr Arbeit wäre für Miss Bessie das Beste." Seit er sie das letzte Mal gesehen hatte, hatte sie, wie er erklärte, einen guten Stein an Fleisch angelegt. Die Arbeit hat nicht die Hälfte der Frauen getötet, die Müßiggang tötete.

An einem Sonntagnachmittag kurz nach dem Konzert, zu dem der Untermieter die Mädchen begleitet hatte, überbrachte George Boult, nachdem er seine geschäftliche Ermahnung beendet hatte, der armen Mutter die Nachricht, dass ihr Sohn in der Filiale in Ingleby nicht zufrieden war.

Eine Beschwerde über Unhöflichkeit gegenüber einem Kunden war dem örtlichen Manager zu Ohren gekommen, der sich beim Direktor von Brockenham gemeldet und gleichzeitig die Meinung geäußert hatte, dass der junge Mann im Rose and Crown mehr als üblich Billard spielte mit seinen Mitteln oder der Hingabe, die er den Interessen seines Arbeitgebers hätte entgegenbringen sollen.

Lydia Day hörte mit bleiblem, dunklem, hübschem Gesicht zu, während der Mann, der ihr gegenüber am Tisch saß, ihren Sohn aufs Schärfste verurteilte, weil er eine gute Chance vergeudete. Er, George Boult, war in Bernards Alter auf sich allein gestellt. Soweit er sich erinnern konnte, war ihm nie eine helfende Hand gegeben worden. (Männer vom Schlage eines George Boult erkennen nie die helfende Hand.) Die Arbeit war ihm ein Vergnügen gewesen. Hatte er Billard gespielt? Hatte er vor einem Kunden Temperament gezeigt? NEIN! Oder dachte er eher an sein eigenes Vergnügen als an den Vorteil seines Arbeitgebers? Niemals!

Sehr eloquent äußerte er sich über die anstrengende Zeit seiner eigenen Jugend, erzählte von den Tugenden, die er bewiesen hatte, und von den Lastern, die er gemieden hatte, hielt sein leuchtendes Beispiel vor den trüben Augen der armen Mutter und hörte mit kranker Höflichkeit zu, ihr Herz war so schwer ihre Brust. Sie wagte nicht, die Ausreden, die sie vor sich selbst für ihren Bernard vorbrachte, vorzubringen. Die Tatsache, dass er der Sohn seines Vaters war; der Kontrast zwischen dem Leben, das er gekannt hatte, und dem, zu dem er berufen war; seine Jugend; sein Exil aus der Heimat und den heimischen Einflüssen; seine leeren Taschen; seine Vorlieben, die sich gebildet hatten, als es reichlich Geld zu geben schien.

„Ich flehe Sie an, Geduld mit dem Jungen zu haben", war ungefähr alles, was sie für klug hielt; das und das Versprechen, das sie gemacht hatte, sofort an Bernard zu schreiben und ihn zu bitten, seine Umstände und Mr. Boults Güte zu berücksichtigen und zu ändern, was nicht stimmte.

Bernard, ihr lieber, hübscher Sohn! Während sie das sagte, sah sie ihn auf tausend Bildern, die im Herzen ihrer Mutter gespeichert waren. Er war ihr alles Begehrenswerte erschienen; Sie hatte nie daran gedacht, sich eine Veränderung zu wünschen!

„Lassen Sie ihn wissen, dass er vor Gericht steht", sagte George Boult.

„Er wird sorgfältig beobachtet und es wird über ihn berichtet. Sagen Sie ihm das nicht, aber sagen Sie ihm, dass der Eindruck, den er auf Adams gemacht hat" (Adams war der Manager bei Ingleby) „nicht zufriedenstellend ist; und Adams ist ein Mann, dessen Meinung ich." Sagen Sie ihm, dass er die Chance seines Lebens hat; warnen Sie ihn davor, sie zu missbrauchen.

Er zertrampelte immer noch das Herz der armen Frau unter den Tänzen seiner eigenen Beredsamkeit, als das Läuten der Straßentürklingel für Ablenkung sorgte.

Die Treppe hinunter ging Miss Bessie, ihr blondes Haar zerzaust, ihre Wange vom Druck auf ihr Kissen gerötet, um, wie sie es sich vorstellte, in Abwesenheit von Emily die Nachmittagsmilch zu sich zu nehmen.

Es war jedoch nicht die erwartete Milch, die Bessie vor der Haustür vorfand, sondern eine nicht weniger entzückende Überraschung als die exquisite Person von Mr. Reginald Forcus.

„Ah, wie geht es, Bessie? Ich dachte, ich schaue dich mal an. Ich hoffe, ich bin nicht *de trop?* “, fragte er. Er sprach die letzten Wörter so aus, wie sie geschrieben sind, nicht weil er es nicht besser wusste, sondern weil es ihn gern amüsierte und die falsche Aussprache von Wörtern genau die Art von Spaß war, die er schätzte.

Überschwänglich bat Bessie ihn einzutreten; Aber in ihrem Kopf kreisten ablenkende Gedanken über den Zustand ihres Haarknotens und die derzeitige Belegung des einzigen Wohnzimmers.

„Oben ist jemand bei Mama“, sagte sie ihm und lächelte ihn besorgt an, ihre graugrünen Augen glitzerten vor Vergnügen. „Der Mr. Boult, wissen Sie, der ihr mit ihren Büchern und anderen Dingen hilft, wenn sie es zulässt. Macht es Ihnen nichts aus?“

„Glücklich, da bin ich mir sicher. An Wochentagen bist du ganz allein“, sagte er, als er die Treppe hinter ihr hinaufstieg – Treppen, die sehr dunkel und sehr steil waren, beginnend mit der fast völligen Schwärze des Flurs, an dem sich die Eingangstür befand geöffnet. „Ich dachte, wenn ich mir die Sonntagnachmittage anschaue, finde ich vielleicht auch die anderen.“

„Du wirst Mama finden“, sagte Bessie und wunderte sich ein wenig über seine Sorge um den Anstand. „Hier ist Reggie, Mama“, sagte sie. Und Mrs. Day, ihr Herz erfüllt von ihrem eigenen unglücklichen Jungen, ging mit müden Schritten vorwärts und streckte lächelnd eine einladende Hand aus.

„Es ist sehr nett, dass du kommst, Reggie“, sagte sie. „Das ist unser guter Freund,
Mr. George Boult; Mr. Reginald Forcus.“

„Ich nehme an, junger Herr Forcus, und ich brauche keine Vorstellung“, sagte der Tuchhändler.

Die Familie Forcus handelte in seinem Geschäft nicht; Die Ehrerbietung, die der Tuchhändler seinen Kunden immer entgegenbrachte, war hier nicht nötig. Er schüttelte der armen Reggie gnadenlos die Hand und erkundigte sich nach Sir Francis. Herr George Boult war kürzlich zum Richter ernannt worden; Sir Francis und er saßen auf derselben Bank.

„Sie sind mir vom Sehen her sehr gut bekannt“, fuhr er fort und übte immer noch die Hand des Besuchers. „Ich sollte sagen, dass es in Brockenham nur wenige Menschen gibt, die ich besser vom Sehen kenne.“

„Ich komme ziemlich oft an deinem Haus vorbei“, gab Reggie zu.

„Wenn du aufpassen würdest, würdest du mich vier- oder fünfmal am Tag sehen.“

„Oh, ich stehe nicht immer hinter meinem eigenen Schaufenster“, sagte Mr. Boult, nicht allzu erfreut. Wenn er nicht gerade mit einem Kunden sprach, warum sollte er dann an den Laden erinnert werden? Da er JP nach seinem Namen schreiben konnte, hatte er mehr als einmal insgeheim den Wunsch verspürt, das erfolgreiche Tuchmacherunternehmen vorübergehend zu vergessen.

Er war immer geneigt, sich über seine eigenen wunderbaren Leistungen zu wundern. Es gab eine Zeit, in der die Mitglieder der großen Brauereifirma so hoch über seinem Kopf waren wie die Sterne des Himmels über den Kieselsteinen der Straße. Und doch war er jetzt hier und ihnen in jeder Hinsicht ebenbürtig. Wo war der Unterschied? Er war ein erfolgreicher Geschäftsmann – was waren sie mehr? Doch da Sir Francis es sich zur Gewohnheit gemacht hatte, ihn mit „Boult“ anzureden, ohne dem Namen ein Präfix voranzustellen, war in ihm bei ihrem Treffen im Amtszimmer der Wunsch, sich bei irgendeinem Mitglied der Forcus-Familie einzuschmeicheln, sehr groß.

„Immer wenn ich Sie sehe, bin ich beeindruckt von der Schönheit des Tieres, auf dem Sie reiten, Mr. Forcus“, sagte er gerade. „Ich glaube, dieser junge Herr reitet auf dem schönsten Tier der Stadt, Miss Bessie. Ich bin ein großer Bewunderer schöner Tiere, Mr. Forcus.“

„Ist das so? Wirklich?“ sagte Reggie völlig gleichgültig. Er hatte überhaupt nichts dagegen, die Bekanntschaft mit dem alten Boult, dem Leinenhändler, zu machen – obwohl ihm natürlich der Unterschied zwischen einem erfolgreichen Tuchmacher und einem erfolgreichen Brauer, den Mr. Boult nicht zu erkennen vermochte, völlig klar war –, aber er war es nicht im geringsten an ihm interessiert; und was sollte der alte Kerl über ein Pferd wissen?

„Ist Deleah heute nicht zu Hause? Ich dachte, ich hätte Deleah erwischen sollen. Deshalb bin ich am Sonntag vorbeigekommen.“

Deleah sei mit Franky spazieren gegangen, erzählte ihm Mrs. Day, dankbar, dass Bessie, die sich mit der Absicht, den durcheinandergeratenen Haarknoten in Ordnung zu bringen, davongeschlichen hatte, nicht anwesend war, um diese Erklärung zu hören.

„Ich treffe Deleah manchmal, wenn sie von der Schule nach Hause kommt“, fuhr der junge Mann schlicht fort. „Ich wage zu behaupten, dass sie dir erzählt hat, dass ich sie manchmal treffe?“

Nein, Mrs. Day konnte sich nicht erinnern, dass Deleah diese interessante Tatsache erwähnt hatte.

„Das kann wohl nicht schaden, Mrs. Day? Sie haben nichts dagegen, wenn Deleah es nicht tut?"

"Schaden?" wiederholte Mrs. Day, die sich nur halb bewusst war, was gesagt wurde, und dachte an Bernard, der elend seiner verhassten Arbeit nachging und eine „scharfe Wache" auf seine Taten richtete.

„Ich meine, ich würde nichts tun, was dich oder Deleah ärgern könnte …"

Es war eine Erleichterung, als Bessie in diesem Moment herabstieg, ihr Haar war in Ordnung, und auf ihrem runden Gesicht lag ein Ausdruck angenehmer Erregung. Niemand muss halbherzig versuchen, ein Gespräch mit Reggie fortzusetzen, wenn Bessie einmal anwesend war, um ihn zu monopolisieren.

Und dann erschienen Deleah und Franky, deren Wangen vom Training gerötet   waren.
Franky ging zu seiner Mutter und kletterte auf ihren Schoß, und Deleah saß dicht an ihrer Seite, vielleicht etwas zu offensichtlich, und ließ den jungen Mann und Bessie ungestört ihre prickelnde Unterhaltung weiterführen.

Als Emily hereinkam, um den Teetisch zu decken, standen die beiden Männer auf, um zu gehen. „Mama, Reggie wird bleiben, wenn du ihn fragst", sagte Bessie. Wie triumphierend sie sich fühlte, wie ihre Augen funkelten, als Reggie sofort sagte, er möchte – lieber!

„Und Mr. Boult wird auch zum Tee bleiben, Mama", sagte Deleah schnell. Sie brauchte nicht das schwere Schweigen, das eintrat, um zu erkennen, dass sie sich beleidigt hatte; nicht Bessies warnender finsterer Blick, noch der mitleiderregende, flehende Blick ihrer Mutter. Da niemand der Einladung folgte: „Bleiben Sie doch", sagte Deleah. Und er gab anmutig nach.

„Da du so höflich bist, macht es mir nichts aus, wenn ich es tue", sagte er. Er fühlte sich wirklich geehrt durch die Einladung, die erste, die er jemals in diesem Haus erhalten hatte. Das lange, niedrige Wohnzimmer über dem Lebensmittelladen wurde von Damen bewohnt, vor denen er früher eine gewisse Ehrfurcht empfunden hatte. Unten in der Welt, wie sie jetzt waren, vergaß er nie ihre alte Einstellung. Selbst als er Mrs. Day schikanierte und ihren Töchtern riet, die Arbeit als Bedienstete zu übernehmen, hatte er es nicht vergessen. Vielleicht erinnerte er sich in solchen Momenten mehr denn je daran.

Seine Frau, die seit sieben Jahren tot war, hatte eine andere Hautfarbe als diese Frauen. Da er in sich selbst nichts fand, was ihn daran hindern könnte, eine Zierde in irgendeiner Gesellschaft zu sein, erkannte er sehr gut, dass die verstorbene Mrs. George Boult, wie er es ausdrückte, „von einer anderen Niere" gewesen war. Er war ziemlich zufrieden mit ihr gewesen, als er sie hatte; sie war eine gute Haushälterin gewesen; und hatte ihn in seinem Wunsch, Geld zu sparen, nicht verärgert; Aber als er auf die arme Frau zurückblickte, sah er deutlich, dass sie weder das Aussehen dieser Damen hatte, noch wie sie gesprochen hatte, noch deren Sitten besaß. Für seinen damaligen Zustand war es ihr ganz gut gegangen, aber die Zeiten hatten sich für ihn geändert; und hier saß er nun, sehr erfreut, im Vorstand von Leuten zu sitzen, die einst die verstorbene Mrs. Boult nicht unter ihrem Dach aufgenommen hätten, unter der Bedingung, dass sie mit Sir Francis Forcus' Bruder gleichgestellt wären!

Er war selbst ein reicher Mann, und er würde dafür sorgen, noch reicher zu werden, aber das Einkommen der Forcuses, das er kannte, war vielleicht siebenmal so hoch wie sein eigenes; und er gehörte zu der großen Schar guter Menschen, die es lieben, in der Gesellschaft von Männern zu sein, die reicher sind als sie selbst.

„Wir haben das Konzert so sehr genossen, Mr. Boult", sagte Deleah zu ihm.

"Das Konzert?" Herr Boult wiederholte. Er wollte mit Bessie sprechen und hatte es auf seinem Gewissen, ihr zu raten, auf eine Dienerin zu verzichten, und er fühlte sich nicht berufen, sich anzustrengen, „das Höfliche zu tun", wie er es ausdrückte, dem jüngeren Mädchen gegenüber.

„Irgendein freundlicher Freund hat uns Stände für das Konzert geschickt", erklärte Deleah und errötete. „Es war so eine unbekannte Person und so ein wunderbarer Genuss."

„Stände? Meinen Sie die Halbguinea-Stände?" In seinen Augen und seiner Stimme lag erstaunte Missbilligung.

„War das nicht süß von jemandem?" Deleah fuhr fort, entschlossen, dem schüchternen Spender ihre Dankbarkeit auszudrücken. „Ich nehme an, es war derselbe Jemand, der gestern die Maiglöckchen und meinen geliebten Kanarienvogel geschickt hat; seht! Es ist jemand, dem wir nie genug dankbar sein können!"

„Behalten Sie besser Ihre Dankbarkeit für die größeren Vorteile bei, die Sie alle erhalten haben." Er dachte, das wusste Mrs. Day, an die fünfzig Pfund, die ganz oben auf der Abonnentenliste gestanden hatten. „Lilien kosteten gestern auf dem Markt sechs Pence."

„Aber es sind nicht die Kosten", erklärte Deleah; Ihr Gesicht war rosarot von dem Versuch, dem Mann, den sie alle nicht mochten, das zu sagen, was ihrer Meinung nach gesagt werden sollte , der sich aber durch die nachdenklichen kleinen Aufmerksamkeiten, auf die sie anspielte, in seinem wahren Gesicht zeigte. „Es sind nicht nur die Kosten, es ist der freundliche Gedanke, für den wir so dankbar sind."

„Oh, komm, Deleah!" Reggie unterbrach ihn. „Ich habe dir Eintrittskarten angeboten, erinnerst du dich, und du warst nicht im Geringsten dankbar für diesen netten Gedanken. Und was die Lilien betrifft, ich wage zu behaupten, dass ich dir jeden Morgen Blumen aus den Wintergärten zu Hause schicken könnte, wenn du Lust hättest." ihnen."

„Ich würde mich überhaupt nicht um sie aus deinen Wintergärten kümmern. Schicke sie nicht, Reggie, sonst müssten wir sie zurückschicken."

„Warum, beten Sie? Sprechen Sie bitte für sich selbst", rief Bessie. „Wenn du Blumen zum Betteln hast, bin ich nicht davor zurück, sie zu nehmen, Reggie, denk daran."

„Die Blumen gehören nicht mir", erinnerte Reggie sie sofort. „Sie wachsen dort – Unmengen davon – und niemand außer Francis und Ada schaut sie sich jetzt an. Doch wenn ich einem Mädchen ein paar schicken möchte, werden Fragen gestellt und es wird ein ekelhafter Wirbel gemacht. Ich bestelle sie bei der Gärtner, anstatt die Schwuchtel davon zu haben.

"Also-?"

„Oh, alles klar. Ich bestelle welche für dich, Bessie."

Dann, als der Tee fast ausgetrunken war, hörte man Schritte auf der Treppe, und bald darauf kam Mr. Gibbon herein. Beim Anblick der beiden anderen Männer senkte sich sein Gesicht merklich. Auch für ihn war der Sabbat eine kostbare Zeit. Vor allem die Stunde, die das Essen brachte, zu der sie sich bei der Abendarbeit nicht beeilen mussten; in dem mit Blumen süßen Raum; in Begleitung der drei bezaubernden Damen; auf dem Tisch die zusätzlichen Köstlichkeiten, die Emily immer für diesen Anlass bereitstellte.

Boult! Forcus! Die beiden Männer, die er am wenigsten auf der Welt dort sehen wollte.

„Hallo, Gibbon!" sein Chef sagte; und der Angesprochene spürte tief in seinen Knochen, dass der Ton unverkennbar der des Arbeitgebers gegenüber den Beschäftigten war. „Habe ich wohl auf morgen vorgesorgt, nehme ich an?"

Nein, sagte Gibbon, das habe er nicht; und er sprach knapp, hielt seinen schweren Kopf hoch, zog die Brauen zusammen und war etwas beleidigend in seinem Benehmen, um zu zeigen, dass er nicht unterwürfig war. Er verneigte sich mürrisch vor Mr. Reginald Forcus, als Mrs. Day den Namen dieses Herrn murmelte. Die Tatsache, dass der junge Mann, wenn er in dem Alter war, in dem er den dritten Anteil, der ihm an der Brauerei zustehen sollte, erreichen würde, in Geld fließen würde, bedeutete ihm nichts, und er wollte allen Anwesenden zeigen, dass dies nicht der Fall war! Bei dem Konzert hatte er, der hässlich, klein, arm und unbedeutend auf der Welt war, den eleganten jungen Mann mit seinem Vermögen und dem Namen, den man in Brockenham zaubern konnte, in den Schatten gestellt. Er hatte ihm Deleah entrissen und ihn auf die Seite gestoßen. Er hatte nicht vor, ihn danach über den Teetisch hinweg freundlich anzulächeln.

Er wollte morgen nach Lancashire fahren, um Waren für seine Abteilung einzukaufen – alle drei Wochen war er dort vier oder fünf Tage lang abwesend. Dies war für eine Weile sein letzter Abend im Paradies; und die Schlange war dort eingetreten!

„Du bist zu spät", tadelte Bessie ihn süß. „Und Sie müssen warten, bis noch mehr Tee zubereitet wird. Wo waren Sie bitte? Geben Sie Rechenschaft über sich selbst ab."

Er erzählte ihr, er sei fünf Meilen zum Garten eines Freundes gelaufen, der einen kleinen Wintergarten hatte. Er hatte gehofft, mit ein paar Blumen als Belohnung für die Rückkehr belohnt zu werden, bekam aber nur die drei Rosen geschenkt, die er in der Hand hielt.

„Trotzdem ist es sehr nett von dir, sie mir mitzubringen", sagte Bessie und lächelte gnädig.

Gibbon war jedoch an diesem Abend schüchtern oder mürrisch, denn er schien keineswegs darauf bedacht zu sein, auf die Blumen zu verzichten; und als er das tat, legte er sie zwischen seinen Teller und den von Deleah, die sie sofort in Bessies ausgestreckte Hand legte. Als die Blumen in den Busen ihres grauen Kleides gesteckt waren, hatten sie eine bezaubernde Wirkung, auf die sie die Aufmerksamkeit aller Anwesenden lenkte.

„Sind sie nicht süß, Mama! Mr. Boult, Reggie, sind sie nicht einfach süß! Und der arme Mr. Gibbon, dass er so viele Meilen für sie gelaufen ist!"

Und so tranken sie mit widersprüchlichen Absichten, Herzbrennen und einer gewissen Bitterkeit im Geiste ihren Sonntagstee.

„Es wäre herrlich gewesen, wenn du deinen alten Dagobert nicht eingeladen hättest", warf Bessie, die sich jedenfalls sehr amüsiert hatte, ihrer Schwester entgegen.

Kapitel XV

Der Manchester-Mann

Mrs. Day hatte sich zurückgezogen, um in der Privatsphäre ihres eigenen Zimmers ihren Brief an Bernard zu schreiben, und Bessie war in strahlender Stimmung losgegangen, um sich für den Abendgottesdienst umzuziehen, wohin sie in Begleitung von Franky und Emily gehen sollte. Deleah war für die Internatsschülerin verantwortlich.

Für sie alle war es eine Ehrensache, dass der junge Mann sein Geld unter ihrem Dach hatte und vor allem bequem essen konnte. Der Becher, den Bessie ihm eingeschenkt hatte, stand kalt und ungeschmeckt neben ihm. Deleah hat es ihm abgenommen. Sicherlich sollte er nicht den Rest der Teekanne haben; sie würde ihm einen frischen Topf brauen.

„Ich bitte Sie, machen Sie sich keine Sorgen, Miss Deleah. Es ist meine Schuld, dass ich zu spät komme."

Er, der die Überzeugung vertrat, dass ein Gentleman niemals zulassen dürfe, dass eine Dame ihn bediente (es sei denn, sie war seine Mutter oder er war mit ihr verheiratet), musste Miss Deleah in die Küche folgen, ebenfalls im Obergeschoss, und auf sie aufpassen Er spült die Teekanne aus, muss mit ihr die benötigte Teemenge für die drei großen Tassen, die er immer trank, besprechen, muss das kochende Wasser selbst aufgießen, und er ermahnt ihn immer wieder, sehr vorsichtig zu sein, damit sie sich nicht die Finger verbrennt , die Teekanne haltend. Das Teilen einfacher Pflichten hatte etwas wunderbar Heimeliges und Vertrautes.

Deleah, die ins Wohnzimmer zurückgekehrt war, wo sie saß, um seinen Becher zu füllen und ihm Brot und Butter zu schneiden, war eine so schöne Vision, wie sich ein Mann an seinem Tisch nur wünschen kann. Angenehm und fröhlich plapperte sie und bediente ihn mit ihren zierlichen Händen. Er war sprachlos, antwortete wenig, war verlegen und fühlte sich in dieser süßen Gesellschaft unwohl.

Eineinhalb Jahre lang hatte er in dem schäbigen Haus über dem Laden in der Bridge Street gewohnt. Er hatte achtzehn Monate lang diese Nähe, diesen vertrauten Verkehr genossen, der alles ist, was nötig ist, um so manche häßliche Frau in den Augen des Mannes schön zu machen, der sich an ihrer Gesellschaft erfreut. Es ist also kein Wunder, dass der arme Mann aus Manchester in seinen eigenen Gedanken die ungewöhnlichen Reize übertrieben hat, die Deleah unbestreitbar besaß.

Eineinhalb Jahre! Und in all dieser Zeit konnte er sich nie daran erinnern, jemals zuvor längere Zeit mit Deleah allein gewesen zu sein. Es war Bessie, die sich zu seiner besonderen Freundin erklärt hatte, sich an ihn klammerte, mit ihm sprach, ihm Vertraulichkeiten machte und sich davon überzeugte, dass er den Wunsch hatte, mit ihr zu reden. Er wusste, dass Deleah ihn als Bessies Eigentum betrachtet hatte. Er hatte sich über diese Annahme geärgert, wusste jedoch nicht, wie er sie bestreiten sollte.

Abgesehen davon, dass sie von einer Schönheit war, die seiner Meinung nach unübertroffen war, war sie auch so sanft, so zartherzig, so mitleiderregend, diese junge Deleah; so bezaubernd nett. Sie hatte aus dem Kummer und der Scham, von denen er wusste, dass sie ihr widerfahren waren, eine Lektion gelernt und sie gelehrt, wie er sicher war, durch die mitleidigen Engel Gottes; nicht zu denken, dass Kummer zu trivial ist, um verachtet zu werden, selbst sanft zu sein gegenüber dem zerkratzten Finger, den verletzten Schienbeinen der armen Männer und Frauen, die mühsam den harten und dornigen Weg des Lebens entlangklettern.

Er war ein kleiner, breiter und hässlicher Mann im mittleren Alter; von einem alltäglichen Gesichtsausdruck, von schlechter Geburt, von geringem Vermögen, von geringer Bedeutung im Schema der Dinge; aber er hatte ein Auge für Schönheit; er hatte eine Seele; und sein Auge war von einer Schönheit erfüllt, die seine Vorstellung vollkommen befriedigte; und mit seiner Seele betete er die Seele Deleas an.

„Es tut mir leid", sagte er plötzlich und unterbrach damit eine kleine Trivialität von ihr, mit der sie sein Schweigen zu überdecken versuchte – „Es tut mir leid, dass Sie nicht einmal eine der Rosen hatten, die ich zehn Meilen zu Fuß für Sie besorgt habe."

"ICH?" Sie warf ihm einen flüchtigen Blick zu. „Oh, das spielt natürlich keine Rolle.
Bessie hat sie und sie liebt sie so sehr. Mir wäre es viel lieber gewesen, Bessie hätte sie."

Er blickte sie vorwurfsvoll, aber schweigend an.

„Bessie liebt Blumen so sehr", sagte sie und erinnerte sich daran, wie Bessie sich auf die armen Rosen gestürzt hatte, bevor sie ihnen angeboten worden waren. Es war kein schöner Anblick gewesen – aber Bessie – die arme Bessie! – tat solche Dinge.

„Miss Bessie trägt sie so gerne in ihrem Kleid", korrigierte er.

Und in diesem Moment stürmte Miss Bessie in das Zimmer, gekleidet für Eroberungen und für die Kirche, die Blumen, für deren Beschaffung der Gast so weit gegangen war, waren, wie es damals üblich war, unter dem Kragen ihrer Jacke festgesteckt. Gibbon warf ihnen einen widerwilligen Blick zu und schmiegte sich höflich an Bessies dickes Kinn.

„Oh, wie düster du aussiehst!" rief Bessie in bester Stimmung.

„Überhaupt nicht düster", sagte Mr. Gibbon mit etwas weniger als seiner üblichen Höflichkeit im Ton.

„Nur böse? Ah! Ich habe solche Angst vor dir! Ich muss weglaufen."

Sie winkte Deleah, die ihr bis zum kleinen Treppenabsatz folgte. „Dem ehrenwerten Charles geht es um Reggie", flüsterte sie, „und Reggie ist wütend wegen der Blumen des ehrenwerten Charles. Haben Sie gehört, wie er mich gerade angeschnauzt hat?"

„Warum sollte Mr. Gibbon wegen Reggie wütend sein?"

„Oh, mein liebes unschuldiges Baby! Weißt du nicht, dass Männer manchmal eifersüchtig sind?"

„Ja. Ich weiß es. Und ich weiß noch etwas: Und das ist, dass du dein Bestes getan hast, um sie eifersüchtig zu machen."

Bessie lachte entzückt wie über ein Kompliment: „Eines davon überlasse ich dir. Versuche, ihn in eine bessere Stimmung zu bringen, bevor ich zurückkomme", sagte sie und drehte sich um, um die Treppe hinunterzulaufen.

Deleah beugte sich über das Geländer des winzigen Treppenabsatzes, der von einem einzigen Gasstrahl über ihrem Kopf beleuchtet wurde, um ihr beim Gehen zuzusehen. Es gefiel ihr, Bessie gut gelaunt und gut gelaunt zu sehen, und wenn der Glaube, dass jeder Mann, den sie kannte, in sie verliebt war, sie dazu verleitete, war Deleah bereit, sie zu besänftigen. Sie hatte ihre Zweifel an der Hingabe des jungen Forcus an Bessie, doch die des Untermieters betrachtete sie als selbstverständlich.

Er saß noch immer am Tisch, als sie zu ihm zurückkehrte; das Butterbrot, das sie für ihn geschnitten hatte, lag unberührt auf seinem Teller, sein Tee ungeschmeckt.

„Ich dachte, du würdest vielleicht nicht zurückkommen", sagte er. Er seufzte, als wäre er von einer schmerzhaften Angst befreit. „Miss Deleah, ich würde sehr gerne mit Ihnen sprechen."

Es gab ein paar Dinge in Sachen Verhalten, die er gelernt hatte, seit er über dem Lebensmittelladen wohnte; Eine davon war, dass ein Mann nicht sitzen darf, während eine Dame steht. Also stand er nun auf seinem Platz und wartete, bis sie ihren Platz wieder hinter der Teekanne eingenommen hatte.

„Oh, aber, Mr. Gibbon, essen Sie doch Ihren Tee!"

Er schob seinen Teller weg: „Ich will nicht essen. Ich will mit dir reden."

Als sie ihn ansah, sah sie, dass sein Gesicht, das normalerweise von einem tiefen, diffusen Rot war, so blass war, wie es für ein solches Gesicht nur möglich ist. Oft, wenn sie seinen Blick auf sich gespürt hatte und offen aufblickte, um ihnen zu begegnen, war ihr aufgefallen, wie schnell er sie abgewendet hatte, fast so, als wäre er bei einem Verbrechen ertappt worden. Jetzt stellte sie fest, dass sie auf ihrem Gesicht fixiert waren.

„Ich habe mir vorgenommen, Ihnen etwas zu sagen", sagte er.

„Es wird nicht lange dauern, hoffe ich? Denn da Emily in der Kirche ist, muss ich das Teegeschirr abräumen."

Sie sprang sofort auf und begann damit. „Er wird mir von Bessie erzählen", sagte sie sich. Sie wünschte sein Vertrauen nicht besonders, und mit etwas mehr Geklapper und Umständlichkeit, als für die Aufgabe nötig war, stellte sie die Tassen und Teller auf das Tablett.

Gedankenverloren half er ihr dabei, nahm ihr das beladene Tablett ab und ging in die Küche, während sie die Esswaren trug. Als sie zurückkamen, falteten sie gemeinsam die Tischdecke. Eine Beschäftigung, die angenehm genug ist, um sie mit einem hübschen Mädchen zu teilen; Aber es war offensichtlich, dass er an andere Dinge dachte, als die Falten in der Tischdecke beizubehalten, obwohl sein Handwerk seine stumpfen Finger geschickt im Umgang mit Stoffen gemacht hatte und er sorgfältig auf die Praxis achtete, die in dieser Kunst befolgt werden muss .

"Dort!" sagte Deleah als Ankündigung, dass ihre leichten Arbeiten beendet waren. Sie hatte das Tuch in die Presse gelegt und drehte sich um, um den ehrenwerten Charles zu finden, wie sie und Bessie ihren Pensionsgast immer nannten, der mit dem Rücken zu der kleinen Kommode stand, an der Emily ihr Gebäck zubereitete, die Arme vor der Brust verschränkt .

„Jetzt können Sie sich bequem hinsetzen, die Friedenspfeife auf meinem speziellen Fensterplatz rauchen – ich gebe Ihnen die Erlaubnis – und den guten Menschen beim Kirchenbesuch zusehen."

„Das heißt, wenn du kommst."

„Ich denke, ich werde zuerst mal sehen, was aus Mama geworden ist."

„Das reicht für ein paar Minuten, Miss Deleah. Wir werden hier anhalten", sagte er.

Da es für Deleah kein Entrinnen gab, setzte sie sich auf die Ecke des Tisches, wo die Teller und Teetassen aufbewahrt wurden, bis Emily zurückkam, um sie abzuwaschen, und wartete auf das, was er zu sagen hatte.

Es fiel ihm offenbar schwer, anzufangen, und er runzelte die Stirn, als er die Matten sah, die den Boden bedeckten.

„Es geht um mich selbst", begann er schließlich mit einer Anstrengung, die schmerzlich zu sehen war; seine Hände schienen angespannt an seinen verschränkten Armen zu ziehen, die stumpfen Finger der breiten roten Hände zeichneten sich weiß auf den Rockärmeln ab, sein Gesicht hatte noch immer das schlammige Rosa, das bei ihm für Blässe stand.

„Ich hoffe, Sie denken nicht, dass es mich stört, über mich selbst zu sprechen."

„Was mit anderen Worten über Bessie bedeutet", sagte Deleah zu sich selbst, nun, da es unvermeidlich war, gespannt auf die Enthüllung.

„Es geht um meine Aussichten. Vielleicht denken Sie, ich habe keine, Miss Deleah. Oder irgendeine nennenswerte Position? wo ich höchstens auf Hunderte hoffen kann, nehme ich an.

Deleah ahnte das schmerzende Gefühl in seinem Kopf und beeilte sich, den Balsam zu bringen: „Reggie Forcus könnte Millionen haben, wo er Tausende haben wird – und je mehr er hatte, desto weniger wahrscheinlich würde er irgendjemanden von uns beeinträchtigen. Er war heute Nachmittag hier." , und wenn er sich erinnert, kommt er vielleicht wieder. Aber das ist einfach die Laune eines müßigen jungen Mannes, dem im Moment nichts Lustigeres einfällt.

„Ich dachte, er schien großes Interesse zu zeigen. Ich habe ihn dabei erwischt, wie er …"

„Bei Bessie? Er mag sie natürlich, und es war einmal eine großartige Freundschaft. Wenn – Dinge – nicht passiert wären, würde ich sagen, dass es vielleicht zu mehr als nur Freundschaft gekommen wäre. Aber sie sind passiert, und –" Sie brach ab aus. Niemals konnte sie ohne Leiden und Schwierigkeiten auf die Tragödie hinweisen, die sie so viel gekostet hatte.

„Ich versichere Ihnen, Mr. Gibbon", begann sie erneut und lächelte ihn ermutigend an, „Sie sind für uns von weitaus größerer Bedeutung, als Mr. Reginald Forcus es jemals sein wird."

„Ich danke Ihnen, dass Sie mir das gesagt haben", sagte er und seine Finger schlossen sich fester um seine Mantelärmel.

Dann hob er den Blick und sah sie an, wie sie mit Leichtigkeit und Anmut zwischen den Teetassen auf dem Küchentisch saß. Jede ihrer Bewegungen wurde mit Leichtigkeit und Anmut ausgeführt, jede Haltung eingenommen. Für Deleah war es der Tag der kleinen Frau; Es war der Tag, an dem man ihre Größe von Zentimetern für einen Gaffer hielt und sie von knapp 1,70 Metern – schlank an Taille, Fuß, Hand und Knöchel – mit Leichtigkeit und Natürlichkeit in das Herz eines Mannes glitt.

„Vielen Dank dafür", sagte der Mann aus Manchester erneut mit einer Art heiserer Inbrunst in der Stimme. „Du bist immer freundlich. Ich glaube nicht, dass die Engel im Himmel freundlicher sind als du."

Eine Aussage, über die Deleah zwischen den Teetassen unbeschwert lachte.

„Nein. Lache nicht", sagte er fast grimmig. „Es ist wahr! Ich glaube es von ganzem Herzen."

Er blickte wieder von ihr auf den Boden zu seinen Füßen, runzelte die Stirn und bemühte sich um die Ruhe, mit dem fortzufahren, was er in der Reihenfolge zu sagen hatte, von der er sich selbst beigebracht hatte, dass sie für seinen Fall am besten sei.

„Ich verdiene zweihundert pro Jahr", sagte er. „Dieses Jahr, Weihnachten, soll ich auf zweihundertfünfzig steigen. Nächstes Jahr" – er hielt inne und presste die Lippen zusammen – „nächstes Jahr möchte ich um eine Beteiligung am Geschäft bitten."

"Tust du?" sagte Deleah mit höflichem Interesse. „Glauben Sie wirklich, dass Sie es schaffen, Mr. Gibbon?"

„Ich werde es schnell genug bekommen. Ich werde es bekommen, und zwar aus diesem Grund: Wenn Boult es mir nicht gibt, werde ich ihn verlassen. Boult kann es sich nicht leisten, mich zu verlieren. Ich möchte nicht prahlen, aber es ist so." Stimmt. Er kann es sich nicht leisten, mich zu verlieren, und er weiß es", und er hob den Kopf, sprach natürlicher und sah sie voller Stolz auf seine Leistung an, „in den zwei Jahren, in denen ich dabei war." Bedenken Sie, dass ich die Einnahmen in meiner Abteilung *verdoppelt habe?*"

„Wirklich? Wie klug von Ihnen, Mr. Gibbon! Sie *müssen* zufrieden sein!"

Er sah sie an und lachte hoffnungslos. „Sie verstehen diese Dinge nicht, Miss Deleah. Sie erkennen nicht, dass das, was ich getan habe, viel bedeutet."

„Oh, aber das tue ich, Mr. Gibbon! Ich habe immer gedacht, dass Sie ein ganz wunderbarer Geschäftsmann sein müssen; so ruhig, so regelmäßig, der nur an seine Arbeit denkt."

„Ich denke an andere Dinge", sagte er leidenschaftlich. „Ich möchte weiterkommen. Ich möchte mich selbst und meine Position verbessern. Es gibt ein Ziel, für das ich arbeite. Wenn ein Mann sich ein Ziel vor Augen führt und alles tut, was er kann, um es zu erreichen, bekommt er es dann? Fräulein Deleah?"

„Er versteht es. Zweifle nie daran!"

„Na dann, sehen Sie! Wenn ich meinen Anteil am Geschäft habe, werde ich die ganze Show bearbeiten, so wie ich in meiner eigenen Abteilung gearbeitet habe. Die anderen Betriebe in der gleichen Reihe können ihre Fensterläden hochlassen. Es ist das größte Textilgeschäft der Stadt." Jetzt – Boult ist stolz genug, Ihnen diese Tatsache unter die Nase zu schieben – aber ich werde daraus das größte Textilgeschäft in den Eastern Counties machen."

„Wie großartig von Ihnen, Mr. Gibbon! Und angenommen, Mr. Boult würde Ihnen den Anteil nicht geben?"

„Ich bin mir nicht sicher, ob es nicht besser wäre. In diesem Fall fange ich alleine an. Nicht in einem Geschäft. Ich werde alleine ein Lager für den Verkauf meiner Waren eröffnen."

„Diese Kalikos und Drucke und ‚Drabbets' gehen Sie nach Manchester, um sie zu kaufen?" warf Deleah ein, die unbedingt zeigen wollte, dass sie es verstanden hatte.

„Manchester-Waren. Ich werde all die kleinen Kunden mitnehmen, die jetzt zu mir kommen, um meinen Rat einzuholen, was sie kaufen sollen, und viele Ladenbesitzer von besserer Klasse, die zwar im Großhandel handeln, ihre Waren aber nicht kaufen." von Boult."

„Armer Herr Boult!"

„Er muss auf sich selbst aufpassen. Ich habe Miss Bessie neulich sagen hören, dass der Großhandel vornehmer sei als der Einzelhandel …" Er brach ab und sah Deleah fragend an, die sich zu diesem Thema keine Meinung gebildet hatte.

„Bessie weiß über diese Dinge Bescheid", versicherte sie ihm. „Dann werden Sie ein sehr reicher Mann, Mr. Gibbon. Und werden weggehen und uns nie mehr helfen, Hackfleisch zuzubereiten oder den Tisch nach dem Sonntagstee abzuräumen. Sie werden Ihre Kutsche mit zwei *Pferden* fahren – nicht ein einziger elender Mistkerl wie Mr. Boult – und Sie werden in einem schönen Haus leben, Rosen züchten und Wintergärten bauen, nicht wahr?

„Ja", stimmte er feierlich zu. Dann breitete er seine Arme aus und streckte sie seitwärts aus, umklammerte mit jeder Hand die Leiste der Kommode, an der er sich lehnte. „Ich möchte, dass du mit mir kommst", sagte er.

"Mich!" sagte Deleah. Der Schock der Überraschung ließ sie für einen Moment atemlos werden. Sie saß da und starrte ihn eine Ewigkeit lang mit großen Augen an, ohne etwas zu sagen; und auch er blickte zurück, da er im Moment nicht in der Lage war, weiter zu sprechen. Endlich „Bessie?" Deleah stieg aus. „Du meinst Bessie?"

„Warum sollte ich Bessie meinen? *Bessie!* " sagte er und warf den Gedanken an sie verächtlich von sich. „Warum sollte ich Bessie meinen? Ich meine dich

– dich – dich!" sagte er und ertrug ihr Schweigen mit Augen, die verzweifelt an ihrem Gesicht hafteten.

„Wenn ich hier weggehe, um in dieses schöne Haus zu gehen – mit der Kutsche und den Wintergärten – kommst du dann auch?"

"Ach nein!" Sagte Deleah flüsternd und mit gesenktem Kopf.

Dann saßen sie einander auf Tisch und Kommode gegenüber und schwiegen, während das Blut laut in Deleahs Ohren sang und mit so grausamem Pochen in den Schläfen des Mannes pochte, dass er nicht wusste, wie er die Qualen ertragen sollte, und dachte, sein Kopf müsste es tun platzen.

Als Deleah endlich den Blick hob und ihn ansah, erschreckte sie die Veränderung in seinem Gesicht, sein Atem ging schwer und geräuschvoll, als wäre er gerannt. War es möglich, dass er sich so fühlen konnte – dieser ruhige, harmlose, uninteressante Internatsschüler mittleren Alters, der noch nie zuvor etwas Besonderes empfunden zu haben schien? Über sie?

„Es tut mir so leid", sagte sie in aufrichtigem Kummer, schrecklich betrübt und beschämt über ihren Anteil an seinem Schmerz. „Ich dachte, es wäre Bessie."

„Du hast mich abgelehnt? Du meinst es ernst – absolut? Es gibt keine Hoffnung für mich?"

Deleah zitterte. Es war die Regelformulierung, die der abgelehnte Liebhaber im damaligen Roman verwendete. Es hatte Deleah hundertmal begeistert, als sie es gelesen hatte. Es war nichts Gestelztes oder Theatralisches in den Worten, die Charles Gibbon sagte, aber sie machten ihr die unwillkommene Tatsache bewusst, dass es ihm absolut ernst war, dass er sie liebte und dass sie ihm einen grausamen Schlag versetzte. Sie fühlte sich elend, gedemütigt und beschämt. Es war absurd und unverhältnismäßig, dass er der kleinen Deleah Day eine solche Frage und in einem solchen Ton hätte stellen müssen.

„Es tut mir so leid, Mr. Gibbon", sagte sie noch einmal und er hörte es in einer Stille, die ihr das Herz schmerzte.

„Sollst du weggehen?" fragte sie ihn sofort. In Büchern entfernte sich der zurückgewiesene Liebhaber eine Zeit lang, um sich von dem Schlag zu erholen. Sie war erleichtert, als sie feststellte, dass dies im Fall des Internatsschülers nicht als notwendig erachtet wurde.

„Warum sollte ich weggehen?" er hat gefragt.

„Es wäre besser, trotzdem weiterzumachen", riet sie eifrig. „Bessie muss es nie erfahren."

„Bessie!“ sagte er noch einmal verächtlich; Er ließ die Kommode los, drehte sich um und stellte sich mit dem Rücken zu ihr hin, damit sie sein Gesicht nicht sehen konnte. „Du hast jede Hoffnung, die ich hatte, zunichte gemacht; du hast – mich gebrochen; und du redest mit mir über Bessie. Was, im Namen des Himmels oder der Hölle, glaubst du, dass mir *Bessie am Herzen liegt* , oder ob sie es weiß oder nicht?“ "

Deleah, die ihren Platz auf dem Tisch behielt, lauschte erstaunt seiner veränderten, erstickten Stimme. Sie sind stets höflich – zu höflich! und pensionierter Internatsschüler! War er es wirklich, der mit dem Rücken zu ihr stand und in einem solchen Tonfall von Bessie – Bessie! – sprach?

„Sehen Sie, ich habe es nie gewusst! Ich habe es nie erraten“, entschuldigte sie sich hilflos.

„Nein. Ich glaube nicht, dass du einen Gedanken an mich verschwendet hast. Morgens, mittags und abends warst du alles für mich. Es gab nichts anderes. Ich habe für dich gearbeitet, für dich gelebt –“

Sein Rücken war ihr zugewandt – der schreckliche Gedanke, dass er weinte, kam ihr; seine Stimme war rau und gebrochen.

„Wenn ich nur geraten hätte …“, sagte sie in schrecklicher Verzweiflung und Verlegenheit. Wie alle Mädchen hatte sie daran gedacht, eines Tages ein Heiratsangebot zu bekommen; Dass es jemals eine so schreckliche Erfahrung wie diese sein könnte, hatte sie sich nicht vorgestellt. Wenn es nur ein Fremder gewesen wäre, dachte sie töricht; jemand außerhalb ihres Lebens, von dem sie wenig gesehen hatte! Aber Mr. Gibbon – ihr Untermieter! Der Anblick von ihm in ihrem Familienkreis war ihr so vertraut geworden, wie es der Anblick ihres Bruders hätte sein können: Sie konnte sich nicht mit dem Gedanken abfinden, dass er dieser Mann in der schrecklich unbekannten Gestalt war. „Wenn ich es nur erraten hätte –!“

„Und wenn du es getan hättest?“ fragte er, aber hoffnungslos, ohne sich umzudrehen.

„Ich hätte es dir früher sagen können. Es hätte nicht so eine Verschwendung gegeben.“

Sie rutschte vom Tisch und stand in einem schmerzhaften Zustand der Unentschlossenheit daneben. Sie sehnte sich danach, seinem Anblick zu entkommen, zu fliehen; Aber gleichzeitig sehnte sie sich als Deleah auch nach Trost.

„Ich werde es Mama nicht einmal erzählen“, versprach sie. „Wir machen weiter   wie   immer. Und bald – bald werden wir vergessen, dass es passiert ist.“

"Sollen wir?"

„Oh ja! Es ist erstaunlich, wie wir Dinge im Hinterkopf verstauen und weitermachen können, als ob sie überhaupt nicht da wären. Ziemlich erstaunlich.“

„Wir sollten uns nicht um unsere Sorgen kümmern, wenn wir so leicht mit ihnen klarkommen!“

„Oh, natürlich nicht unsere Sorgen.“ Sie erinnerte sich daran, wie die Trauer über das schreckliche Ende ihres Vaters sie noch immer begleitete und noch zu Lebzeiten begleiten würde. „Unseren Kummer dürfen wir natürlich nicht vergessen, Mr. Gibbon. Aber eine Kleinigkeit, die so schief geht – eine kleine Enttäuschung –“

„Ich verstehe“, sagte er. Dann gab er einen Laut von sich, halb Würgen, halb Schluckauf, der zum Lachen gedacht war; und plötzlich drehte er sich um. „Dann machen wir weiter wie bisher, Miss Deleah. Sie brauchen keine Angst zu haben, dass jemand von mir von dieser ‚kleinen Enttäuschung‘ erfährt. Ich bin es ziemlich gewohnt, meine Gefühle zu verbergen. Es fällt mir leicht, wenn Sie …“ Ich habe einmal gelernt, dass es niemanden interessiert.

„Oh, Mr. Gibbon. Sagen Sie das bitte nicht. Es ist mir wichtig.“

„Nein, das tun Sie nicht. Es ist Ihnen egal, wie ich es möchte. Was nützt alles andere? Sind wir mit dem Abräumen des Teegeschirrs fertig, Miss Deleah? Gibt es sonst noch etwas, bei dem ich Ihnen helfen kann?“

Sie schüttelte den Kopf und sah ihn mit Augen an, die ihn flehten, weder verbittert noch unglücklich zu sein. Und als sie hinsah und sein vertrautes rotes Gesicht und seine untersetzte, kräftige Gestalt in einem neuen Licht sah, kam ihr eine Idee.

„Mr. Gibbon“, sagte sie, „ *Sie waren* es, die die Konzertkarten und all die Blumen und Früchte und den Kanarienvogel in seinem schönen Käfig geschickt haben. Sie waren es – Sie!“

„Nein, nein! Mr. Boult, natürlich, Miss Deleah. Sie haben schon vor langer Zeit herausgefunden, wer es war. Freundlicher, großzügiger Mr. Boult!“

„Und ich habe sie alle genommen und mich nie bei dir bedankt –!“ Sie streckte eine Hand aus, um ihn aufzuhalten, als er an ihr vorbei zur Tür ging; Aber er achtete nicht darauf, und ohne ein weiteres Wort ließ sie ihn gehen.

„Was hast du mit deinen Rosen gemacht?“ Fragte Deleah. Bessie zog ihr dickes Kinn an und blickte auf die Stelle unter ihrem Jackenkragen, wo sie festgesteckt worden waren. „Ich muss sie beim Verlassen der Kirche verloren haben!“ Sie sagte. „Bitte, lassen Sie den ehrenwerten Charles nichts davon erfahren.“

Die drei armen Rosen! Deleahs Rosen, der Internatsschüler war zehn Meilen
weit gelaufen, um sie zu holen!

Kapitel XVI

Für Bernhard

Sir Francis Forcus stand mit dem Rücken zum leeren Kamin in seinem Privatzimmer in der Brauerei und hielt ein Exemplar der örtlichen Tageszeitung in der Hand. Es war ein angenehmer Raum, obwohl der Blick aus den beiden offenen Fenstern nur auf die hohen schwarzen Kais und Lagerhäuser auf der anderen Straßenseite reichte. Sie müssen sich aus dem Fenster lehnen, um den darunter fließenden schwarzen Fluss zu sehen, auf dem die Brauerei erbaut wurde. von den großen Werften und Lastkähnen, die unten entladen werden; um die Kanus und Vergnügungsboote zu sehen, die den verschmutzten Gewässern, den Ziegeln und Mörteln der Gegend entfliehen, bis hin zum sonnenbeschienenen Bach, der eine halbe Meile weiter zwischen schönen Gärten und grünen Weiden des Landes fließt.

Aus einem Fenster in einem der schwarzen, hässlich aussehenden Kais auf der anderen Straßenseite sang eine gefangene Lerche und belohnte den Menschen für seine grausame Behandlung mit dem Besten, was er zu geben hatte, nach der Art der rohen Schöpfung, deren Rache noch nicht gekommen ist. Ein einfallender Sonnenstrahl – in offeneren, begünstigteren Gegenden lag die Sonne an diesem Frühlingsmorgen breit über allem – berührte das Gesicht von Sir Francis, der einen keineswegs zufriedenen Ausdruck trug. In der von der Presse nassen Zeitung, die er gerade las, stand ein Bericht über ein Hindernisrennen, in dem der Name seines Bruders größtenteils eine Rolle gespielt hatte. Er hatte weder das Rennen gewonnen noch sich in irgendeiner Weise hervorgetan, außer durch die Anzahl und Schwere seiner Stürze und die Tatsache, dass er sein Pferd getötet hatte; Aber der *Brockenham Star* war zu einem großen Teil Eigentum der Großbrauerei und hatte daher das Beste aus den Heldentaten des jungen Mannes gemacht.

„Der Junge wird sich noch das Genick brechen", sagte sich der Leser. Er genoss nicht weitgehend das Vertrauen seines Bruders. Der Tod des Pferdes war ihm neu; Er hatte nicht einmal gewusst, dass es ein Hindernisrennen gab.

„Was nützt ihm das alles?" fragte sich Sir Francis und blickte streng von der Zeitung ab. „Er interessiert sich nicht für die Brauerei. Er ist ein Mann in Jahren und hat in seinem Leben noch nie eine halbe Stunde gearbeitet."

Sir Francis' eigene halbe Arbeitsstunde hätte zwar nicht viel ausgemacht, aber er verfügte dennoch über unternehmerisches Geschick. Zu bestimmten Tageszeiten war er wie jetzt immer auf seinem Posten, und was er nicht selbst tat, sorgte er dafür, dass diejenigen, die er bezahlte, effizient erledigten.

Über dem Kaminsims hing das Porträt des Gründers der Brauerei, oder besser gesagt des Mannes, der das bereits gegründete Unternehmen zu einem überaus erfolgreichen Unternehmen gemacht hatte. Wenn der ältere Partner das vernünftige, freundliche Gesicht mit den schönen Gesichtszügen betrachtete, erinnerte er sich oft daran, wie sehr ihm dieser geschäftsmäßige, vergnügungsliebende und Hindernisrennen fahrende jüngere Sohn in seinem Alter sehr am Herzen gelegen hatte aber ein Junge in der Schule, als der alte Mann gestorben war. Sehr häufig war es für ihn notwendig, sich daran zu erinnern; Denn zwischen dem pflichtliebenden, ernsthaften, traurigen Witwer mittleren Alters und seinem Halbbruder gab es kaum Gemeinsamkeiten.

Ein Angestellter, der die Tür öffnete, verkündete, dass eine Dame angerufen hatte, die auf Sir Francis wartete.

„Eine Dame? Meine Schwester – Miss Forcus?"

„Eine junge Dame. Sie hat ihren Namen nicht genannt."

„Fragen Sie es bitte."

Der Angestellte kam mit einem Zettel zurück, auf dem ein Name stand, den Sir Francis sich selbst vorlas, und sagte dann laut, indem er den Angestellten fragend ansah: „Miss Deleah Day. Miss Deleah Day?"

Der Angestellte, der weder Informationen noch Vorschläge machen konnte, blickte weiterhin respektvoll auf die Stiefel seines Arbeitgebers.

„Führen Sie sie bitte herein", sagte Sir Francis. und eine Minute später wurde die Tür geöffnet und Deleah erschien.

Sir Francis, der *Brockenham-Stern* an seiner linken Hand, verneigte sich in seiner feierlichen Art vor dem Mädchen und drehte im Vorwärtsgehen einen Stuhl vom Schreibtisch um, auf dem er seinen Wunsch zum Ausdruck brachte, dass sie Platz nehmen sollte. Wie bleich und verängstigt sie aussah; Was für ein junges, kleines, außergewöhnlich hübsches Ding! Er erinnerte sich noch gut an den letzten Moment ihrer Anwesenheit in seinem Zimmer. Was hatte sie jetzt zu ihm geschickt? Was wollte sie? Er erinnerte sich, wie Reggie, dessen Name, wie es ihm schien, ständig in irgendeiner unerwünschten Verbindung erwähnt wurde, in die anstößige Familie dieses Mädchens geraten war. Reggie, fragte er sich? Oder war das elende Lebensmittelgeschäft der Mutter gescheitert, wie er es immer erwartet hatte, und er sollte um einen weiteren Beitrag gebeten werden, um sie wieder in Schwung zu bringen?

Während ihm diese Gedanken durch den Kopf gingen, kehrte er zu seiner alten Position am Kamin zurück, stand steif, aufrecht und aufrecht am Kamin, um von dort aus seinen Besucher zu beobachten.

„Du warst einmal so nett", sagte Deleah, und er hörte, dass es ihr schwerfiel, ihre Stimme ruhig zu halten, und sah, dass ihre Lippen zitterten „– so freundlich, als ich schon einmal zu dir kam, dass ich wieder gekommen bin."

Da er zu sehr besorgt war, was ihr Auftrag sein könnte, um zu sagen, dass er sich freue, sie zu sehen, neigte er als Zeichen der höflichen Aufmerksamkeit den Kopf und wartete.

Als sie zu ihrem hasserfüllten Auftrag gekommen war, hatte sie darüber nachgedacht, wie sie den Boden vorbereiten würde, um die Petition vorzubereiten, die sie vorlegen musste, aber das Sprechen fiel ihr zu schwer, und sie konnte kaum die nötigen Worte herausbringen: „Ich bin gekommen, um Sie zu bitten, mir fünfzig Pfund zu geben", sagte sie.

Sir Francis' Augen öffneten sich weithin, aber er sagte kein Wort. Es wäre einfach albern, sofort zu sagen, dass er dem armen Kind – zweifellos das Werkzeug ihrer Familie, das von ihnen geschickt wurde, um an ihm zu arbeiten, weil sie so hübsch, jung und attraktiv war – fünfzig Pfund ohne weitere Erklärung geben würde er wollte nicht, kam ihm nicht in den Sinn.

Sie hatte auf ein ermutigendes Wort gewartet; keiner kommt; mühsam arbeitete sie weiter: „Ich sage ‚Geben‘, weil ich nicht sicher bin, ob ich dich jemals bezahlen könnte – ich verdiene so sehr wenig Geld. Aber wenn ich dich jemals bezahlen kann, kannst du mir vertrauen, dass ich es tun werde."

„Da bin ich mir sicher", sagte der reiche Mann und wartete darauf, dass sie mit ihrer Geschichte fortfuhr. Aber sie saß in verlegenem Schweigen vor ihm, den Kopf gesenkt, verängstigt und beschämt.

„Wir werden es ‚verliehen‘ nennen, oder?" Jetzt sagte er. „Du wirst dich dadurch glücklicher fühlen. Und es wird keine Eile geben. Überhaupt keine Eile."

„Oh, danke! Ich danke dir wirklich sehr. Ich möchte dir sagen –"

„Nein, nein", sagte er und hob eine Hand, um die Worte auf ihren Lippen zu prüfen. Es war lächerlich, Geld auf diese Weise zu verschenken, aber er hatte das Gefühl, dass er es mit größerer Zurückhaltung weitergeben sollte, wenn er den Bestimmungsort wüsste.

„Aber ich muss es dir bitte sagen. Ich wollte es dir schon früher sagen, aber –" Ihr Blick wich seinem Gesicht aus und wanderte verzweifelt durch den Raum. Wie gut sie sich daran erinnerte! Hierher war sie gekommen, um diesen Mann – diesen Fremden! – anzuflehen, ihren Vater vor dem Gefängnis zu bewahren. Und jetzt ihr Bruder – jetzt Bernard! Gab es ein Mädchen auf der Welt, das so von Scham überwältigt war wie sie? „Es ist mein Bruder –", brachte sie heraus. „Er – ich habe seinen Brief mitgebracht."

Sie fand ihre Tasche und holte den Brief hervor, der mit der Morgenpost zu ihr gekommen war, der ihr Herz verwüstete, den Sonnenschein schwarz färbte, den Gesang der gefangenen Lerche gegenüber zu einem Klagelied machte und sie wieder in das Leid stürzte, das sie gewesen war ihres zur Zeit der Schande ihres Vaters. Sie zog den elenden Brief aus dem Umschlag und hielt ihn mit zitternden Fingern Sir Francis hin.

„Nein", sagte er und winkte ab. „Es ist vielleicht etwas, das Ihr Bruder lieber nicht gewusst hätte. Etwas, das zwischen Ihnen und ihm bleiben kann. Und das – diese fünfzig Pfund" – er war zu seinem Schreibtisch gegangen, hatte ein Scheckbuch aus einer Schublade gezogen, war Während er sprach, schrieb er darin: „Das ist auch zwischen dir und mir. Außerdem muss niemand jemals ein Wort davon wissen."

Der Stuhl, den er für sie eingerichtet hatte, stand neben dem Schreibtisch; er, der auf der gegenüberliegenden Seite saß, hob seinen Blick zu ihrem Gesicht, ohne den Kopf zu heben: „Wünschst du, dass dies deinem Bruder oder dir selbst ausgestellt wird?"

"Zu meinem Bruder."

„Wirst du mir seinen Namen sagen?"

„Bernard William."

Sie sah zu, wie seine starke weiße Hand über das Papier fuhr und so mühelos die Worte schrieb, die für sie von so großer Bedeutung waren. Wie der große Rubin in dem Ring, den er an der Hand trug, die den Stift hielt, im Sonnenlicht zu glühen und zu brennen schien. Am kleinen Finger seiner anderen Hand befand sich ein schlichter kleiner Reif, von dem sie wusste, dass er vom Finger seiner toten Frau stammte. Sie bemerkte im starken Licht, das durch das Fenster fiel, wie das glatte schwarze Haar um die Ohren herum grau geworden war und wie sich Falten in das hübsche, teilnahmslose Gesicht eingegraben hatten, die vorher nicht da gewesen waren. War er inmitten ihrer eigenen Schwierigkeiten auch sehr unglücklich, fragte sich Deleah? Trauerte er immer noch so sehr um die verlorene Frau, wie es hieß, dass er es getan hatte?

Er schob ihr den Scheck über den Tisch. "Dort!" er sagte.

Er hatte ihren Blick bemerkt, der mit trauriger Frage auf sein Gesicht gerichtet war, und er verdrängte seine Zweifel, seinen Ärger und lächelte trotz seines Willens ermutigend in ihre flehenden, schönen, unschuldig anbetenden Augen.

„Sei nicht unglücklich", sagte er. „Das wird die Dinge in Ordnung bringen, hoffen wir, und deinen Bruder wieder auf die Beine stellen. Du darfst nicht so traurig aussehen."

Bei diesen Worten – es hatte sich geirrt, so freundlich zu sprechen – waren ihre Augen voller Tränen. Die Augen waren also doppelt schön.

„Ich glaube es nicht, aber Desdemona ist ehrlich‴, antwortete er auf die nervige kleine Stimme, die immer wieder flüsterte: „Haben sie sie mir anvertraut?“

Deleah hielt ihre nassen Augen fest auf ihn gerichtet, damit ihr beim Senken nicht die Tränen in die Augen liefen. „Ich weiß nicht, was du von mir halten kannst“, sagte sie stockend. „Ich weiß nicht, woher ich den Mut hatte zu kommen. Ich habe heute Morgen nur Bernards Brief erhalten; er sagte, es müsse heute erledigt werden. Meine Mutter darf es nicht wissen: Es gibt sonst niemanden: Ich hatte niemanden, der das tun konnte frag. Du warst einmal so gut zu mir – ich habe an dich gedacht.

„Das verstehe ich durchaus. Ganz. Ganz.“

„Ich war damals ein Kind“, fuhr sie fort und zwang sich dazu auszudrücken, was ihrer Meinung nach gesagt werden sollte; „Und obwohl ich kein Recht hatte, dich zu belästigen, kann einem Kind alles vergeben werden. Aber jetzt – aber jetzt –!“

„Aber jetzt“, wiederholte er und lächelte wieder sein schwaches Lächeln. Für ihn war sie noch ein Kind, und sein Tonfall vermittelte diese Botschaft.

„Ich schäme mich sehr“, sagte sie. „Und so – so dankbar.“

Sie faltete den Scheck zusammen, steckte ihn in ihre billige, kaum benutzte Handtasche und stand auf. Sie fühlte sich so gedemütigt, dass sie zögerte, die Hand auszustrecken, aus Angst, er könnte es für anmaßend halten, von ihm zu erwarten, dass er ihr die Hand schüttelte.

„Wo ist dieser Bruder von dir? Was macht er?“ er hat gefragt.

„Er ist in Ingleby. Mr. George Boult hat ihn in einen seiner Geschäfte auf dem Land gebracht.“

„Oh! George Boult?“

Etwas in dem Ton, der den Mann abwertete, veranlasste Deleah, schnell zu sagen: „Er war sehr gut zu uns. Er hat Mama im Lebensmittelladen geholfen und sie beraten.“

„Das habe ich gehört.“ Er dachte bei sich, dass es ihm schlecht gehen würde, wenn der unbefriedigende Bruder um Gnade für etwaige Missetaten gegenüber George Boult bitten müsste.

„Er ist sehr jung – mein armer Bruder“, warf Deleah ein. „Und ich nehme an, er hat schlechte Freunde gefunden. Er hat nie Urlaub. Er kann nie nach Hause zu Mama und uns kommen –“

„Ah, das ist schlimm. Und kannst du nicht zu ihm gehen? Ich bin sicher, dass du ihm Gutes tun könntest." Denn als er auf das traurige Mädchen in ihrem ordentlichen, billigen Kleid herabblickte, das so schüchtern vor ihm stand, kam ihm der Gedanke, dass er noch nie die Güte so deutlich auf dem Gesicht eines Menschen geschrieben gesehen hatte wie auf dem dieser Tochter einer Diebin und Schwester eines Nichtsnutzes.

„Bahnreisen sind teuer und wir müssen sehr vorsichtig leben", sagte Deleah. „Die arme Mama hat in letzter Zeit ein oder zwei uneinbringliche Schulden gemacht. Und so viele Leute, die am Ende zahlen, tun das nur sehr langsam." Deleah schüttelte langsam und traurig den Kopf über diese Faulenzer. „Außerdem bin ich natürlich den ganzen Tag beschäftigt."

„Darf ich wissen, auf welche Weise?"

„Ich unterrichte", sagte Deleah und hob ihren Kopf mit einer Art Stolz über das Bekenntnis, was sehr hübsch war. „Ich bin die zweite englische Gouvernante an Miss Chaplins Schule für junge Damen. Ich verdiene dort genug, um meine eigene Kleidung und die von Franky zu kaufen."

Ihr Mut kam zu ihr zurück; Statt der Schwierigkeiten, die sie gehabt hatte, die nötigen Worte herauszubringen, um ihren Auftrag zu erklären und zu dulden, verspürte sie jetzt den Drang, ihm Dinge zu erzählen, ihm Vertraulichkeiten zu machen.

„Und wer ist Franky?"

„Er ist mein kleiner Bruder. Sehr viel jünger als die anderen und das Haustier von uns allen", sagt Mama, aber sie glaubt, dass sie ohne Franky die Probleme, die sie hatte, niemals überlebt hätte. Ich glaube, das haben wir alle gespürt. Wir Wir konnten nicht immer weinen und melancholisch sein in der Gesellschaft eines kleinen Jungen, der sich so gerne amüsieren wollte. Um Frankys willen müssen wir fröhlich sein, als – das alles – passierte zu Papa."

„Franky darf nicht in einen von George Boults Geschäften gehen", sagte Sir Francis. „Wenn Franky alt genug ist, um die Schule zu verlassen – um seinen Lebensunterhalt zu verdienen – dann kommen Sie und sagen Sie es mir, ja?"

Ihr Gesicht leuchtete, bis es so schön war wie eine sonnenverwöhnte Blume. „Oh, das werde ich! Oh, danke", sagte sie; und dann streckte sie tatsächlich ihre Hand aus, und für einen Moment schlossen sich ihre Finger mit all ihrer sanften Kraft um die Hand, die er ihr reichte. "Oh danke!" sagte sie noch einmal.

Dann öffnete er ihr die Tür und sie ging.

Als Deleah den Scheck, dessen Empfang ihn höchst überrascht haben musste, an ihren Bruder geschickt hatte, platzte sie fast vor Verlangen, jemandem die Geschichte ihres Besuchs bei dem reichen Brauer anzuvertrauen. Sie sehnte sich danach, seine Blicke zu betrachten, seine Worte zu wiederholen und vor allem von der himmlischen Verheißung zu erzählen, die in diesem letzten göttlichen Satz über Franky enthalten war. Niemand darf es erfahren; aber Deleah war zu jung, um mit einem Geheimnis belastet zu werden; es machte sie unruhig. Sie konnte nicht bei Bessie sitzen und zuhören, wie sie das Muster des Ärmels besprach, das sie für ein neues Sonntagskleid ausschneiden wollte. Sie rannte zum Laden hinunter, weil sie erleichtert war, in der Nähe ihrer Mutter zu sein.

Mrs. Day warf ihr einen freundlichen Blick zu und wandte sich wieder aufmerksam ihrer Kundin zu, einer guten Dame, die in Sachen Kerzen schwer zufrieden zu stellen war.

„Eine Talgkerze ist für die Dienstboten sehr gut geeignet, um sie in der Küche auszublasen", erklärte sie gereizt. „Aber weder meine Tochter noch ich können den Geruch von Talg ertragen, und Ihre Wachskerzen sind ein grausamer Preis. Grausam, Mrs. Day! Ich nehme an, Sie könnten keine Ermäßigung erzielen, wenn ich zwei Päckchen nehme?"

Mrs. Day schüttelte geduldig den Kopf. „Wir bekommen eigentlich fast nichts aus ihnen heraus, so wie es ist", protestierte sie traurig. „Diese Kerzen – Kompositkerzen genannt – kaufen die Damen zunehmend für den Gebrauch ihrer Dienstboten und auch für sich selbst. Ich verkaufe inzwischen mehr Kompositkerzen als Wachs oder Talg."

„Könnten Sie mir nicht den Gefallen tun, ein oder zwei zu probieren? – Oh, guten Tag, Miss Day. Sie sind sich also nicht zu schade, manchmal in den Laden zu kommen, um Ihrer Mama Gesellschaft zu leisten?"

"Über!" sagte Deleah; Und weil sie zu den Kunden ihrer Mutter zuckersüß sein musste, lächelte sie Mrs. Potter an, die sich von der Theke abwandte, um sie in ein Gespräch zu verwickeln.

„Was ist für dich, meine Liebe?" Mrs. Days nächster Kunde war ein sehr schäbiger, sehr kleiner Junge, dessen schmutziges, eifriges Gesicht direkt über der Theke erschien.

„Ein paar Säuren, wie beim letzten Mal." Er hielt die Münze in seiner Faust hoch, um ihr den guten Glauben der Transaktion zu versichern.

„Du hast mir letztes Mal mehr als das zum Glück gegeben. Du hast sie nicht gewogen", grummelte der Kunde.

„Zum Glück habe ich das nicht! Hier! Nimm deinen halben Penny und verschwinde."

Viele Kunden dieses unentgeltlichen Ordens hatten die Witwe. Als die zerlumpten Kleinen ungefähr so alt waren wie Franky, waren sie sich sicher, dass sie Gewicht auf die Waage bringen und ihr Geld zurückbekommen würden. Sie lächelte jetzt den Scaramouch an, der von der Tür aus von einem halben Dutzend Konföderierten beobachtet wurde. Der Ha'penny war offenbar Gemeinschaftseigentum, denn jeder verlangte gerade seinen Anteil.

Diese Schrauben voller Süßigkeiten und Viertelpfund zerbrochener Kekse, die den Kindern der Ärmsten gegeben wurden, bereiteten ihr das einzige Vergnügen, das Mrs. Day an ihren langen Stunden hinter der Lebensmitteltheke hatte. Denn trotz der Gier und dem Egoismus der menschlichen Natur ist die Unfähigkeit, die Hand leichtfertig in die Tasche zu stecken, vielleicht die am deutlichsten empfundene Entbehrung desjenigen, der reich war und jetzt arm ist, und wenn überhaupt, ohne darüber nachzudenken gewährt wird oder nicht, um es denen zu geben, die darum bitten.

Während sich Mrs. Day mit einem Ohr um ihre eigenen Kunden kümmerte, hörte sie mit dem anderen Ohr eine Diskussion an der gegenüberliegenden Ecke über den Preis und die Qualität der Butter.

„Unsere ist aus der besten Molkerei“, jung – sehr jung! – Herr. Pretty versicherte der armen, respektablen Frau, die sich zurückhielt, seine Behauptung nicht auf die Probe zu stellen. „Jeden Tag frisch, Mama. Möchtest du dir ein bisschen davon auf die Zunge legen, um es zu probieren?“

Die Frau tat es und probierte den Bissen mit besorgtem Blick. „Aber ich kann es mir nicht leisten, dir ein und zwei Pfund zu geben, wenn ich es nur ein Stück die Straße runter um einen Penny weniger kaufen kann.“

„So bekommt man dort keine Butter, Ma'am;“ und der junge Mr. Pretty, der eigentlich Master Pretty hätte sein sollen, führte ein Stück Butter auf seine eigene Zunge und kostete es laut, wobei er sehr weise aussah.

„Beste Qualität, ein Penny.‘ Als ich bei Coman's vorbeikomme, sehe ich, dass das Ticket ausgestellt ist. Sie drehte sich zur Besitzerin des Ladens um. „Ich habe Sie immer um Butter gebeten , Ma'am“, sagte sie. „Ich habe nicht den Wunsch, dich zu verlassen, aber wo ich meine Butter kaufe, muss ich natürlich auch den Rest meiner Lebensmittel kaufen.“

„Wenn Coman daran scheitert, sollst du es für die gleiche Summe bekommen.“ Mrs. Day hat es versprochen. Ihre Butter war an diesem Tag bereits zweimal „fallen gelassen“ worden, um mit der Leidenschaft des neuen Lebensmittelhändlers Schritt zu halten, der zum Untergang der Witwe und des Waisenkindes einen Laden weiter unten auf der Straße eröffnet hatte.

Auch unsere arme Einzelhändlerin verkaufte ihren Zucker für weniger, als sie dafür gab.

„Das müssen Sie eine Zeit lang tun", hatte George Boult ihr mitgeteilt. „Coman kann nicht ewig so weitermachen. Er wird das Spiel bald satt haben – wenn ich mich mit Handel und Handwerkern auskenne – dann kannst du es wieder an deine Waren kleben."

Während über das Thema Butter debattiert wurde, kam das Kind Franky von der Nachmittagsschule herein. Er war Tagesschüler an einer billigen Akademie, auf die die Söhne anderer kleiner Handwerker geschickt wurden – eine Schule, die der Schule, die Bernard besucht hatte, weit unterlegen war. Der Umgang mit rauen, gewöhnlichen Kindern hatte Frankys Manieren und seine Sprechgewohnheiten nicht verbessert. Er stürmte hinein, ohne an die Ehrerbietung zu denken, die man den Kunden gebührt, schob die Dame beiseite, die gerade beschlossen hatte, dass Mrs. Day versuchen sollte, in der Stadt eine Kerze zu besorgen, die besser zu ihrem Geschmack passte, und eilte um die Theke herum zu seiner Mutter.

„Kann ich mit Willy Spratt zum Tee gehen? Willy Spratts Mutter sagt, ich könnte mit ihm zum Tee gehen. Das würde ich sehr gerne tun. Kann ich gehen?"

„Nein, meine Liebe. Wir möchten, dass du mit uns Tee trinkst. Wir können dich nicht entbehren."

„Kann ich gehen, Ma? Kann ich gehen? Willy Spratt wartet draußen."

Willy Spratt war der Sohn des Messerschmieds und seiner Frau gegenüber. Sehr gute Kunden von Mrs. Day, sehr gute Leute; Aber-

„Du hast nicht mit Mrs. Potter gesprochen, Franky", sagte Deleah, um die Gedanken des Kindes abzulenken. „Sie kennen Mrs. Potter, Sir. Wo sind Ihre Manieren?"

„Ganz gut, ich danke Ihnen", sagte Franky, ohne einen Blick in die Richtung der fraglichen guten Dame zu werfen, die nicht die Absicht hatte, sich nach seinem Gesundheitszustand zu erkundigen. „Kann ich gehen, Ma? Willy wartet draußen; und kann ich gehen?"

„Oh los!" sagte seine arme Mutter. „Geh! Aber, lieber Franky, zieh dir deine Mütze *nicht* so abscheulich über die Augen."

Aber Franky hatte seinen Kopf unter der Hand seiner Mutter hervorgezogen, war um die Theke herum gestürmt und machte sich auf den Weg zur Gesellschaft des werdenden Willy.

In einem Interregnum des Friedens zwischen dem Kommen und Gehen der Kunden beklagte sich Mrs. Day gegenüber Deleah über das traurige Thema von Frankys Verfall. „Er bürstet sich sogar die Haare und trägt seine Mütze, in der Art dieses schrecklichen Willy Spratt. Da er so jung ist, hat er keine Chance. Er muss zu einem ganz gewöhnlichen kleinen Jungen heranwachsen."

„Niemals, Mama!" Deleah, die unermüdliche Trösterin, erklärte. „Franky sieht aus wie ein Geschöpf ganz anderer Art als Willy Spratt. Franky mit seiner lieben kleinen Nase ist ausgesprochen aristokratisch. Lachen Sie nicht! Das ist er tatsächlich. Sie und er sind es, wissen Sie, und jeder andere kann es sehen."

„Unsinn, meine Liebe", sagte die Mutter, lächelte aber und fühlte sich in dieser Hinsicht getröstet. „Ich nehme an, dass es unvermeidlich ist", fuhr sie fort, „dass wir in die Art und Weise verfallen, wie unsere Mitmenschen reden. '? 'Gibbon' hat dies gesagt oder 'Gibbon' hat das gesagt. Ich erwähne es ihr gegenüber nicht gern, aber es beleidigt mein Ohr.

„Ich würde nichts sagen", riet Deleah. „Wir wissen, dass Bessie so schnell aus der Fassung gebracht werden kann."

„Arme Bessie!" sagte die Mutter. Beide hatten die Vision, wie Bessie in der Hysterie, die ein paar vereitelnde Worte sie auslösen würden, mit den Absätzen auf den Boden trommelte. „Was ist mit Bessies Liebesbeziehungen?" Fragte Mrs. Day jetzt. „Ich wäre so dankbar, Bessie mit einem eigenen Zuhause zu sehen. Sie wäre so glücklich, verheiratet. Aber – ?"

Sie hielt bei dem „aber" fragend inne, da sie wusste, dass es ein sehr großes Wort war.

„Ich glaube nicht, dass Reggie etwas bedeutet, Mama."

„Nein", stimmte Mrs. Day zu und schüttelte traurig den Kopf. „Ich kann mir nicht vorstellen, wie Bessie so blind sein kann. Und wenn es anders wäre, was für eine Flucht aus der Bridge Street wäre es für sie."

Deleah schwieg.

„Oder für dich?"

Deleah lachte strahlend: „Ich würde Reggie Forcus nicht heiraten, wenn er voller Gold wäre, Mama."

Mrs. Day wandte sich ab, um auf das unordentliche kleine Dienstmädchen von der anderen Straßenseite zu warten, deren Familie plötzlich „der Essig ausgegangen war".

Ihre Augen waren scharf genug gewesen, um zu erkennen, auf welchem Gesicht ihrer Töchter der Blick von Reginald Forcus ruhte; Sie hatte die Anziehungskraft geahnt, die den vergnügungssüchtigen, begehrten jungen Mann dazu verleitete, abends stundenlang geduldig dasitzen und den Mädchen bei ihrer Arbeit zuzusehen. Sie blickte trübsinnig, während der Essig abgemessen wurde und der Kunde zwischen den dazwischen liegenden Keksdosen und Einmachgläsern auf die Straße ging. Sie hatte begonnen, den Traum zu hegen , dass, wenn nicht Bessie, es vielleicht ihre hübsche Deleah sein würde, die durch Reggie einen Ausweg finden sollte.

„Angenommen, er wollte wirklich einen von uns heiraten, das würde dir sicher nicht gefallen, oder, Mama?"

Und Mrs. Day musste mit einer Art Scham zugeben, dass sie es tun würde.

„Dieses dumme, verantwortungslose Baby von einem jungen Mann; ohne zwei Ideen im Kopf!"

Aber die Mutter wusste, wenn sein Kopf leer war, war seine Tasche nicht leer. Er war vielleicht nicht klug oder hatte nicht viel Charakterstabilität, aber oh, wie viele Dinge, die das Leben angenehm machten, besaß er! Sie, die sie besessen und verloren hatte, war nicht diejenige, die den Wert weltlicher Güter unterschätzte.

„Ich nehme an, das Ende wird sein, dass Bessie Mr. Gibbon heiraten muss", sagte sie mit dem Versuch, sich zu resignieren und den goldenen Traum widerwillig von sich zu weisen. „Ich sollte Bessie keinen Vorwurf machen", fuhr sie richterlich fort. „Er ist ein guter und beständiger Mann, wenn auch sehr ruhig. Ist Ihnen aufgefallen, meine Liebe, wie sehr ruhig Mr. Gibbon geworden ist?"

"Ja Mama."

„Ich nehme an, es ist die Liebe, die ihn so ruhig macht."

„Das nehme ich an", sagte Deleah. Dass er noch leiser gewesen wäre, hätte ihr mehr gefallen. Sie hätte sich sein heftiges „Ich liebe dich" ersparen können, das er hinter der Tischdecke flüsterte, als er und sie sich gleichzeitig bückten, um ein Messer aufzuheben, das gestern heruntergefallen war; sein leidenschaftliches „Schau mich nur an!" letzte Nacht heftig geatmet über den Kerzenhalter, den er ihr in die Hand drückte. Sowohl Bessie als auch ihre Mutter betrachteten den ehrenwerten Charles als Eigentum von Bessie. Deleah hatte Angst vor diesen unregelmäßigen Demonstrationen und schämte sich dafür.

„Er ist ein gewöhnlicher, uninteressant aussehender Mann – bis auf etwas in seinen Augen. Ich weiß nicht, ob du bemerkt hast, was ich meine, Deleah? – Dennoch wird er ein sicherer Ehemann sein, ohne dass er einen Gedanken

im Kopf hätte, außer …" Bessie; und ich denke, wir müssen uns zu dem
Opfer entschließen.

Kapitel XVII

Was ist es jetzt?

„Irgendeine Nachricht für Ihren Sohn, Ma'am?" Herr Gibbon erkundigte sich eines Abends beim Abendessen bei der Witwe und verkündete, dass ihn Geschäfte am nächsten Morgen nach Ingleby riefen.

Er fügte nicht hinzu, dass er besondere Anweisungen erhalten hatte, um die Beschwerden des Filialleiters gegen Bernard Day erneut zu untersuchen und einen Bericht vorzulegen, auf den George Boult reagieren konnte.

„Der Junge muss aus Ingleby entfernt werden", sagte der Stoffhändler. „Ich möchte wissen, ob ich berechtigt bin, ihn sofort zu entlassen, oder ob ich das Risiko eingehen darf, ihm eine weitere Chance zu geben."

Mr. Boult hatte sich davon abgehalten, sich kurzerhand mit dem jungen Mann zu befassen, wie es sein Instinkt gewesen war. Schließlich war er William Days Sohn; der Sohn des einzigen Freundes, den er in seinem ganzen Leben gefunden hatte. Auch der Sohn der Witwe von Bridge Street; und er, George Boult, war der Schiedsrichter über ihr Schicksal, über das Schicksal ihrer Kinder, und war stolz auf diese Tatsache. Das Ergebnis sei nicht ganz zufriedenstellend gewesen. Keine noch so große Belehrung oder Mobbing würde jemals aus der Mutter eine Geschäftsfrau machen; Aber dann wusste er, dass ihm der Unterricht und das Mobbing Spaß gemacht hatten. Er empfand einen Anflug von Zufriedenheit, als er in den kleinen weißen Buchstaben auf schwarzem Grund über der Ladentür ihren Namen las: „Lydia Day, lizenziert zum Verkauf von Tabak und Schnupftabak", und erinnerte sich daran, dass er es war, der diese Legende ins Leben gerufen hatte dort geschrieben. Es gefiel ihm, sich an die hübsche Frau in ihren Seiden- und Spitzenkleidern zu erinnern, die ihm an den Sonntagnachmittagen, die er mit ihrem Mann verbracht hatte, hin und wieder eine gönnerhafte Hand ausgestreckt hatte – die hochmütig aussehende, dunkelhäutige, dunkeläugige Frau Schönheit, als er sie vor sein geistiges Auge zauberte – und dann den düsteren kleinen Laden zu betreten und dieselbe Frau zu sehen – war es in Wahrheit dieselbe? – ihr schwarzes Kleid, bedeckt von einer großen weißen Latzschürze, weiße Ärmel dazu Sie stützte ihre Ellenbogen hinter die Theke, um Sirup in das Glas eines Kunden abzuwiegen oder über die Vorzüge verschiedener Scheuerseifen zu diskutieren.

„Mein Werk", sagte sich George Boult und freute sich.

Natürlich hatte seine Mutter viele Nachrichten für Bernard. Ein Paket mit ein paar Hemden auch für ihn, die sie und die Mädchen nach getaner Arbeit des Tages fleißig zusammengenäht hatten. Er sollte öfter schreiben. Er sollte ihr seine Socken zum Flicken schicken. Lange Spaziergänge ins Grüne unternehmen; und keineswegs in Versuchung geraten, seine Abende in dem schrecklichen Hotel zu verbringen, über das sich Mr. Boult bei seiner Mutter beschwert hatte, die er häufig besuchte.

Am Morgen wurde dem Kostgänger ein kleines Paket in die Hand gegeben mit der Bitte, es Bernard zu geben. Es enthielt einen Souverän, den die arme Frau, die keinen Penny übrig hatte, an diesem Tag von einer Summe abgezogen hatte, die zur Begleichung eines bestimmten Kontos fällig war. Das Gehalt des Jungen war sehr, sehr gering; Das Großhandelshaus muss auf die Zahlung warten.

Als Deleah am Nachmittag dieses Tages von der Schule nach Hause kam, fand sie den Laden, der für Mr. Pretty verantwortlich war, allein vor, ein Zustand, der außer zu den Essenszeiten niemals erlaubt war. Deleah ging ins Haus und rannte voller Vorahnungen nach oben. Als sie den dunklen Treppenabsatz erreichte, auf den sich das Wohnzimmer öffnete, sank ihr das Herz, als sie das laute Weinen hörte, das aus diesem Raum drang. Ihre Mutter liege im Sterben oder sei tot, beklagte Bessie, entschied sie, während ihre Gedanken sich auf das Schlimmste konzentrierten, das ihr widerfahren könnte.

Daher war es für sie eine Erleichterung, Mrs. Day in ihrem gewohnten Stuhl sitzen zu sehen, grau und mit angeschlagenem Gesicht, aber lebendig, und da sie eine aufrechte Haltung beibehielt, vermutlich gut. Die Mutter blickte mit blind starrenden Augen direkt vor sich hin und achtete nicht auf Bessie, die auf dem Sofa lag und ein Heulen nach dem anderen ausstieß.

„Was ist jetzt?" fragte Deleah und stand wie angefahren in der Tür. „Sag mir schnell, was es ist." Ihre Gedanken flogen umher auf der Suche nach schrecklichen Möglichkeiten. „Ist Bernard tot?" Sie fragte.

„Oh, ich wünschte, er wäre es! Ich wünschte, er wäre es!" Bessie weinte und warf sich in eine sitzende Position. „Ich wünschte, er wäre es. Bernard ist schlimmer, viel schlimmer als tot. Bernard hat sich als Soldat gemeldet!"

Deleah schloss die Tür und kam ins Zimmer. "Ist das alles?" Sie fragte. Ihr armes kleines Gesicht war weiß, ihre Augen waren wild vor Angst. Dass Bernard im Gefängnis war, war das, wovor sie sich gefürchtet hatte zu hören. „Oh, Mama, wenn das alles ist, ist es nicht so schrecklich."

Dann klopfte es an der Tür und Charles Gibbon kam herein. Deleah drehte sich zu ihm um: „Du hättest es ihnen nicht sagen sollen; du hättest es mir sagen sollen", warf sie ihm vor.

„Das glaube ich nicht", sagte er unverblümt. „Warum solltest du die Hauptlast von allem tragen?"

Mrs. Day konnte nicht sprechen, ihre armen Lippen zitterten, die Hände zuckten, die hilflos in ihrem Schoß lagen.

Bessie sah sie an. „Arme Mama! Arme Mama!" sie stöhnte. „Das wird Mama töten! Die Schande wird sie töten!"

"Stille!" sagte der ehrenwerte Charles, drehte sich zu ihr um und schockierte sie zum Schweigen. „Sie sollten mehr Kontrolle über sich selbst haben, Miss Bessie. Hysterie hat noch niemandem auf der Welt geholfen."

"Hysterie!" wiederholte Bessie, war aber so erstaunt, dass sie aufhörte zu stöhnen.

„Mrs. Day", fuhr der Internatsschüler fort, „ich habe Ihnen die Neuigkeit über Ihren Sohn vielleicht etwas abrupt erzählt, aber ich habe nicht gedacht, dass ich Ihnen schlechte Nachrichten überbrachte. Viele" – er wollte „bessere Männer" sagen, aber änderte es in: „Vielen, denen es besser ging als ihm, haben sie das Gleiche getan, und das war es, was sie hervorgebracht hat. Ich sage es Ihnen ganz klar: Unter allen Umständen denke ich, dass er das Beste getan hat, was er konnte."

„Ich muss ihn natürlich abkaufen", sagte Mrs. Day, ohne darauf zu achten. „Wissen Sie, wie man das angeht, Mr. Gibbon, und was es kostet?"

Wenn Mr. Gibbon es wüsste, hätte er es nicht gesagt.

„Wenn man daran denkt, dass Bernard ein gewöhnlicher Soldat ist – ein Gefreiter!" Bessie fing erneut an und zitterte erneut vor Schluchzen. „Wenn er hierherkommt, Deleah, wird er dann wohl erwarten, dass wir mit ihm rausgehen? Wir können uns nie wieder mit Bernard sehen – nie! Niemals! Niemals!"

Sie hatte ständig mit Bernard gestritten, aber sie hatte ihn gemocht und war stolz auf sein gutes Aussehen. Die Trauer der armen Bessie wurde auf selbstsüchtige Weise gezeigt, aber es war dennoch echte Trauer.

„Disziplin wird für ihn das Beste auf der Welt sein", versprach der Internatsschüler. „Ein Freund von mir, der ebenfalls zur Polizei gegangen ist und sich aus bestimmten Gründen ebenfalls gemeldet hat, ist jetzt Offizier."

„Bernard wird kein Glück haben", erklärte Bessie. „Wir haben nie Glück."

„Es hat keinen Sinn, auf Glück zu warten, Miss Bessie –"

„Wird Mr. Boult ihn abkaufen?" unterbrach die Witwe. Bei ihr gab es keinen Streit. Sie hörte auf keinen Versuch, sie zu trösten. „Ich muss sofort zu Herrn Boult gehen und ihn darum bitten."

„Wenn Sie meinen Rat befolgen, werden Sie es nicht tun, Ma'am. Wenn Sie ihn jemals darum bitten, wird er es nicht tun."

„Ich werde ihn auf meinen Knien anflehen“, sagte die arme Dame.

Deleah folgte Gibbon zum Treppenabsatz. „Gibt es etwas, das Sie zurückhalten?“ sie flüsterte ihm zu. „Du kannst es mir sagen. Ich bin nicht Bessie.“

„Der Junge war ein Narr – aber es gibt nichts, was nicht vertuscht werden kann.“

Ihre Augen voller Angst hingen an seinem Gesicht; Sie war entschlossen, das Schlimmste zu hören. „Das musst du mir sagen“, beharrte sie.

„Ein paar Rechnungen wurden am Schalter bezahlt, nur für kleine Beträge. Dein Bruder hat nicht – nicht –“

„Du meinst, er hat das Geld für sich genommen?“

Wie weiß war ihr Gesicht! Das Geräusch von Bessies Seufzen und Stöhnen kam aus dem Wohnzimmer. Deleah öffnete eine weitere Tür auf dem Treppenabsatz. Es war das Schlafzimmer ihrer Mutter, aber das kümmerte sie nicht. Mit einer Hand auf dem Arm des Gastes führte sie ihn hinein und schloss die Tür.

„Bernard hat das Geld gestohlen?“ Sie flüsterte. Sie dachte nicht an sich selbst oder daran, wer es war, den sie am Arm hielt, und hatte vergessen, dass er sie liebte. Das Schlimmste zu wissen, und zwar sofort, damit ihrer Mutter das Wissen irgendwie erspart bliebe, war ihr Wunsch.

Sie hatte kein Mitleid mit sich selbst, aber er hatte Mitleid mit ihr – großes, überwältigendes Mitleid; das tapfere kleine Mädchen mit dem weißen Gesicht, das weder stöhnte, noch sich herumwarf, noch Unsinn redete; der Mut hatte, der sich den Dingen stellte.

„Dein Bruder hat die Quittungen in Ordnung gegeben“, sagte er langsam, „aber er hat es versäumt, die Konten als bezahlt in das Hauptbuch einzutragen.“

„Und das Geld? Was hat er mit dem Geld gemacht?“

„Das Geld ist in Ordnung. Die Firma verliert nichts.“

„Wie meinst du das? Sag es mir.“

„Das Geld wurde in seinem Zimmer gefunden.“

„Wer hat es gefunden?“

„Ich habe es gefunden. Es war nur für einen kleinen Betrag.“

„Und eingezahlt? Damit sie nichts verlieren? Damit sie alle wissen, dass Bernard nur nachlässig gewesen ist? Dass er kein Dieb war?“

„Es ist alles in Ordnung", versicherte er ihr. „Es gibt nichts, worüber du dir Sorgen machen müsstest – jetzt."

„Bist du sicher, dass du nichts zurückhältst? Du würdest mich nicht täuschen?
Mehr gibt es nicht?"

Gibbon zögerte; er war kein Mann, der lügte; und da war noch etwas mehr. „Anscheinend hat er Schulden gemacht – Schulden, die Ihr Bruder von seinem Gehalt nicht bezahlen konnte."

"Ja?"

„Aber er hat sie bezahlt."

„Das hat er? Dann –?"

„Sehen Sie, Miss Deleah, sie möchten gerne wissen, woher er das Geld hat, mit dem er bezahlen kann."

Sie sah ihn eine Minute lang besorgt mit zusammengezogenen Brauen an, dann klärte sich ihr Gesicht und ein frohes Leuchten erschien in ihren Augen. „Warum, ich kann es ihnen sagen!" Sie sagte: „Ich habe ihm das Geld geschickt, um die Schulden zu begleichen."

„Es hat etwa fünfzig Pfund gekostet. *Du* hast es geschickt?"

„Oh, das Geld gehörte nicht mir. Es war das Geld von Sir Francis Forcus. Ich habe ihn darum gebeten. Sie können ihnen sagen, dass ich es geschickt habe, Mr. Gibbon; aber erzählen Sie ihnen nichts weiter. Sir Francis wünschte, es wäre ein Geheimnis zwischen ihm und ich."

"Oh!" Sagte Gibbon und schüttelte grob ihre Hand von seinem Arm.

„Du glaubst mir nicht?"

„Ich glaube dir schnell genug; oh ja."

„Warum bist du dann wütend?"

„Du könntest zu mir gekommen sein. Warum bist du nicht zu mir gekommen?"

„Oh, ich weiß es nicht", sagte Deleah. Die verschiedenen Gründe, die sie hätte nennen können, schien es einfacher, sie zurückzuhalten.

Er stürzte sich auf sie, seine Augen leuchteten. „Ich mag diese ‚ *Geheimnisse* ‘ zwischen einem Mann und einem Mädchen nicht ."

Deleah zog sich ein wenig beleidigt zurück. „Wenn Sie überhaupt wüssten, wie   Sir Francis ist, würden Sie so etwas nicht sagen, Mr. Gibbon."

"Wie ist er?"

„Unendlich – unendlich über allem, was nicht freundlich und großzügig –
und edel ist."

„Er ist genau wie jeder andere Mann, nur dass er mehr Geld hat."

Deleah legte ihre würdevolle Miene auf. „Ich danke dir, dass du mir alles über
meinen Bruder erzählt hast", sagte sie. „Ich bin so erleichtert, dass es nichts
Schlimmeres zu hören gab."

Er beobachtete sie, als sie über den düsteren kleinen Flur ging und den
anderen Raum betrat. Als sie ihren kleinen Kopf so balanciert auf seinem
langen, anmutigen Hals hielt, als die Ecken ihrer Lippen ganz leicht nach
unten gezogen waren, als das kleine, runde Kinn sich nach oben hob und die
wundervollen schwarzen Wimpern über ihre Wangen strichen, hatte er ein
wenig Angst vor ihr von einem Mädchen, das weniger als halb so alt war wie
er; ein Mädchen, das noch vor zwei Jahren ein Kind gewesen war, als er ins
Haus gekommen war. Ein Mädchen, dessen Lippen, soweit er es je gehört
hatte, noch nie ein unhöfliches Wort gesprochen hatte; ein Mädchen, das
Mitleid hatte, wenn es um das Ertrinken von Fliegen ging, und das seinen
Fuß vorsichtig von dem elenden Wurm abwandte. Aber er zitterte immer vor
ihr, sei es aus Liebe oder aus Angst.

Der Impuls, ihr zu sagen, dass der stolze Brauer nicht der einzige Mann war,
der dem elenden Bruder ihr zuliebe einen Dienst erwiesen hatte, überkam
ihn. Die wenigen Pfund, die er hingelegt hatte, damit er sie dort, in Bernards
Zimmer, finden konnte, waren für ihn unendlich mehr gewesen als die
fünfzig Pfund für Sir Francis Forcus. Und er war einer, der sein Geld besorgt
für das Ziel sparte, das er vor Augen hatte. Würde sie ihn „freundlich,
großzügig und edel" nennen, wenn er es ihr sagen würde? Er zweifelte mehr
als daran.

„Wir können unmöglich mit Bernard in der Uniform eines Privatsoldaten
herumlaufen", sagte Bessie gerade, als Deleah ins Wohnzimmer
zurückkehrte. „Wir sind heruntergekommen, Mama, das weiß ich, aber wir
sind nicht so tief heruntergekommen; und Bernard kann das nicht von uns
erwarten."

„Ich werde ihn abkaufen, wenn ich die Kleider von meinem Rücken
verkaufen muss", sagte Mrs. Day, ohne sich der Tatsache bewusst zu sein,
dass ihre Garderobe auf dem Markt vielleicht die Summe von dreißig
Schilling eingebracht hätte.

„Ich würde es nicht allzu eilig haben, Mama."

„Du denkst dir nichts über die Leiden deines armen Bruders Deleah. Mein
geliebter Sohn."

„Ich denke an ihn. Ich denke, er wird sehr wütend sein, wenn das sofort geschieht.
Du musst warten, bis er genug davon hat."

„Sobald der Laden geschlossen ist, werde ich zu Mr. Boult gehen und ihn bitten, mir zu helfen, ihn abzukaufen", beharrte Mrs. Day.

Sie erhob sich steif von ihrem Stuhl und stellte sich daneben, ihre Hand umklammerte die Rückenlehne und wartete darauf, dass sie die Kraft aufbringen würde, die Bürde des Geschäfts erneut auf sich zu nehmen. Ach, wenn sie nur Zeit zum Trauern hätte, wenn sie auf dem Sofa liegen und weinen könnte, wie Bessie es tat, was für ein Luxus wäre das gewesen!

In ihrer Abwesenheit musste die Assistentin eine Bestellung für ihren wichtigsten Kunden aufgeben. Er hatte den falschen Zucker und den falschen Tee in Pakete gepackt. Als er die Dose mit „Foy Grass" vom obersten Regal erreichte, hatte er eine Flasche Piccalilli umgeworfen und zerbrochen, wobei der Inhalt in der Kristallzuckerschublade auffing. Mrs. Day war sehr sanft zu ihm, der sogar jünger war als der arme Bernard.

Kapitel XVIII

Der gefährliche Dagobert

Mrs. Day blieb der Auftrag zu Mr. George Boult erspart, auf den sie sich eingelassen hatte, denn dieser Herr suchte die Witwe in ihrem Laden auf, bevor die Zeit zum Anbringen der Fensterläden erreicht war, nachdem er ein Gespräch mit seinem Mann aus Manchester geführt hatte.

Seit seiner Ernennung zum Richter war zu beobachten, dass sich im Aussehen und in der Kleidung des erfolgreichen Tuchmachers gewisse Veränderungen vollzogen hatten. Er bevorzugte jetzt eher die hellen Tweedanzüge der Landherren als die schwarzen, eleganten Handelsgewänder. Ein Deerstalker ersetzte den hohen Hut, an den sein Kopf gewöhnt war, und er trug ihn, wie es damals bei der jüngeren Generation üblich war, ganz leicht auf einer Seite. Sein kurzer Bart war spitz geschnitten, sein Schnurrbart war an den Enden nach oben gerichtet, an seinen Händen trug er Handschuhe aus gelbbraunem Leder. Im Großen und Ganzen präsentierte er nun eine Figur, die, wie er mit Befriedigung feststellen konnte, trotz der unangemessenen Wölbung des Bauches und der Kürze und Dicke des Halses seltsam verjüngt und recht aktuell wirkte.

„Das Geschäft ist heute nicht sehr lebhaft, Ma'am?" sagte er auf seine schnelle, harte Art und blickte sich in dem leeren Laden um.

Es ging um die Teezeit für alle. Eine lockere Stunde, erinnerte ihn Mrs. Day.

„Comans war voll, als ich vorbeikam", sagte er ihr. „Er hat einen Zucker für drei Ha'pence in seinem Schaufenster; ein großes Plakat, auf dem erstklassige Butter für elf Pence steht; auf einem anderen steht, dass für jede halbe Krone, die im Laden ausgegeben wird, ein Viertelpfund Tee verschenkt wird."

Mrs. Day seufzte verzweifelt. „Wir kommen mit ihm nicht klar", sagte sie. „Es nützt nichts, es zu versuchen."

„Was hast du dann vor? Glaubst du, dass Familien ihre Lebensmittel" (er sprach es immer „Lebensmittel" aus) „von dir kaufen werden, wenn sie es ein paar Läden weiter unten billiger kaufen können? Warum sollten sie, Ma?" bin, wenn ich darüber nachdenke?"

„Das werden sie natürlich nicht", stimmte Mrs. Day zu, „aber wir können genauso gut durch fehlende Gewohnheiten ruiniert werden, als dadurch, dass wir unsere Waren für weniger verkaufen, als wir dafür geben."

„Ich sage dir, was dich ruinieren wird", sagte er schroff. „Und das ist Mangel an Mut." Anscheinend bereitete ihm der Glaube Freude; er hat es mit so viel Begeisterung verkündet. „Im Geschäftsleben dürfen Sie kein Feigling sein,

Ma'am. Sie müssen sich für den Mann entscheiden, der Sie ‚unterbietet‘, sich ihm entgegenstellen und ihn aus eigener Münze bezahlen.“

Die arme Mrs. Day hörte ihn mit schwachem Geist und trüben Augen. Was kümmerte es sie, Coman gleich auf der Straße auszuzahlen! Ihr Herz war voller Bernard.

„Sehen Sie mal her, Ma'am. Schmücken Sie Ihr Fenster *neu*. Wo ist Ihr junger Mann? Wo ist Pretty?“ Pretty, die George Boult von ganzem Herzen verabscheute, erschien widerwillig. „Sehen Sie, junger Mann. Heute Abend, wenn Sie die Fensterläden geschlossen haben, räumen Sie die Hälfte Ihres Fensters aus. Füllen Sie es mit dem besten Zucker, den Sie haben. Legen Sie eine Karte darauf – eine, auf der Sie schreien werden: Sie sind so lang, sehen Sie, und schwarz – unser Drei-Ha-Penny-Vergleich. Nur das. Sehen Sie, gnädige Frau, stecken Sie einen halben Penny oder einen Penny pro Pfund auf Ihre anderen Waren, verstanden?

Mrs. Day gab leicht zu, dass sie es verstanden hatte.

„Oh, diese Dinge sind leicht zu handhaben, verstehen Sie sie. Ich habe nichts gegen diese Unterbietung seitens Comans. Ein kleiner Handelskonflikt weckt das Interesse, erregt uns alle, Kunden und Verkäufer. Das tun wir.“ Wir sind zu sehr geneigt, in Brockenham einzuschlafen, Mrs. Day.

Dann ging er ohne Pause und ohne Veränderung des Tons zu dem Thema über, das ihr so am Herzen lag. „Ich bin hergekommen, um mit Ihnen über Ihren Jungen zu sprechen, Ma'am. Er hat sich mir gegenüber mit äußerster Undankbarkeit verhalten – aber das brauchen wir nicht zu erwähnen, das spielt keine Rolle, obwohl ich sagen muss: wenn man bedenkt, was ich für euch alle getan habe –“

Mrs. Day warf Mr. Pretty einen Blick zu, spitzte die Ohren und entließ ihn mit seiner Aufgabe, im Keller Kaffee zu mahlen.

„Herr Boult, wenn Sie mich verschonen würden!“ sie flehte mit einer erbärmlichen Art von Würde. „Wir haben Ihnen viel zu verdanken, das weiß ich; keiner von uns ist undankbar. Aber ich bitte Sie, so rücksichtsvoll zu sein, dass Sie mir Beschwerden über meinen Sohn ersparen.“

„Ich vergesse nicht, dass Sie seine Mutter sind, Ma'am. Ich vergesse es keinen Moment.
Ansonsten –“

„Was Bernard getan hat, bereitet mir den größten Kummer – Kummer, den ich nicht wirklich ertragen kann. Ich wollte Sie besuchen, Mr. Boult. Ich kam, um Sie zu bitten – um Sie zu betteln –“

Er hob seine eckige Hand, gekleidet in den neuen orangefarbenen Handschuh, um sie zum Schweigen zu bringen. „Frag nicht danach", sagte er. „Ich weiß, was du von mir willst. Gibbon hat mich darauf vorbereitet. Du willst, dass ich diesen rücksichtslosen Sohn freikaufe. Kein Penny meines Geldes soll dafür verwendet werden. Kein Penny!"

Er ließ die Hand geschickt auf die Theke sinken, um die Worte zu betonen. Mrs. Day blickte ihn mit traurigen Augen an und sagte nichts.

„Der Junge hat sich wie ein schlecht konditionierter, unwissender Junge benommen – na ja! Ich werde dich verschonen. Wir wissen, wie er sich benommen hat. Lass ihn dafür bezahlen. Er wird krank werden, daran zweifle ich nicht. Diene ihm recht." . Diene ihm gut, richtig."

„Aber, Mr. Boult – er ist mein Sohn."

„Welchen Unterschied macht das, meine liebe Dame? Jeder ungezogene Junge ist der Sohn einer Mutter."

„Wenn Bernard noch eine Chance hätte!"

„Er hat es drauf. Indem du ihn auskaufst, versuchst du, ihm seine Chance zu nehmen. Der Junge wurde zu sanft erzogen. Gib ihm Härten; das ist die beste Medizin für ihn."

„Denken Sie an die erzwungene Kameradschaft mit denen, mit denen er Umgang haben muss!"

„Als er sich seine Gefährten aussuchen konnte, entschied er sich für die schlechtesten, die er finden konnte. Er gehört jetzt zu einer raueren Truppe, aber für ihn ist er eine weitaus bessere."

Die Tränen liefen über Mrs. Days Wangen. Sie wischte sie verstohlen mit der Hand weg, aber er sah sie. Ich sah sie und ärgerte mich über sie mit dem ungeduldigen Gefühl der Verletzung, das die Tränen einer Frau in dieser Art von Mann hervorrufen. Er drehte ihr den Rücken zu und fing an, an den Zitronen herumzufingern, die in einer Schachtel auf der anderen Theke ausgestellt waren.

„Denken Sie darüber nach, was ich gesagt habe, Ma'am. Weisheiten, die Sie gehört haben, und jedes einzelne davon zu Ihrem Besten. Und sorgen Sie dafür, dass Ihr junger Mann meinen Vorschlag für das Fenster morgen umsetzt, ja? „Miss Bessie oben?"

Mrs. Day blickte unter Tränen auf die Straße und sagte, sie glaube, ihre Tochter sei im Wohnzimmer.

„Dann werde ich einfach rauflaufen und Miss Bessie meinen Respekt erweisen."

In letzter Zeit hatte er es sich zur Gewohnheit gemacht, nach jedem Geschäftsgespräch im Laden dorthin zu gehen, um ihm seine Aufwartung zu machen. Bessie gab vor, die Vorliebe für ihre Gesellschaft als Anmaßung von George Boults Seite zu betrachten.

„Ein Mann so alt wie mein eigener Vater!" sagte sie oft zu Emily, mit der sie viele Vertraulichkeiten hatte.

„Ein Grund mehr für ihn, dich zu faszinieren", erklärte Emily.

Wie diese ungünstige, mehr als mittelalte Jungfer zu einer Autorität in Herzensangelegenheiten wurde, wäre ihr schwer zu erklären gewesen; Aber sie hatte immer eine Meinung zu solchen Angelegenheiten vorzubringen, und sie äußerte sie mit einer Gewichtigkeit und einer Endgültigkeit, die sie endgültig machte.

„Erst wenn die Zeit vorbei ist, in der die Weibchen wahrscheinlich einen Blick auf sie werfen, werden sie gefährlich – so wahnsinnig werden sie dann von Liebe überwältigt", behauptete sie.

„Ich glaube nicht, dass der alte Dagobert jemals gefährlich sein wird", widersprach Bessie bedauernd. Sie war sehr interessiert. „Was meinst du mit ‚gefährlich', Emily?"

Emily wollte nicht ins Detail gehen. Sie nickte klug. „Pass auf!" sie beriet. „Und denken Sie daran, Miss Bessie, ich bin immer da, wenn er in der Nähe ist."

Die Vorstellung, dass der ältere Tuchhändler plötzlich ausgelassen werden könnte, verlieh dem *Tête-à-Tête immer eine Würze* , die ihm sonst vielleicht gefehlt hätte. Um ehrlich zu sein, war sie ein wenig enttäuscht, als sie feststellte, dass er nach jedem Besuch nicht beunruhigender war als zuvor. Sie versuchte sogar, ihn dazu zu bringen, das „gefährliche" Symptom zur Schau zu stellen, indem sie ihn mit der Launenhaftigkeit und Verachtung behandelte, die sie ohne Emilys wiederholte Versicherung nicht zu zeigen wagte, sie könne mit ihm spielen, wie sie wollte, und er würde niemals Anstoß nehmen. Die Mutter Deleah und sogar die kleine Franky mussten auf ihre „Ps und Qs" mit dem Mann achten, der, wie er es selbst ausgedrückt hatte, „hinter ihnen stand". Bessie saß in einem anderen Flugzeug, sagte sie sich, und konnte tun und lassen, was sie wollte.

„Ich habe deine Mutter wegen deines schlechten Bruders schikaniert", sagte er. „Ich dachte, es wäre besser, ein oder zwei Worte zu diesem Thema zu dir zu sagen."

„Danke, Herr Boult. Sie haben vergessen, Ihren Hut abzunehmen."

Er nahm es widerwillig ab, weil es seinen kahlen Scheitel verdeckte, und setzte sich, ohne dazu aufgefordert zu werden, ihr gegenüber auf den Stuhl.

Jeder Mann trägt sein Ideal davon, wie eine Frau aussehen sollte, mit sich herum, obwohl er es wahrscheinlich viele Male ändert, bevor er das Alter erreicht, das nach Emilys Meinung für einen Liebhaber gefährlich ist. Im reifen Alter von fünfundfünfzig Jahren wurde George Boults Ideal zufällig von Bessie Day verwirklicht. Sie war hellhäutig und sehr rundlich. Ihre Taille war außerordentlich schmal, wie es dem damaligen Geschmack entsprach, aber ihre Hüften und ihre Brust waren groß; Es wurde versprochen, dass es später ein Doppelkinn geben würde. Die Halskette der Venus zeigte sich verführerisch an ihrem vollen, jungen Hals, und in den Knöcheln ihrer kleinen weißen Hände befanden sich Grübchen.

„Verbringen Sie so Ihre Tage?" fragte George Boult sie und zeigte auf das Buch, das sie immer noch in ihren Händen hielt.

„Lesen? Ein Teil meines Tages. Auch eine sehr gute Möglichkeit, ihn zu verbringen. Finden Sie nicht auch?"

„Ich nenne es einen sündigen Weg. Eine sündige Zeitverschwendung."

„Oh, Mr. Boult! Aber es sind nur dumme, unkultivierte Leute, die nicht lesen."

„Ich lese jeden Tag meine Zeitung", sagte er, als hätte sie ihn beschuldigt. „Das ist alles, wofür Geschäftsleute Zeit haben."

„Dann bin ich so froh, dass ich kein Geschäftsmann bin."

„Das werden Sie nie sein! Einer der Müßiggänger auf der Erde, Miss Bessie. Diejenigen, die nicht schuften und auch nicht spinnen."

„Ein Maiglöckchen", erinnerte ihn Bessie.

„Ich habe dir schon einmal gesagt, dass eine schöne, gesunde junge Frau wie du kein Recht hat, müßig am Feuer zu sitzen."

„Was schlagen Sie vor, was ich tun sollte?"

„Geh runter und warte im Laden. Warum nicht? Wenn du das tun würdest, könnte deine Mutter Pretty loswerden."

Bessie drehte sich mit vor Wut gerötetem Gesicht zu ihm um: „Ich werde nie im Laden warten", sagte sie. „Ich hasse den Laden. Ich hasse alle Geschäfte, außer um dort Geld auszugeben."

„Ah, das würdest du tun, daran bezweifle ich nicht", sagte er mit einer gewissen Bitterkeit. Er verurteilte das dicke, faule Mädchen aufs Schärfste. Er hätte sie gerne auf den Knien gesehen, wie sie die Bretter schrubbte. Er hätte die Gelegenheit genossen, sie für ihre Frivolität, ihre Unverschämtheit und ihren Unsinn zu bestrafen, die ihn dennoch auf unerklärliche Weise anzogen. Er sah sie wütend an und Bessie beobachtete ihn. Vielleicht würde er den „gefährlichen" Vorfall endlich in seinem Leben beweisen.

„Da Sie jetzt alle so weitermachen, fürchte ich, dass Sie nicht viel Geld zum Ausgeben haben werden", begnügte er sich mit der Aussage; und dann begann er mit dem anderen Thema. „Und was ist mit diesem elenden Jungen?"

„Ich werde Ihnen danken, dass Sie ihn für mich nicht einen elenden Jungen nennen, Mr. Boult."

„Was ist er sonst noch? Er ist ein elender Junge."

"Er ist mein Bruder."

„Ja, ja!" sagte Herr Boult, der seiner Verachtung keinen Ausdruck verleihen konnte. „Mehr ist das Mitleid für dich! Deine Mutter macht sich Gedanken darüber, den jungen Arsch abzukaufen. Ich habe ihr gesagt, dass ich ihr für so einen Zweck keinen Heller geben würde."

„Hat sie dich um einen Heller gebeten?"

„Alles, was ich jemals für Meister Bernard zu tun gedenke, habe ich getan. Ich gebe Ihnen allen Bescheid. Wenn Sie sich dazu entschließen, ihn hierher nach Hause zu bringen, um herumzuhängen und Sie Frauen aus dem Haus zu jagen, erwarten Sie nicht, dass ich Ihnen helfe Du."

„Mr. Boult, wir haben Pech, aber wir sind nicht ganz ohne Freunde."

„Ich freue mich, das zu hören. Es ist eine Neuigkeit."

„Lassen Sie mich Ihnen sagen, dass es noch andere gibt –"

„Schade, dass sie sich nicht früher gemeldet haben!"

In seiner Seele glaubte er, dass keine Familie jemals einen solchen Führer, Philosophen und Freund gehabt hatte wie er für sie. Er hätte der Idee, dass er die Ehre teilen musste, sich mit ihnen angefreundet zu haben, überhaupt nicht zugetraut.

„Wenn Sie einen anderen Freund wie mich im Ärmel haben, bringen Sie ihn am besten nach vorne und lassen Sie ihn etwas mehr Geld in das Geschäft stecken. Das ist es, was wir brauchen, Miss Bessie."

Er stand von seinem Stuhl auf und trat einen Schritt auf sie zu: „Wer sind dann diese mächtigen Freunde? Raus mit ihnen."

„Angenommen, ich sage es dir nicht?"

„Ich gehe davon aus, dass Sie Ihre Gründe haben. Ich wünsche Ihnen einen guten   Tag, Miss Bessie." Er streckte ihr die Hand entgegen.

"Wofür ist das?" fragte Bessie und blickte mit verächtlicher Neugier auf das gelbe Hundefell. „Sie sollten einer Dame nicht die Hand schütteln, wenn Sie einen Handschuh tragen, Mr. Boult."

Daraufhin zog er die Hand zurück, setzte seinen Hut auf und ging weg.

„Guten Tag, Mr. Boult."

„Yah! Yah!" Herr Boult antwortete vom Treppenabsatz aus.

Und als er die dunkle Treppe hinunterging und durch die Privattür hinausging, sagte er sich ein paar Worte, die das Gegenteil von „Schmeichelhaft für Miss Bessie" waren.

KAPITEL XIX

Wenn die Schönheit ruft

„Oh, Reggie!" Sagte Deleah in einem Ton höchster Verärgerung.

Sie betrachtete den jungen Mann, der ihr entgegenkam – seine eher schicke, aber durchaus hübsche Gestalt, die im neuesten und besten Schnitt von Mantel, Weste und Hut erstrahlte, die neueste Krawatte um seinen Hals und die seilartigste Anordnung einer Goldkette, die um seinen Körper geschlungen war – mit einem strengen Ausdruck der Missbilligung im Gesicht.

„Was machst du denn hier?" sie verlangte von ihm, als er sich umdrehte und an ihrer Seite ging. „Ist das nicht zu schade von dir, Reggie! Ich habe dir erzählt, dass Miss Chaplin davon gehört hat, dass du für mich ‚herumgehangen' hast, wie sie es nannte, und dass ich versprochen habe, dass es nicht noch einmal passieren würde. Ich bin schon länger dort Weg nach Hause, durch weit weniger angenehme Straßen, um dir zu entkommen – und doch bist du hier und lauerst mir erneut auf.

„Sei mir nicht böse, Liebes, ich kann nicht anders", flehte der junge Mann.

„Kann nicht anders!" wiederholte sie leise verächtlich. „Du wirst dafür sorgen, dass ich von der Schule entlassen werde. Das wird unser nächstes Unglück sein."

„Ich wünschte, die alte Frau würde dich entlassen. Ich wünschte, sie würde dich rauswerfen, damit du keinen Penny mehr hättest, außer dem, was ich dir geben könnte, oder irgendwo anders hingehen könntest, außer zu mir zu kommen."

„Wie oft habe ich dich gebeten, so etwas nicht zu sagen?"

„Aber, lassen Sie es einfach sein, warum sollte ich das nicht tun? Ein Mann in meinem Alter weiß wohl, was er will –?"

„Vor einem Jahr dachten Sie, Sie wüssten es, als die ganze Stadt von Ihnen und Harriet Hart sprach. Sie dachten, Sie wüssten es vor zwei Jahren – oder war es schon drei Jahre davor? – als Sie sagten, Sie seien in Bessie verliebt."

„Dummes Paket, Deleah! Sie erzählen dir alles, meine Liebe. Glaub es nicht. Ich war in meinem ganzen Leben noch nie verliebt – nicht bis über beide Ohren, wie ich es jetzt bin. Du kannst es glauben." Es."

„Ich möchte es nicht glauben. Lass es uns vergessen. Tu es, Reggie!"

„Nein, lass es uns rausreden. Du weißt, was ich meine. Ich meine, ich möchte, dass du mich heiratest, Liebes."

"Unsinn!"

„Ich kann dir sagen, dass da kein Unsinn ist. Es ist absoluter Ernst. Und ich sage dir noch etwas, Deleah, seit du Bessie mit hineingezogen hast: dass du keinen Grund hast, eifersüchtig auf sie zu sein –“

„Eifersüchtig! Wirklich, Reggie! Oh, was für ein eingebildeter junger Mann!“

„Warte einen Moment. Darauf komme ich gleich zurück. Ich sage dir, selbst als ich vor Jahren in Bessie verliebt schien, habe ich immer an dich gedacht. Ich dachte immer, du wärst das hübscheste kleine Mädchen, das ich je hatte Ich habe immer gedacht, was für eine Schönheit du bist. Unter den Mädchen, die ich gesehen habe, gibt es niemanden, der dich berührt. Liebes. Ich meine es ernst.

„Aber wenn du es tust – ich bin dir sehr dankbar – aber es macht keinen Unterschied,
Reggie.“

„Und was meine Eingebildetheit betrifft – Sie deuten immer an, dass ich eingebildet bin –, ich bin nicht eingebildeter als jeder junge Mann an meiner Stelle, und viele Mädchen versuchen, ihn zu erwischen – Ah, da haben Sie es! Spring mich nicht an, Deleah. Viele Mädchen wollen heiraten, und ich habe Geld, und ich habe einen Namen …“

„Auf den Karren der Brauer. ‚Forcus and Sons; Brewers.‘“

„Es ist ein Name, für den ich mich nicht schäme, und einer, der auf jeden Fall ziemlich bekannt ist!“

„Und mein Name, oder der Name meiner Mutter, steht über einer Ladentür, ‚Lizenz zum Verkauf von Tabak und Schnupftabak‘; und es ist ein Name, auf den wir nicht stolz sein können, Reggie.“

„Aber ich werde es ertragen, Deleah. Ich habe mich entschieden und werde es durchziehen. Der Name würde nicht mehr dir gehören, Liebes, wenn du meinen genommen hättest; und so für den Lebensmittelladen –“

„Warum, hier ist es!“ sagte Deleah. „Und so auf Wiedersehen, Reggie.“

„Ich bin mit dir reingekommen.“

„Das kannst du nicht, es sei denn, ich frage dich.“

„Und du wirst es nicht tun? Du bist nicht sehr höflich oder freundlich zu mir, Deleah, mein Wort!“

„In der Tat, ich bin sehr, sehr nett, Reggie. Und das wirst du sagen, wenn du klüger bist. Und so, auf Wiedersehen. Lauf weg und werde klüger, Reggie.“

„Deleah, es muss etwas für Bernard getan werden“, sagte Mrs. Day mit verzweifelter Stimme. Sie hatte das Mädchen in ihr Schlafzimmer gerufen, um abseits der aufgeregten Bessie eine Besprechung abzuhalten. „Etwas, das ich für meinen armen Jungen tun muss, sonst habe ich das Gefühl, dass ich den Verstand verliere. Du musst mir helfen, etwas zu tun, Deleah. Schau dir das an.“

Aus ihrer Tasche zog sie einen Brief hervor, den der unglückliche Sohn am Morgen erhalten hatte. Deleah las es mit einer schmerzhaften Mischung aus Mitleid und Verachtung.

Es war in der Tat ein schmerzlicher Brief für jede Mutter; und Mrs. Day war zu lange vom Brot des Elends genährt worden.

„Sehen Sie, er fleht mich an, etwas zu tun – ihn abzukaufen.“

„Ja. Ich finde seinen Brief erbärmlich.“

„Tu es nicht, Liebes! Deine Schuldzuweisungen machen es für mich noch schlimmer,   nicht   besser.
Irgendwie muss das getan werden – *irgendwie* , wenn ich Frieden finden und weitermachen   will
. Deleah, Reggie Forcus würde es tun.“ Bitten Sie Reggie Forcus, dies zu tun.

„Oh, Mama! Nein!“

„Mein Konto bei der Bank ist überzogen. Ich wage nicht, einen weiteren Betrag zu verlangen. Was würden ihm diese paar Pfund bedeuten? Er gibt genauso viel für ein Abendessen für ein paar Männer im Royal aus.“

„Ich kann ihn nicht fragen. Siehst du nicht, dass ich es nicht tun darf?“

„Ich verstehe, was du meinst. Aber oh, Deleah, wir scheinen den Dingen auf den Grund gegangen zu sein. Was sind für uns im Grunde all diese Regeln und Feinheiten, die glücklichere Menschen beachten? Siehst du, was mein Junge sagt? Er ist „in der Hölle“. Er sagt es mit so vielen Worten. Mein Junge!

Damit warf Mrs. Day ihre Arme auf den Tisch, an dem sie saß, und ihren Kopf auf ihre Arme, und brach in bitteres Weinen aus: „Mein Junge! Mein Junge! Mein armer, lieber, kostbarer Bernard!“ sie schluchzte verzweifelt.

Der Anblick ließ Deleah fast verzweifeln: „Ich kann nicht tun, was du verlangst. Ich kann Reggie unmöglich fragen. Aber – da ist noch eine andere Person –“

Dort blieb sie stehen und sagte sich: „Das dritte Mal. Das dritte Mal! Ich kann ihn nicht beim dritten Mal um Geld bitten!“

„Bernard! Mein Bernard!“ rief die Mutter, ihr Gesicht auf ihren Armen verborgen.

„Mama, bitte weine nicht so schrecklich – du brichst mir das Herz. Ich kann nicht tun, was du verlangst, aber ich werde tun, was ich kann", versprach Deleah.

KAPITEL XX

Sir Francis ruft an

Der Brief, in dem Deleah in ihrer sorgfältigsten Handschrift und in formaler Sprache ihr Gebet zum Ausdruck brachte, dass Sir Francis Forcus, der ihrer Familie bereits so großzügige Güte erwiesen hatte, um ihrer Mutter willen ihren Bruder Bernard freikaufen möge; er, der Mr. George Boults Laden in Ingleby verlassen hatte und sich nun in diesem und jenem Regiment eingeschrieben hatte, wurde in seinem Privathaus, The Court, Cashelthorpe, an diesen Herrn gerichtet.

Während er sein Frühstück aß, las er unter anderem den Brief, zuckte mit den Schultern, schnaubte ungeduldig und legte ihn auf einen kleinen Stapel derjenigen, die beantwortet werden mussten.

Bevor er sich auf den Weg in die Stadt machte, nahm er es heraus und las es noch einmal. Dann stand er auf, den Brief immer noch in der Hand, und gab seinen Gefühlen zu diesem Thema Luft, um seine Schwester aufzuklären.

„Sie haben mir wieder dieses hübsche Kind anvertraut", sagte er. „Das ist von dem kleinen Day-Girl, in das du dich letztes Jahr in den Versammlungsräumen verliebt hast, Ada." Er warf ihr den Brief in den Schoß.

„Das süße, hübsche kleine Ding beim Konzert?" Sie las den Brief. „Was sollst du tun?" Sie fragte.

"Abfall."

„Oh, Francis! Warum?"

„Weil der Junge ein Taugenichts ist. Ich habe schon einmal von ihm gehört. Er ist dort am sichersten, wo er ist."

„Sie wird es so unfreundlich finden, armes Kind."

„Es lässt sich nicht ändern."

„Würde es viel kosten, ihn freizukaufen?"

„Es ist nicht das Geld."

"Das Prinzip?"

„Nein. Noch nicht ganz das Prinzip."

„Es wäre nett und gutmütig, zu tun, was das arme kleine Ding verlangt."

„Ja. Aber um gutmütig zu wirken, werde ich mich nicht zum Werkzeug machen lassen."

„Du schreibst dann einfach zurück, dass du es nicht tun wirst?" Sie lachte ein wenig und sah zu ihm herüber, als er aufstand, groß und ernst und gutaussehend, mit dem Rücken zum Feuer. „Das zu tun wird Sie mehr kosten, als nur das Geld beizulegen."

„Das ist nicht die Frage, Ada. Ich werde schreiben, oder" – er hielt einen Moment inne und presste die Lippen zusammen, wie es seine Gewohnheit war, wenn er sich für einen Weg entschied, der ihm nicht ganz gefiel – „ich werde gehen und „Sehen Sie sie", endete er.

„Das wird freundlicher sein", sagte die Schwester. Freundlichkeit war die Religion von Ada Forcus; Es ist möglich, dass sie sich nicht zu einem besseren oder einem der Menschheit eher nützendem Namen hätte äußern können.

„Sie wohnen im Laden, nehme ich an?" er hat gefragt.

„Über dem Laden, die armen Dinger. Die arme Mrs. Day tut mir so leid."

„Du kümmerst dich um sie, nicht wahr? Du tust, was du kannst?"

„Ich sage ihnen, sie sollen jede Woche *ein paar Dinge dorthin bringen.*"

„Und das tun sie?"

„Sie wissen, wie schwierig Dienstboten sind. Frau Twiss beschwert sich darüber.
Sie trinken den Tee nicht in der Küche; die Johannisbeeren sind nicht so gut. Die Streichhölzer bekommt sie immer dort und das Schwärzen. Alles andere, Frau Twiss." findet bei Wolsey so viel Besseres –"

„Und Wolsey gibt ihr zweifellos einen Prozentsatz auf ihre Bestellung. Allerdings …"

Sir Francis verwirklichte seine Absicht, Deleah am Nachmittag desselben Tages wegen des Themas ihres Briefes aufzusuchen.

Miss Deleah sei noch nicht von der Schule nach Hause gekommen, teilte Emily ihm mit, als sie die Tür öffnete. Sie würde höchstwahrscheinlich nicht viele Minuten brauchen. Würde er hineingehen und warten?

Der Herr stimmte zu und wurde die steile Treppe hinauf und über den dunklen Treppenabsatz geführt. Emily brauchte ihn nicht nach seinem Namen zu fragen – wahrscheinlich gab es in Brockenham niemanden, der den reichen Brauer nicht vom Sehen kannte. Mit einem Gefühl stolzer Zufriedenheit öffnete der alte Diener die Wohnzimmertür und verkündete mit tönendem Triumph: „Sir Francis Forcus."

Als er aus der Düsternis von Flur, Treppenhaus und Treppenabsatz hervortrat, waren seine Augen fast geblendet von der unerwarteten Helligkeit und Freundlichkeit des langen Raumes, der am Straßenende durch die drei tiefliegenden Fenster erhellt wurde. Überall gab es Hinweise auf die Besetzung durch gebildete Frauen. Die Straße unten war heiß und schmutzig und staubig, aber der Raum mit seinen schattigen, weit geöffneten Fenstern war kühl. In einem davon sang Deleahs Vogel, und die blühenden Pflanzen auf den breiten Sitzen darunter waren zur Seite geschoben worden, um Platz für Deleahs kleinen Stapel Bücher zu schaffen. Bessies Arbeitskasten lag offen auf dem Tisch. An den getäfelten und bemalten Wänden hingen ein oder zwei Bilder ohne kommerziellen Wert, aber zusammen mit den soliden, schönen Möbeln aus der Blütezeit der Familie.

Neben der Arbeitskiste aus Rosenholz mit ihrem überquellenden Inhalt aus Musselin und Bändern, die für die Zubereitung einer Nachmittagsschürze verwendet werden sollte, mit der sie beschäftigt war, saß Miss Day. Ganz in der Nähe stand ihr Begleiter, die Hände auf dem hochgezogenen Fensterrahmen von Deleahs besonderem Fenster, und beugte sich vor, um auf die Straße zu blicken. Erst als Bessie vortrat, um den unerwarteten, verblüffenden Besucher zu begrüßen, erkannte Sir Francis, als er sich zu dem anderen Bewohner des Zimmers umdrehte, seinen Bruder.

Welche Überraschung er auch empfunden haben mag, er ließ sich nicht anmerken.

„Hallo!" Sagte Reggie, drehte sich um und sah ein wenig albern aus. Er hob einen Finger an sein blondes, glattes Haar und grüßte gespielt respektvoll.

"Oh, du bist es!" Sagte Sir Francis und schenkte dem jungen Bruder keine weitere Aufmerksamkeit.

Das genaue Gegenteil im Verhalten des allseits beliebten Reggie mit seinen lockeren Manieren und seiner stets guten Laune war Sir Francis, kühl, zurückhaltend, wortkarg und in unkongenialer Gesellschaft, um die Wahrheit zu sagen, unbesiegbar schüchtern, ein schwieriger Person, mit der man reden kann. Er sagte ein paar verhaltene Worte zu Bessie, mit deren Anwesenheit am Tatort er ebenso wenig gerechnet hatte wie mit der seines Bruders; und Bessie, die tapfer darum kämpfte, sich bei ihm wohlzufühlen, was ihr jedoch völlig scheiterte, antwortete ihnen entsprechend ihrer Art.

„Sehr warm heute."

Bessie hatte Angst, dass er es in dieser stickigen, stickigen Straße so spürte.

„Aber du bist hier herrlich im Schatten."

Bessie, die ihren Rücken aufrichtete und ihre lebhaften Lippen schmollte, erzählte, wie das Wetter sie nach einem Garten, einem Fluss und wehenden Bäumen oder dem Meeresufer sehnte.

„Oder irgendetwas, das Sie nicht bekommen können", bemerkte Sir Francis zu sich selbst und blickte voller Abscheu auf das dicke, törichte, rosa-weiße Gesicht der jungen Frau, mit der er beim Geschlechtsverkehr verwickelt war. „Du hast ein paar Rosen, wie ich sehe", sagte er laut.

„Sie werden mir geschickt", lächelte eine bewusste Bessie. Sie hielt sich nicht für eine Lüge. Was an Deleah geschickt wurde, war, wie sie sich weiterhin einredete, für sie bestimmt.

„Ich weiß, wessen Geld dafür verwendet wird", rief Sir Francis innerlich. Er warf einen Blick auf seinen Bruder und ließ seinen dummen Kopf wieder aus dem Fenster hängen. „Ich bin schließlich froh, dass ich gekommen bin. Ich werde dem ein Ende setzen", beschloss er.

„Ihre Gärten in Cashelthorpe müssen jetzt bezaubernd sein, Sir Francis."

Sir Francis gab ohne Emotionen zu, dass sie charmant waren.

„Deshalb verlässt du sie und fährst nächste Woche nach Schottland", vermutete Reggie und zog seinen Kopf aus dem Fenster.

„Es muss herrlich sein zu reisen", schwärmte Bessie und griff das Thema auf. Sie verlangte von ihm ein Programm, unterbrochen von ihrem „Herrlich! Herrlich!" der Orte, die er besuchen wollte.

Und so führten sie ein paar Minuten lang, während Bessie mit all ihrem schwachen Verstand darum kämpfte, ein quälend schleppendes Gespräch weiter. Und die ganze Zeit über lieferte das arme Mädchen verzweifelt unwahrscheinliche und unmögliche Gründe, sich die verwirrende Tatsache seines Besuchs zu erklären; Sir Francis fragte sich die ganze Zeit, wie schnell er ohne Unhöflichkeit entkommen könnte; Während Reggie auf die Gestalt von Deleah wartete, die die Straße herunterkam, murmelte er die ganze Zeit vor sich hin: „Er ist mir wieder auf der Spur, häng ihn auf!"

Am Ende der schwierigen zehn Minuten erhob sich Sir Francis: „Kommt mir in den Weg?" er erkundigte sich bei Reggie.

„Nicht nur in dieser Minute, alter Mann", sagte Reggie, die es besser wusste.

„Pass auf, dass du nicht die Treppe hinunterfällst", rief er seinem scheidenden Bruder nach.

Sir Francis, der mit steinernem Blick in seine Richtung blickte, würdigte ihn nicht für die nicht ganz unnötige Vorsicht. Emily erwartete ihn in der kleinen Halle am Fuß der Treppe und hatte die Außentür geöffnet, um dem vornehmen Besucher Licht auf den Weg zu machen.

„Miss Deleah sollte inzwischen da sein, Sir", sagte sie, als er ohnmächtig wurde. Gerne hätte sie ganz Brockenham dazu gebracht, ihn aus dieser Tür herauskommen zu sehen, und doch hätte sie ihn gern für Deleah dort behalten.

„Es hat keine Konsequenz, ich werde schreiben", sagte er und ging mit einem Gefühl der Flucht.

"Also!" Bessie atmete, als sich die Tür vor dem Besucher schloss. „War das nicht außergewöhnlich! Was zum Teufel –?"

Ihre Gefühle erlaubten es ihr nicht, den Satz zu beenden. Sie blickte Reggie mit offenen Augen und offenem Mund an, während die Aufregung, in die der Besuch sie versetzt hatte, immer noch sichtbar in ihrem ganzen Körper zu spüren war.

„Oh, der liebe alte Junge ist gekommen, um auf mich aufzupassen", erklärte Reggie ruhig und gleichgültig. „Ich werde es jetzt heiß machen."

"Aber *warum* ?"

„Es wird ihm nicht gefallen, dass ich hier zu Hause bin, wissen Sie", gab der naive Junge zu.

„Aber Reggie, du bist doch dein eigener Herr, nicht wahr?"

Reggie sagte, dass es ihm gut gehe, und lehnte seinen Kopf aus dem Fenster, um erneut nach Deleah zu suchen. Er wusste sehr gut, warum sie so lange auf sich warten ließ, sie hatte sich so sehr Mühe gegeben, um seiner Aufmerksamkeit zu entgehen. Es war nicht sehr schmeichelhaft für seine *eigene Liebe* , aber es reizte ihn in seiner trägen, verwöhnten Gewohnheit. Bessie wäre ihm in die Arme gelaufen, das wusste er genau, nicht weg von ihnen, und das Gleiche galt für drei oder vier andere hübsche Mädchen. Aber er wollte weder Bessie noch die anderen. Er wollte Deleah. Und – Bessie war genau dort – er war sein eigener Herr.

Als Sir Francis wegging, schmiedete er Pläne, um die Entschlüsse, seine Angelegenheiten selbst zu regeln, zunichte zu machen, die Reggie im Fenster über ihm schmiedete. Er hatte die dumme Neigung des jungen Mannes in diese Richtung schon einmal ganz leicht abgewehrt. Es könnte jetzt schwieriger sein, aber er würde keine Mühen scheuen, es wieder effektiv zu machen. Er war von der jungen Frau, die er gerade verlassen hatte, nicht gerade positiv beeindruckt; ihre rundliche Schönheit hatte ihm nicht gefallen; noch die malvenfarbenen Bänder, die über ihren Rücken liefen. Ihre Familiengeschichte war nicht nur unerwünscht, sie war auch verrufen.

Als er also mit seiner sonst so gelassenen Miene durch die Straßen seiner Heimatstadt spazierte, vielleicht der bekanntesten und imposantesten Gestalt, aber in einer aufgewühlten und empörten Stimmung, vergaß er alles über Deleah Day und seinen Auftrag an sie, bis er sie sah Kommen Sie und eilen Sie über den Bürgersteig in seine Richtung.

Von allen Menschen auf der Welt wünschte sie sich am wenigsten, Sir Francis Forcus zu treffen, bis er den Brief beantwortet hatte, dessen Schreiben sie so viel gekostet hatte. Würde er sie an sich vorbeilassen? Sie verdoppelte ihr Tempo, machte eine schüchterne kleine Verbeugung und versuchte vorbeizueilen, doch mit einem entschuldigenden Wort hielt er sie auf.

„Ich habe Ihren Brief bekommen, Miss Day", sagte er; und als er sie dann ansah, ihre Jugend, ihre Schönheit, ihre Hilflosigkeit, die schrumpfende Anmut ihrer Figur, die Angst vor ihm, die sich in ihrem gesenkten Kopf und ihrem abgewandten Blick ausdrückte, verließ das Herz des reichen Mannes ihn; Er stellte fest, dass er ihr nicht sagen konnte, dass er ihrer Bitte nicht nachkommen würde. „Ich wollte dir sagen, dass ich tun werde, was du verlangst", stellte er fest, dass er die feste Ablehnung, die er beabsichtigt hatte, lahm ersetzte. „Aber gleichzeitig werden Sie mir verzeihen, wenn ich sage, dass Sie sich irren."

„Du meinst, Mama sollte Reggie nicht auskaufen?"

„Ich bin mir sicher, dass sie viel klüger wäre, wenn sie das nicht tun würde."

„Dann werde ich Mama sagen, was du sagst. Andere Leute haben es ihr gesagt; aber wenn du von dir berichtest, könnte es mehr Gewicht haben." Er erkannte , dass Deleah auf ihre unschuldige Art eine Schmeichlerin war; aber sie schwärmte nicht wie Bessie. Dafür dankte er seinen Glückssternen.

Sie stand vor ihm und sehnte sich offensichtlich danach, zu fliehen, und ihre leichte Gestalt war fast bereit zur Flucht. Sie war überwältigt von dem Bewusstsein, wie schäbig ihr Schulkleid und ihre abgenutzten Handschuhe waren; Die Sonne schien erbarmungslos auf sie und brachte ihre schlechte Qualität und alle Mängel des langen Gebrauchs und des Alters zum Vorschein. Es schien ihr fast blendend auf ihn zu scheinen; so dass es ihr in den Augen schmerzte, ihn anzusehen, so schön, so ernst, so großartig, wie er vor ihr stand. Sie hatten sich in einer der Hauptstraßen der Stadt getroffen; Die Männer, die an ihnen vorbeikamen, sahen neben seiner großen Gestalt wie elende Kreaturen aus, dachte sie. Wie hatte sie die Anmaßung gehabt, ihn mit ihren erniedrigenden Sorgen zu belästigen!

„Mama war so traurig um Bernard", musste sie sich entschuldigen. „Mama wollte, dass ich deinen Bruder frage, der Bernard sehr gut kannte; aber ich hielt es für besser, ihn nicht zu belästigen. Ich hielt es für besser, dich noch einmal um Hilfe zu bitten, da du mir schon zuvor geholfen hast."

„Es ist besser, zu mir zu kommen", sagte er mit großem Ernst.

„Dein Bruder ist sehr großzügig", fuhr sie in ihrer Nervosität fort und sagte alles, was ihr in den Sinn kam. „Er hätte uns das Geld gegeben, ohne darüber nachzudenken, ob es richtig oder falsch war. Ich hätte das Gefühl haben sollen, wir würden ihn ausnutzen. Es schien mir nicht richtig, ihn zu fragen."

Als er ihr zuhörte, fragte er sich, wie sie zu einem Tag geworden war; Und dann stürzte sich auch er in ein Thema, das er einen Moment zuvor noch nicht erwähnen wollte.

„Ich habe gerade angerufen, um dich bei dir zu Hause zu sehen. Ich habe dort meinen Bruder gefunden. Darf ich fragen, ob er ein häufiger Besucher ist?"

Das kleine Gesicht, das so deutlich blass gewesen war, war plötzlich wie eine scharlachrote Rose. „In letzter Zeit ein sehr häufiger Besucher", sagte sie; und trotz ihrer Schüchternheit hob sie den Kopf und sah ihm direkt ins Gesicht.

„Ein junger Mann, der untätig ist, kann nie verstehen, dass andere beschäftigt sind", sagte er. „Ich bin mir sicher, dass Sie zu beschäftigt sind, als dass Sie sich wünschen würden, dass mein Bruder immer bei Ihnen ist."

Deleah sah ihn schweigend an. Sie verstand vollkommen, was er meinte. Was hatte sie zu sagen?

„Ich werde versuchen, ihn zu der Erkenntnis zu bringen, dass er wertvolle Zeit verschwendet und sich langweilt", sagte er; lächelte, um seine Worte annehmbar zu machen, lüftete seinen Hut, um seines Weges zu gehen; doch noch eine Minute verzögert.

„Was deinen Bruder betrifft, verstehst du, ich werde tun, was du verlangst."

„Ich werde Mama davon überzeugen, ihre Idee, ihn auszukaufen, aufzugeben."

„Was ist sein Regiment?" Sie erzählte ihm, dass es in Aldershot war. Vor ein paar Jahren war es zufällig in Brockenham untergebracht. „Ich kenne mehrere der Offiziere", erinnerte sich Sir Francis. „Ich könnte Colonel Greene über Ihren Bruder schreiben. Wenn es ihm nichts nützt, könnte es ihm auch nicht schaden; und es besteht die Möglichkeit, dass Greene sich für ihn interessiert."

Deleah sagte mit abgewandtem Kopf, dass das sehr gut von ihm wäre; und machte eine ernste kleine Verbeugung vor ihm und eilte davon.

KAPITEL XXI

Seien Sie dabei!

„Ich werde ihm ein oder zwei Tage lang aus dem Weg gehen – im Royal übernachten, anstatt nach Hause zu gehen", hatte Reggie Bessie in der Viertelstunde erklärt, in der er ihr *gegenüber saß,* bevor Deleah hereinkam. „Wenn er mich wiedersieht, wird er schon vergessen haben, dass er mich hier gefunden hat."

„Ich nehme an, Sie verstehen nicht, dass die ganze Aufregung darüber, in unserem Haus ‚gefunden' zu werden, für uns nicht sehr schmeichelhaft ist?" sagte Bessie.

„Oh, halt!" sagte Reggie. „Wie kann ich dagegen vorgehen, wenn er Einwände erhebt? Ihr wisst alle ganz genau, dass ihr gut genug für mich seid."

Er war weder ein kluger noch ein taktvoller junger Mann, obwohl er recht gutmütig war. Er hatte nicht die Absicht, jemanden zu beleidigen, und verstand nie, warum er das manchmal tat. Bessie war „empfindlich", wie er oft erklärte, aber sie hegte keine Bosheit. Solange sie den jungen Mann um sich herum hatte, solange sie sich für ihn anziehen, ihre langen malvenfarbenen Bänder für ihn anlegen und ihr Haar für ihn zu einem Dutt hochstecken konnte, dessen Ausmaße die aller anderen Dutts in Brockenham übertreffen sollten, Solange Emily ihn weiterhin zum Gegenstand ihrer Augenzwinkern, Nicken und Anspielungen machte, lebte sie in ihrem Paradies und war ziemlich zufrieden.

Aber indem er im Royal Reggie unterkam, konnte er sich nicht lange der Diskussion entziehen, von der er voraussah, dass sie unangenehm sein könnte; denn schon am nächsten Morgen, bevor er aus dem Bett aufgestanden war, erhielt er eine Nachricht von seinem Bruder, der ihn um seine Anwesenheit zu einer bestimmten Stunde in der Brauerei bat.

„Ich bin jetzt dabei", sagte er sich, als er die Nachricht erhielt; aber er dachte nicht im Traum daran, es zu ignorieren.

Er erschien daher pünktlich genug in dem angenehmen Privatzimmer, das auf den Fluss blickte, der tief unter ihm schwarz und ölig floss; wo das Porträt des Vaters der beiden Männer über Sir Francis' Kopf hing, als er auf dem Kaminvorleger stand.

„Oh, da bist du ja, Reggie! Guten Morgen."

„Hier bin ich. Scharf wie eine neue Stecknadel und hell wie ein Knopf."

„Ich hoffe, ich habe keine Pläne für diesen Tag durcheinander gebracht, indem ich nach dir geschickt habe; aber – du hast dich in letzter Zeit nicht überanstrengt, oder?"

„Danke, nein", sagte Reggie und beschloss, den Sarkasmus, falls er beabsichtigt war, zu ignorieren.

„Du siehst sehr gut aus und fit, da bin ich mir sicher. Dieser braune Samtmantel ist wohl der Neueste? Sieht ein bisschen so aus, als würdest du darüber nachdenken, Bier für die Künste aufzugeben, oder? Das habe ich mich gefragt." wenn du ein Jahr verreisen möchtest?"

Reggie setzte sich und starrte seinen Bruder mit einem verwirrten, leeren Blick an. Das war überhaupt nicht das, was er erwartet hatte. Er dachte blitzschnell an Deleah. Wenn Deleah ihn heiraten und mit ihm gehen würde, genau das Richtige!

„Du warst nicht viel in der Welt unterwegs", fuhr der Bruder fort. „Ich auch nicht, werden Sie sagen. Aber ich kann nicht verschont bleiben. Sie – vielleicht – können es. Wir werden auf jeden Fall versuchen, das Geschäft ohne Sie weiterzuführen."

Reggie nahm die Bemerkung mit aller Ernsthaftigkeit auf und nickte schweigend feierlich.

„Sie könnten sogar das Geschäftliche mit dem Angenehmen verbinden, was sicher auf Ihre Zustimmung stoßen würde."

„Wann soll ich gehen? Ich kann nicht für eine kurze Zeit bereit sein."

„Warum nicht? Wenn du überhaupt gehst, möchte ich, dass du sofort gehst."

„Wie nennt man das auf einmal?"

„Spätestens nächste Woche."

Reggie schüttelte den Kopf. Damals war er sich Deleahs nicht sicher. Wie lange würde es dauern, zu heiraten, fragte er sich.

„Nein, danke. Es macht mir wirklich nichts aus. Ich könnte unmöglich so schnell wegkommen."

"Warum nicht?"

„Nächste Woche finden die Rennen in Widdimouth statt, und für die Woche danach habe ich mehrere Termine gebucht."

„Tatsache ist, dass ich möchte, dass du eine Zeit lang wegkommst, Reggie. Dieser Ort ist in Ordnung, wenn du dich um ein Geschäft oder einen Beruf kümmern musst, aber es ist nicht gesund, deine Zeit hier einfach nur zu vertreiben."

„Was ist los mit Brockenham?" fragte Reggie, der große Bewunderung für seine Heimatstadt hegte. „Hat schon wieder jemand über mich getratscht?"

„Niemand hat dich mir gegenüber erwähnt. Aber Ada hat gestern eine interessante Neuigkeit über dich gehört."

„Ada ist genauso schlimm wie die anderen alten Frauen."

„Unsinn. Du solltest besser gehen, Reggie. Ich meine es ernst."

Reggie fuhr mit einer beringten Hand über sein glattes, blondes Haar, betastete seinen Schnurrbart und öffnete dabei seinen Mund unter den streichelnden Fingern.

„Die Engagements, die Sie erwähnen, sind vernachlässigbar?"

Reggie nickte und blickte seinen Bruder an, der mit den Ecken seines Schnurrbartes beschäftigt war und sich zu einem Sprung ins Wasser entschloss. „Tatsache ist", brachte er heraus, „ich denke darüber nach, sesshaft zu werden."

Sir Francis verließ seinen Platz auf dem Kaminvorleger und ging zum Tisch, um einige dort liegende Papiere symmetrischer anzuordnen; Als er zurückkam, nahm er wieder seinen Platz am Herd ein. „Heiraten, meinst du?" er hat gefragt.

Reggie nickte und hielt immer noch den Mund offen, um den Schnurrbart besser handhaben zu können.

„Mein lieber Freund, diese Absicht muss Sie nicht abschrecken. Sie haben sie schon so oft gehabt. Gehen Sie mindestens für zwölf Monate weg. Verloben Sie sich, wenn Sie noch dazu geneigt sind, wenn Sie nach Hause kommen."

„Vielleicht", ergänzte Reggie schlicht, „wenn ich die Reise um einen Monat oder sogar ein paar Monate hinauszögern würde, könnten wir heiraten, und sie könnte auch gehen."

„Wer ist die Dame im Moment, darf ich fragen?"

„Ich gehe davon aus, dass Sie sich eine ziemlich gute Vermutung gebildet haben", sagte Reggie mutig wie ein Löwe. „Du hast mich gestern dort gesehen."

„Eine Tochter von Mrs. Day aus dem Lebensmittelladen; Witwe von —? Aber darauf müssen wir nicht näher eingehen."

„Es scheint nicht nötig zu sein. Ihre Tochter."

"Also-!" sagte Sir Francis langsam. „Du hast mir noch einen Grund mehr gegeben, mein lieber Junge, und zwar einen überragenden, deine Abreise zu beschleunigen. Befolge meinen Rat – du wirst es nie bereuen – und geh morgen.“

„Nein“, sagte Reggie und dann schwiegen beide.

Als der Ältere wieder anfing, hatte er seinen lockeren, fast gleichgültigen Ton in einen festeren und weniger nachsichtigen Ton geändert.

„Was Sie vorschlagen, ist unmöglich“, sagte er.

„Ich sehe es nicht.“

„Haben Sie darüber nachgedacht, was Sie heiraten würden? Der Lebensmittelladen, die Schulden, die hilflose Mutter, der verrufene Privatsoldat eines Bruders (er hat sich, wie mir gesagt wird, gemeldet, um sich aus dem Gefängnis zu retten, da der Vater sich dafür umgebracht hat). Zweck). Eine bezaubernde Familie, mit der man sich wirklich verbünden kann!“

„Ich habe nicht vor, die Familie zu heiraten. Ich sollte der Mutter – überhaupt keine schlechte Sorte. Ich liebe sie – hundert im Jahr erlauben, um den Laden zu schließen. Ich sollte –“

„Unsinn! Die Idee ist lächerlich; monströs. Heiraten Sie, wenn Sie müssen, aber nehmen Sie sich ein Mädchen mit Ihrer eigenen Stellung im Leben. Leicht zu finden –“

„Die Position ist mir völlig egal!“

„Dann machen Sie sich noch mehr zum Narren. Aber wenn Sie es nicht tun, heiraten Sie zumindest eine Frau, in deren Adern ehrliches Blut fließt – um Ihrer Kinder willen.“

Reggie wandte mürrisch den Kopf ab. „Die Tage waren gut genug für mich, bevor sie in Schwierigkeiten gerieten“, sagte er.

Sein Bruder hob den Kopf, straffte die Schultern und stand aufrecht und imposant vor dem leeren Kamin. „William Day war nie gut genug für mich“, sagte er.

„Ich sehe nicht ein, dass ein Mädchen ihr ganzes Leben lang leiden muss, weil ihr Vater nicht gut genug für dich war“, sagte Reggie schmollend.

„Versuchen Sie, kein Arsch zu sein, mein Lieber. Sie glauben doch nicht, dass man Ihnen erlauben kann, so etwas Verrücktes zu tun, ohne dass ich Ihnen sage, was ich davon halte. Wissen Sie, ich habe nie viel von Ihrem Urteilsvermögen gehalten – außer vielleicht in Sachen Pferde; aber in Ihrer Bewunderung für diese Miss Day ist Ihr Geschmack meiner Meinung nach erstaunlich schlecht.

„Vulgär? *Vulgär!*"

„Sie ist anmaßend, sie ist affektiert, sie schwärmt – was soll das anderes sein, als vulgär zu sein? Sie ist nicht einmal hübsch –"

"Nicht hübsch!" Reggie weinte und sprang von seinem Stuhl auf. „Nicht schön!
Deleah Day!"

„Deleah! Der Junge?"

„Das habe ich dir schon die ganze Zeit gesagt, nicht wahr? Für wen hast du gedacht, dass es war?"

„Es war das andere, als wir von den Tagen zuvor sprachen", erinnerte Sir Francis ihn, aber ohne Ton, und sein Gesicht war verzerrt.

Hier ging es um eine ernstere Angelegenheit. Nicht diese zur Schau stellende, extravagante Königin, nicht Bessie mit ihrer rundlichen Schönheit, ihren billigen List, ihren Netzen, die vor den Augen der Menschen ausgebreitet wurden; aber Deleah, das zierliche, bezaubernd hübsche Kind. Nichtsdestotrotz wäre die Ehe aus gesellschaftlicher und familiärer Sicht äußerst unerwünscht; aber es wäre unendlich schwieriger, damit aufzuhören. Sir Francis war in seinem verwitweten Anwesen, mit noch zwanzig Jahren Erfahrung auf dem Kopf, noch nicht so alt, dass er sich vorstellen konnte, wie tief und gefährlich ein junger Mann im Alter seines Bruders sich in Deleah Day verliebt hätte.

Reggie machte mit einem lauten, verächtlichen Schnauben auf sich aufmerksam. „Ich habe wahrscheinlich nicht an Bessie gedacht, als Deleah vor Ort war", sagte er.

„Abgesehen davon, dass die jüngere Schwester ein attraktiveres Aussehen hat, bleiben alle Einwände in beiden Fällen dieselben."

„Die Days sind schlecht, das gebe ich zu", sagte Reggie leidenschaftslos; „Und der Vater und der Bruder waren schrecklich; aber niemand wird an diese Dinge denken, wenn er Deleah ansieht. Ich habe keine Angst."

Sir Francis betrachtete seinen jungen Bruder nachdenklich. „Lassen Sie uns genau wissen, wie wir stehen, Reggie. Sind Sie tatsächlich mit diesem Mädchen verlobt?"

„Oh ja! Ich bin mit ihr verlobt, das stimmt."

„Was bedeutet es genau, ,richtig genug engagiert' zu sein?" In Reggies Ton lag etwas, das auf einen Mangel an Selbstvertrauen hindeutete.

„An mir besteht kein Zweifel. Ich laufe geradeaus."

„Aber das Mädchen? Was hat sie dazu zu sagen?“

„Tatsache ist, dass sie Angst vor Bessie hat. Sie kommt nicht darüber hinweg, dass ich einst als Eigentum von Bessie galt – von Bessie. Das war ich nie; aber Bessie hat sich entschieden, Anspruch auf mich zu erheben.“

„Also, obwohl Sie mit Miss Deleah Day verlobt sind, ist Miss Deleah Day, soweit ich die Sache verstehe, nicht mit Ihnen verlobt?“

„So ungefähr stehen wir derzeit da, nehme ich an.“

„Ich verstehe“, sagte Sir Francis.

KAPITEL XXII

Der aufdringliche Mr. Gibbon

Die Nachricht, dass die Adressen des jungen Mr. Forcus nicht an sie, sondern an ihre jüngere Schwester weitergegeben wurden, konnte Bessie nicht ganz überraschen. Sie musste die Richtung der bewundernden Blicke des jungen Mannes bemerkt haben; Sie musste gewusst haben, warum er, als er mit ihr allein war, die Straße beobachtete, bis Deleah hereinkam; Sie musste in gewissem Maße darauf vorbereitet gewesen sein, dass er sich nun zu Deleahs Liebhaber erklärt und sogar die Zustimmung von Mrs. Day für seinen Anzug eingeholt hatte.

Aber Bessie hatte keine Würde. Wann immer sich die Gelegenheit bot, gab sie sich vorbehaltlos hin. Sie beschimpfte Deleah, sie beschimpfte ihre Mutter, sie weinte lautstark über ihr Unrecht. Sie erklärte, dass es eine echte Unanständigkeit von Deleahs Seite sei, einen jungen Mann zum Liebesspiel zu ermutigen, der einmal, wie lange es auch her sei, mit ihr geschlafen habe.

„Ich glaube nicht, dass Deleah ihn ermutigt hat, Bessie."

„Hätte er es ohne getan? Du erinnerst dich, was Reggie damals war, Mama, und wie er sich Ermutigung *wünschte* –"

„Meine Liebe, Deleah hat viel zu viel Selbstachtung –"

„Da hast du es! Immer Deleah. Ich nehme an, wenn Deleah ein Tafelmesser nehmen und mir ins Herz stechen würde, würdest du Ausreden für sie finden!"

„Oh, Bessie, sei nicht ungerecht."

„Du bist derjenige, der ungerecht ist. Du hast Deleah verwöhnt, indem du sie gestreichelt, gelobt und ihr gesagt hast, wie hübsch sie ist –"

„Meine liebe Bessie!"

„Du sagst es nicht mit so vielen Worten, aber du siehst *sie immer* an. Du bist es, Mama! Ich sehe, wie du es tust. Und wenn Deda nach Hause kommt, werde ich ihr sagen, was ich von ihrem Verhalten halte." Für mich – auf die hinterhältige Art und Weise; ich werde sie nicht schonen. Und wenn wir zwanzig Jahre lang zusammenleben, werde ich es nicht tun. Das werde ich nicht!"

Die arme Mrs. Day eilte davon und trug ihr gequältes Gesicht und all ihre mütterlichen Sorgen in den noch verwirrenderen Bereich der geschäftlichen Sorgen; Aber Emily, die die laute Stimme ihrer jungen Geliebten gehört hatte – Bessie war immer schrill, wenn sie aus den Fugen geraten war –, kam ihr sofort zu Hilfe.

Bessie hatte sich auf das Sofa gesetzt – diesen Zufluchtsort im mittelviktorianischen Stil für die geplagte Messe – und musste, ermutigt durch das Mitgefühl der treuen Dienerin, anfangen zu weinen, musste anfangen zu lachen, musste weiter schreien und mit ihren Absätzen gegen das Rosshaar klopfen. wie es bei einem Umzug üblich war. Emily, die das Abwaschen ihres Essensgeschirrs zu diesem Zweck hinausschob, saß neben dem Sofa, bis Bessie ruhig genug wurde, um aufmerksam zu werden, woraufhin sie mitfühlend zuhörte, schmeichelte und beruhigte.

„Es gibt andere, die bereit sind, für dich zu sterben, und fragen Sie nicht besser, ob Deleah diesen weggeschnappt hat", erklärte Emily. „Da ist einer von ihnen, der meiner Meinung nach, wenn es um echte Zuneigung und Robustheit geht, ein Dutzend deiner Forcuses wert ist." Und Bessie, die gierig zuhörte, wusste, dass der Gast der Familie, George Boults Mann aus Manchester, angegeben war. „Da ist er in Deiner Hand. Du kannst ihn zum Mitnehmen haben", versprach Emily; und Bessie beruhigte sich und meditierte.

„Diesen haben Sie grausam behandelt, Miss Bessie. Das haben Sie! Und er sitzt daneben, sein Herz wäre bereit, Ihnen entgegenzufliegen, und sagt nichts; während dieser andere junge Kerl, seine Blume im Knopfloch, Sein Pferd scharrt unten auf der Straße über die Steine und macht weiter."

„Ich gebe zu, ich habe den armen Herrn Charles in letzter Zeit vernachlässigt",   sagte
Bessie mit einem reuigen Seufzer.

„Und dieser geduldige – dieser treue! Nun, Miss Bessie, hören Sie mir zu. Drehen Sie Reggie den Rücken zu – zeigen Sie ihm die kalte Schulter – sehen Sie, wie es ihm gefallen wird! Und Sie geben Ihrem jungen Mann Ihre Adresse." . Die Herrin hat mir erzählt, dass er mit Mr. Boult einen Partner gefunden hat und dass er eines Tages reicher sein wird, wenn nicht sogar noch reicher. Du würdest deinen Kerridge fahren, mein Lieber; mehr."

Bessie streckte sich selbstzufrieden und tat so, als würde sie gähnen, um anzudeuten, dass das Thema ihr kaum Beachtung schenkte: „Ich wage zu behaupten, dass ich es noch schlimmer machen könnte", gab sie zu.

Durch solch umsichtige Mittel konnte die verletzte Bessie etwas von ihrer früheren Ruhe zurückgewinnen.

Mrs. Day lief sofort herbei, um zu sehen, wie es ihrer Tochter erging, und fand sie auf dem Sofa sitzend, Tee trinkend, ihre dicken Wangen gerötet, das Leuchten der Aufregung in ihren Augen.

„Mama", sagte sie, „es gibt etwas, was ich dich schon immer fragen wollte. Solltest du etwas dagegen haben, wenn ich und der ehrenwerte Charles doch eine Verbindung daraus herstellen würden?"

Mrs. Day sah das Mädchen zweifelnd an, ohne zu antworten. Sie hatte ihre eigenen Vorstellungen zu den Absichten des Herrn Charles.

„Ich meine, solltest du denken, dass ich unter meinen Erwartungen heirate, und so etwas?"

„Nein, mein Lieber. Ich sollte in dieser Hinsicht auf keinen Fall Einwände erheben. Ist denn heute etwas vorgefallen, das Ihnen die Idee in den Sinn bringt?"

„Ich nehme an, du kannst verstehen, Mama, dass ich nicht möchte, dass meine jüngere Schwester vor mir geheiratet wird? Wenn Deleah denkt, dass sie mich so beleidigen wird, irrt sie sich. Das ist es, was ich mir nicht gefallen lassen werde." sie, und das sage ich ihr; und das sage ich dir: Es ist – es ist – "

„Ja, ja, mein Lieber. Bitte, regen Sie sich nicht noch einmal auf, Bessie."

„Wenn Deleah also weiterhin Reggie mitnimmt – und sie wird alles, was sie mit ihm bekommt, reichlich verdienen –, werde ich mich für Gibbon entscheiden."

„ *Mr.* Gibbon, Bessie."

„Dann Mr. Gibbon. Ich glaube nicht, dass er ein Mann ist, für den man sich schämen muss, oder?"

„Auf jeden Fall nicht. Ich glaube, er ist ein recht standhafter und ehrenhafter junger Mann. Ein bisschen launisch vielleicht –"

„Dafür gibt es einen Grund. Und wenn Deleah, wenn sie Mrs. Forcus ist, sich für ihn schämt, ist mir das egal, denn ich schäme mich für Deleah, und deshalb habe ich vor, es ihr zu sagen, wenn sie nach Hause kommt."

„Und Sie denken, dass Mr. Gibbon *meint* –?"

Bessie lachte verächtlich: „Wenn du keine Augen im Kopf hast, um zu sehen, Mama, frag Emily!"

Ach, wenn das so wäre! dachte Mrs. Day, als sie sich wieder ihren Pflichten hinter der Theke widmete. Wenn ihre Mädchen nur ein Zuhause für sich finden könnten, wie dankbar wäre sie. Denn das Geschäft lief schlecht; alle Kunden, die es wert waren, gehalten zu werden, waren weggefallen; das wenige Kapital, das sie noch zur Verfügung hatte, war geschrumpft, verschwunden. In der Morgenzeitung hatte sie gelesen, dass das Regiment, in das Bernard eingetreten war, nach Indien beordert wurde. Jetzt war es zu spät, ihn abzukaufen, selbst wenn es ihr gestattet worden wäre. Wenn sie nicht gezwungen gewesen wäre, über ihrem Tresen ein ruhiges Gesicht zu zeigen, hätte sie den Tag in Tränen ausbrechen müssen, bei dem Gedanken an die Entbehrungen und Leiden, die ihrem Jungen bevorstanden. Ihr armer junger Bernard.

So müde war sie von all dem: vom Lächeln, während ihr die Tränen aufs Herz liefen, vom Anhören der Beschwerden der Kunden, vom Kummer der armen Bessie oben – der armen unvernünftigen, egozentrischen Bessie, die sie doch so sehr liebte – als sie es war Sie selbst ertrinkt gerne in Schwierigkeiten. Wenn die Mädchen nur ein Zuhause finden könnten – Deleah würde, wie sie wusste, für Franky sorgen –, würde sie den verhassten Laden schließen, den demütigenden Kampf aufgeben – sie war ein irdenes Schiff –, um mit dem verhassten Coman zu schwimmen, der aus Eisen war. Sie würde dann, dachte sie, zu Bett gehen und schlafen, und würde schlafen und schlafen und nie wieder aufstehen. Obwohl sie eine orthodoxe Christin war, reizten sie in ihrem ängstlichen, besorgten und erschöpften Leben die Freuden des Himmels weniger als vielmehr die Möglichkeit, einen langen, ununterbrochenen Schlaf zu genießen.

Sie wurde an diesem Abend lange im Laden festgehalten, und als sie schließlich nach oben ging, fand sie nur eine düstere Familiengesellschaft am Abendessenstisch vor, die sie bereits erwartete.

Franky, der im Allgemeinen redete, wer sonst schwieg, fiel durch seine Abwesenheit auf, da seine Schwester Bessie ihn aus dem Zimmer geschickt hatte, weil seine Kleidung roch.

Dies war eine ständige Quelle von Unmut und Spannungen zwischen der ältesten und der jüngsten Hoffnung des Hauses. Der arme Junge hatte nicht viel Kleidung zum Wechseln, und da er in einem Alter war, in dem er sich ohne Rücksicht auf die Riechnerven seiner Schwester an allen möglichen Unannehmlichkeiten versuchen konnte, ließ sich die Tatsache nicht leugnen, dass seine kleine braune Tunika und seine abgetragenen kleinen Hosen sich verändert hatten ein sehr *jungenhafter* Geruch. Daher wurde er oft in die Küche verbannt, um bei Emily seine Mahlzeiten einzunehmen, es sei denn, er stand unter dem Schutz der Anwesenheit seiner Mutter. Er ging nie ohne Protest und Tränen aus und trat oft seinerseits und schlug Bessie mit Faustschlägen, die nach solchen Begegnungen zurückblieben, verwirrt vom Sieg und bereit, sich mit jedem auf der Stelle zu streiten.

An diesem Abend jedoch hatte sie, ohne die Anwesenheit von Deleah zu beachten, vorgehabt, dem Gastgast gegenüber sehr gnädig zu sein, der unglücklicherweise überhaupt nicht zum Abendessen erschien. Unter dem entmutigenden Einfluss von Bessies Schweigen scheiterte das Gespräch zwischen Deleah und ihrer Mutter. Nach dem Essen verkündete Mrs. Day, mehr als sonst müde, ihre Absicht, zu Bett zu gehen, ein Beispiel, dem Bessie schnell folgte, die in diesem Moment ein *Tête-à-Tête* mit Deleah vermeiden wollte .

Heute Abend geschah es, dass, sobald Mutter und Schwester gegangen waren und bevor Deleah mit dem Wegräumen der Bücher, der Arbeit und Frankys Malutensilien, die früher am Abend in Gebrauch gewesen waren, fertig war, der Untermieter hereinkam.

Es kam außerordentlich selten vor, dass der ehrenwerte Charles allein mit der jüngeren Tochter des Hauses war – ob durch Zufall, durch ihre Führung oder durch die Führung anderer, konnte er nicht sagen.

Deleah Day, in ihrem weißen Baumwollkleid mit winzigen schwarzen Flecken, einem breiten, bestickten Kragen, der mit einem schwarzen Band um den Hals gebunden war, und ihrem schwarzen, dicht gewellten Haar, das hinter den Ohren gekämmt und am Hinterkopf ihres kleinen Kopfes gerafft war, war eine angenehme Person Figur am Kamin, um jeden armen Arbeiter zu begrüßen, wenn er zur Ruhe und am Kamin zurückkehrt.

Er wollte kein Abendessen, wollte auch keines essen. Sein Appetit war in letzter Zeit schlecht, er kam morgens herunter und sah aus, als hätte er die ganze Nacht nicht geschlafen. Das Geschäft schien seine Zeit und Gesundheit zu sehr zu beanspruchen, nachdem sein Interesse daran gestiegen war.

„Du musst rauchen", sagte Deleah und stellte das Tabakglas neben seinen Ellbogen. Sie berührte es immer mit verweilenden Fingern: Es war das, aus dem William Day seine Abendpfeife zu stopfen pflegte. Sie stellte die kleine Karaffe mit Whisky neben ihn, aus der sich der Gast unter Beimischung von Zitrone und heißem Wasser einen Schlummertrunk braute. Er schien diese Vorbereitungen zu seinem Trost zu ignorieren.

„Ich war gerade beim Aufräumen, bevor ich zu Bett ging", erzählte sie ihm.

Sie wollte unbedingt gehen. Aber je mehr sie sich bemühte, ein *Tête-à-Tête zu vermeiden* , desto mehr wusste sie in ihrem gütigen Herzen, dass sie ihre Angst nicht zeigen durfte. Also setzte sie sich ihm gegenüber an die Tischecke und begann eilig zu zeigen, wie vollkommen entspannt sie sich fühlte, indem sie ihm von Mamas Kopfschmerzen erzählte; und wie sie glaubte, es liege daran, dass die arme Mama sich Sorgen ums Geschäft machte; was offenbar so unbefriedigend gewesen war, da der abscheuliche Coman gegenüber offenbar mit dem ausdrücklichen Ziel eröffnet hatte, Mrs. Day zu unterbieten.

Der Mann aus Manchester hatte zu diesem Thema nichts Ermutigendes zu sagen. Tatsächlich hatten sie alle seine Äußerungen zu jedem Thema in letzter Zeit als irritierend eingeschränkt und begrenzt empfunden.

Er benutzte heute Abend einen oft wiederholten Satz von ihm, als von Mrs. Days Schwierigkeiten die Rede war. „Ich weiß nichts über die Lebensmittellinie. Sie unterscheidet sich natürlich völlig von den Vorhängen."

„Ich wünschte, Sie wären einkaufen gegangen, Mr. Gibbon. Dann hätten Sie uns helfen können."

„Sie haben wohl gehört, dass ich die Art und Weise, wie ich mit Ihnen gesprochen habe, mit dem Gouverneur abgesprochen habe? Sie haben gehört, dass ich zu Michaelis als Partner aufgenommen werden soll?"

„Ich bin sehr froh."

„Ich frage mich, ob du es bist?"

„Warum nicht? Natürlich."

„Erinnerst du dich, was du über das schöne Haus gesagt hast, in dem ich leben sollte?"

„Wann werden Sie es nehmen, Mr. Gibbon?"

„Wann werden Sie darin wohnen, Miss Deleah?"

Sie saß in einem niedrigen Stuhl und lehnte nachlässig auf dem Tisch, die Wange in der Hand, ihre Finger verloren in den Massen ihres schwarzen, welligen Haares, und ihre Augen richteten sich mit höflichem Interesse auf sein Gesicht. Sie ließ sie jetzt fallen und blickte schweigend auf die Tischdecke.

"Wann?" wiederholte er und war erneut auf die schreckliche Weise atemlos, die sie in Erinnerung hatte.

„Ich habe Ihnen gesagt: Ich werde überhaupt nicht darin leben, Mr. Gibbon."

Er beugte sich zu ihr und warf sich auf den auf dem Tisch verschränkten Armen nach vorne; Sie spürte, wie seine Augen auf ihr nach unten geneigtes Gesicht blickten: „Oh ja, Miss Deleah!" er flehte.

„Ich habe es dir schon einmal gesagt", sagte sie; und dann verzweifelt wie ein von Aufdringlichkeiten ermüdetes Kind: „Oh, ich wünschte, du – ich wünschte, jeder würde mich in Ruhe lassen!"

Es war schön und schön, hübsch zu sein und bewundert zu werden, aber dank Bessies Eifersucht und den ungünstigen Umständen hatte Deleah bisher keine große Befriedigung durch Blicke oder Liebhaber erfahren.

Es gab einen jungen stellvertretenden Musiklehrer, der zweimal pro Woche zu Miss Chaplin kam und rot und blass wurde, wenn Deleah mit ihm sprach. Zu ihrer großen Verlegenheit fand man eine Rosenknospe oder einen Zweig Vergissmeinnicht auf dem Stuhl, auf dem sie saß, um Anstand zu üben, wenn die Schüler ihre Unterrichtsstunden nahmen. An den Tagen, an denen es ihr mit großer Mühe gelang, Reggie zu entkommen, beobachtete ein Lümmel von einem Oberstufenschüler, dessen Namen nicht einmal sie kannte, sie, als sie die Schule verließ, folgte ihr auf den Fersen und bewachte sie sie, auf eine Weise, die sie ihrer Meinung nach lächerlich machte, zu ihrer eigenen Tür. Sie hatte Mr. Pretty dabei erwischt, wie er zwischen den Keksdosen hindurchlugte, um sie die Straße entlang zu beobachten. Er überließ es jeder Kundin, die er bediente, mit hasserfülltem Eifer herbeizustürmen und ihr einen Hocker zu bringen, auf dem sie sitzen konnte, sobald sie den Laden betrat. Er lockte Franky, der Mr. Pretty sehr bewunderte, dazu, abends mit ihm im Keller zu sitzen und über die jüngere Schwester zu reden. Reggie hat uns immer genervt; und nun waren es wieder die unwillkommenen Aufmerksamkeiten des ehrenwerten Charles.

„Ich wünschte so sehr, dass ihr mich alle in Ruhe lassen würdet!"

„Wie kann ich dich in Ruhe lassen, wenn ich dich so sehr liebe, Deleah."

"Oh!" sagte Deleah und seufzte ungeduldig.

In den entzückenden Büchern ihres lieben Anthony Trollope wusste sie, wie junge Damen sich unter solchen Umständen benahmen; aber sie war weder wütend noch verängstigt, noch besonders schüchtern; Sie verspürte auch nicht die Neigung, sich in die Arme eines Mannes zu werfen und ihren Kopf auf seine Schulter zu legen. Sie fühlte sich unter diesen Liebeserklärungen unwohl und hatte das Gefühl, dass sie lächerlich gemacht wurde; das war alles.

„Du weißt es, nicht wahr, Deleah?"

„Ja. Ich weiß es; da du es mir sagst."

„Und daran glauben? An meine verzweifelte Liebe glauben?"

„Ich bin sicher, Sie erzählen keine Geschichten, Mr. Gibbon."

"Also?"

„Ich finde es schade."

"Warum?"

„Ich denke, du liebst vielleicht jemand anderen."

"Nein ich will dich."

„Du kannst mich nicht haben", sagte Deleah kleinlich und fühlte sich hoffnungsloser unzulänglich als je zuvor.

„Das kann ich", sagte Gibbon, und er sagte es ziemlich heftig. „Ich kann! Ich kann! Ich kann! Hörst du?"

„Ich glaube, ich gehe ins Bett." Deleah sprang auf; sie sehnte sich so sehr nach Flucht; Sie blickte besorgt auf die geschlossene Tür, die sich auf seiner Seite des Tisches befand.

Auch Gibbon stand auf. „Schau mich an, Deleah", sagte er. Sie schaute hin und sah die Blässe seines Gesichts. Es machte sie krank und traurig, zu sehen, wie blass der Mann geworden war. „Bedeutet das Mr. Reginald Forcus?"

"Sicherlich nicht!"

„Du bist nicht mit ihm verlobt?"

"Sicherlich nicht!"

„Schau mich an; schau weiter." Sein Blick hielt den ihren fest, sie war gezwungen, hinzusehen. „Magst du ihn mehr als mich? Er ist die beste Chance, durch und durch; aber trotzdem ist er vielleicht nicht der beste Mann. Magst du ihn am liebsten?"

„Das weiß ich nicht."

„Jetzt. Ich muss dich noch etwas fragen."

„Nein! Ich finde, Sie sind zu schade. Ich bin sehr müde. Lassen Sie mich ins Bett gehen, Mr. Gibbon."

„Antworte mir zuerst. Wie wäre es mit dem anderen?"

„Der *andere*! Ich weiß nicht, was du meinst."

„Sir Francis – das hat Ihnen die fünfzig Pfund gegeben. Wie wäre es mit ihm?"

Deleahs Augen, die in seine starrten, weiteten sich, ihr Gesicht wurde weißer als sein eigenes. „Ich weiß nicht, was du meinst", sagte sie. „Sir Francis Forcus und ich? Ich! *Ich!* Deleah Day!" Sie flüsterte die Worte voller Ehrfurcht. Sie schienen fast ein Sakrileg zu sein.

„Warum nicht? Warum nicht?"

„Ich glaube, Sie müssen verrückt sein, Mr. Gibbon."

„Das bin ich. Das bin ich oft. Ziemlich wütend. Verrückt vor Liebe zu dir."

"Oh!"

„Warum seufzst du so?"

„Ich wünschte so sehr, dass du es nicht tun würdest."

„Würde was nicht?"

„Sei so lächerlich."

„Ist das alles, was du mir zu sagen hast?"

„Das – und gute Nacht."

„Ich hätte nicht gedacht, dass du so grausam sein könntest."

„Ich bin nicht grausam", sagte Deleah; Und dann, ganz unerwartet für sie, erhob sich ein Schluchzen in ihrer Kehle, und sie konnte nur mit Mühe die Tränen des Selbstmitleids zurückhalten. „Ich bin nicht grausam, aber du quälst mich so sehr. Ich möchte freundlich zu dir sein, aber ich möchte nichts von all dem hören – was für mich so lächerlich klingt. Du bist älter als ich – du solltest es besser wissen." Sie sollten wissen, wie albern es ist, mit einem Mädchen wie mir so einen Unsinn zu reden. Und ich möchte ins Bett gehen, Mr. Gibbon.

Er legte seine Hand auf den Türknauf, als wollte er sie für sie öffnen, hielt sie aber dort. „Das ist nicht das Ende", sagte er.

"Ach nein!" Sie seufzte mit düsterer Vorahnung.

„Ich arbeite von morgens bis abends für dich – nur für dich – damit ich dich in ein schönes Haus bringen und eine Dame aus dir machen kann. Nur für dich! Und die ganze Nacht kann ich keine Ruhe finden, wenn ich an dich denke . Meine Nacht wird heute Nacht schrecklich sein.

„Oh, Mr. Gibbon, es tut mir so furchtbar leid!"

„Kannst du dann nicht ein Wort zu mir sagen, bevor du gehst? Kannst du nicht sagen, dass du darüber nachdenkst?"

„Natürlich werde ich daran denken; ich kann nicht anders, als daran zu denken. Aber ich möchte nicht mehr darüber reden. Lassen Sie mich jetzt gehen, ja? Lassen Sie mich ins Bett gehen! Gute Nacht, Herr . Gibbon.

„Sag ‚Gute Nacht, Charlie'." Zu Hause nennen sie mich ‚Charlie'."

Es gab keine Hilfe, wenn sie fliehen wollte. „Gute Nacht, Charlie", murmelte sie und eilte in ihr eigenes Zimmer, in einem Zustand zwischen Lachen und Weinen, der an Bessies Anfälle erinnerte.

„Es ist alles so lächerlich!" sagte sie sich immer wieder, während sie sich auszog. „,Gute Nacht, Charlie!' Stellen Sie sich vor, ich hätte ihn „Charlie" genannt. Charlie, in der Tat!" Bei der Erinnerung biss sie die Zähne zusammen. „Ich hätte ihn lieber geschlagen, als ihn Charlie zu nennen!"

Doch als sie sich auszog, kam die ernstere Seite der Lage zur Sprache. Ihre Mutter wollte, dass sie heiratet – sie hatte so viel besessen und sie hatte absolutes Vertrauen in die Weisheit ihrer Mutter. Hatten Mädchen, die Männer heirateten, dieselben Gefühle für sie, wie sie für diesen Mann und Reggie Forcus empfand, fragte sie sich? Es war unbestreitbar, dass Männer, „schrecklicher als sie", wie sie es selbst ausdrückte, ganz nette Mädchen fanden, die sie heiraten konnten. Sollte sie das eine oder das andere nehmen? Sie wollte nicht – aber sollte sie?

Sie zog ihr Nachthemd an, bürstete ihr Haar und sprach sogar ihre Gebete – dieselben Gebete mit denselben Worten, die sie vor langer Zeit am Abend der Neujahrsparty an ihrem Bett in der Queen Anne Street gesprochen hatte; Sie hatte in ihren Petitionen nicht einmal den Namen ihres Vaters ausgelassen – sie debattierte über diese Dinge. Sie schlief in einem winzigen Schlafzimmer neben Mrs. Days, und als sie von ihren Knien aufstand, nahm sie ihre Kerze und ging in das Zimmer ihrer Mutter. „Ich werde hören, was Mama dazu zu sagen hat", sagte sie sich.

Mrs. Day lag wach in der Dunkelheit und dachte an Bernard und die Gefahren Indiens.

„Mama", sagte Deleah und hielt die Kerze hoch, um ihre Mutter anzusehen. Sein Licht fiel auf ihr eigenes bezauberndes Gesicht, das halb in den lockeren Wellen lockiger schwarzer Haare verborgen war. „Du schläfst nicht, oder? Natürlich nicht! Ich glaube, du liegst die ganze Nacht da, starrst in die Schatten und denkst an elende Dinge! Ich frage mich, ob es die Dinge wirklich verbessern würde, wenn es dir gefallen würde sehr, dass sie sich auch dazu entschlossen hat, Mr. Gibbon zu heiraten!"

Deleah starrte sie eine Minute lang an, dann lachte sie; und Mrs. Day sah, dass sie aus ganzem Herzen lachte. „Bessie nimmt alle meine jungen Männer!" Sie sagte. „Siehst du, Mama, beim besten Willen der Welt, dir zu gefallen, kann ich nicht heiraten; also ist Schluss damit, und ich kann genauso gut ins Bett gehen."

„Komm und küss mich, Liebling."

Mrs. Day legte einen Arm um die Schultern des Mädchens. „Nichts davon macht dich unglücklich, Deleah?"

„Es bringt mich nur zum Lachen", sagte Deleah.

KAPITEL XXIII

Deleah hat keine Würde

Etwa einen Tag nach ihrer Begegnung mit dem örtlichen Magnaten in der Hauptstraße von Brockenham befand sich Deleah zu ihrer äußersten Überraschung auf dem Weg zur Hope Brewery, als sie auf einen Brief von Sir Francis Forcus antwortete, in dem er sie um einen Besuch bat ihn wegen einer geschäftlichen Angelegenheit dorthin. Er hatte die Nachmittagsstunde genannt, in der sie von der Schule entlassen wurde.

„Ich habe nach Ihnen geschickt, weil ich Sie allein sehen wollte und dachte, es könnte schwierig sein, dies in Ihrem eigenen Haus zu tun", sagte Sir Francis.

Seine Ansprache war formeller, seine Erscheinung beeindruckender denn je, dachte sie, als er auf den Stuhl deutete, auf dem er sie sitzen lassen wollte, und seinen eigenen Platz einnahm, verschanzt hinter seinem Schreibtisch, in einiger Entfernung von ihr. „Ich hoffe, es ist für Sie nichts einzuwenden, hierher zu kommen, da mein eigenes Haus so weit weg ist?"

Deleah sagte schüchtern, aber ganz ehrlich, dass es ihr überhaupt nichts ausmachte. „Er wird mir sagen, dass er schließlich beschlossen hat, Bernard freizukaufen", sagte sie sich, konnte diese Illusion jedoch nicht lange aufrechterhalten.

„Ich möchte Ihnen ein oder zwei Worte über meinen kleinen Bruder Reginald sagen", sagte er und vertiefte sich in sein Thema.

Er saß da, das Gesicht ein wenig von ihr abgewandt, blickte auf die Papiere auf seinem Schreibtisch und sprach in einem Ton, der so kalt und unverbindlich war, als würde er lesen, was er ihr zu sagen hatte, und zwar dort geschrieben.

Deleah nahm seine Mitteilung in unangenehmem Schweigen entgegen und fuhr fort: „Aus mehreren Gründen – einige davon waren geschäftlicher Natur – wurde vereinbart, dass mein Bruder Brockenham für ein Jahr verlässt. Auf Reisen!"

Als sie dort innehielt und ihr immer noch nichts zu sagen einfiel, fügte er hinzu und schaute sich das Papier auf dem Schreibtisch genauer an: „Er wird nicht gehen."

„Es tut mir leid", sagte Deleah schüchtern.

„Er wird wegen dir nicht gehen." Dann wandte er ihr sein Gesicht zu und Deleah sah, dass sein Gesicht kalte Missbilligung ausdrückte. „Ich bin mir ziemlich sicher, dass Sie nicht im Licht von Reginald stehen wollen, Miss Day?“

"Ach nein."

„Dessen war ich mir sicher. Und deshalb wurde ich ermutigt, nach Ihnen zu schicken. Es wäre besser, wenn wir ein wenig darüber reden. Haben Sie Einfluss auf Reggie?“

"Ich denke nicht." Ein- oder zweimal hatte sie versucht, dem jungen Mann ihre eigenen Vorstellungen davon aufzuzwingen, was richtig und angemessen sei, und war damit gescheitert. Warum sollte sie irgendeinen Einfluss vortäuschen?

„Aber natürlich hast du das. Ich möchte dich bitten, selbstlos genug zu sein, um es zum Wohl meines Bruders einzusetzen.“

„Ich würde das gerne tun, wenn ich könnte.“

„Dann schicken Sie ihn weg. Es wird ihm einen unschätzbaren Nutzen bringen.“

„Ich kann ihm sagen, dass es für ihn besser wäre, zu gehen; aber es ist nicht leicht, ihn dazu zu bringen, etwas zu tun, was ihm nicht gefällt.“

„Er sagt mir – ohne Ihrerseits, dass er sich an Sie gebunden fühlt.“

Sie schüttelte schnell den Kopf, ihr Gesicht wurde rot: „Oh nein!“

„Er ist immer mit – jemandem verlobt: dem armen Reggie!“

"Ist er?" sie fragte unschuldig.

„Reginald ist mein Bruder“, fuhr er fort, wandte seinen Blick von ihrem Gesicht ab und betrachtete mit versunkener Aufmerksamkeit die Fingernägel seiner linken Hand. „Er ist jedoch so viel jünger als ich, dass er fast wie mein Sohn war. Ich bin mir sicher, Sie werden es mir zugute halten, dass ich Reginald nicht herabwürdigen möchte, wenn ich Ihnen sage, dass dies keineswegs der erste ist Mal hat Reginald an Heirat gedacht. Er hielt inne und lächelte schief, während er die Fingernägel betrachtete. „Oder besser gesagt, es war nicht das erste Mal, dass er mit jungen Damen darüber gesprochen hat, dass er sich mit ihnen verlobt hat.“

Deleah saß schweigend da und war entschlossen, nichts zu sagen, bis von ihr unbedingt das Wort verlangt wurde.

„Es hat meinen Bruder nicht viel gekostet, seine Meinung zu ändern“, sagte Sir Francis, ließ seine Hand sinken und blickte das hübsche Mädchen an, das vor ihm saß.

„Da er es so oft tun muss, ist das gut“, sagte Deleah.

„In gewisser Weise ist es gut", stimmte Sir Francis zu. „Aber angenommen, er hätte einen unwiederbringlichen Schritt getan und dann seine Meinung geändert?"

„Das wäre ernster", gab Deleah zu.

„Sie verstehen, was ich meine, Miss Day?"

„Perfekt. Du meinst, angenommen, er hat mich geheiratet und dann Buße getan, ohne vorher Zeit gehabt zu haben, Buße zu tun. Er wurde sofort beim Wort genommen, als er sprach – und schnappte sich."

„Das bringt den Fall stärker zum Ausdruck, als ich gedacht hatte; aber –"

„Aber es ist das, was du meinst?"

„Du bist nicht beleidigt, hoffe ich?"

„Nein, weil ich das durchaus verstehe. Es wäre überraschend, wenn du nicht so denken würdest."

Ihre Stimme zitterte ein wenig und Sir Francis verspürte Gewissensbisse. Was das für ein Opfer das war, war schließlich aus Sicht des Mädchens so kühl, dass er sie von ihr forderte. Plötzlich schämte er sich und fürchtete sich halb vor dem, was er sich vorgenommen hatte.

„Ich hoffe, Sie glauben, dass ich nicht von einem feindseligen Gefühl Ihnen gegenüber   angetrieben   werde, Miss Day?"

„Ich glaube, ich verstehe das", sagte sie sanft.

Und er wusste, dass sie es verstand, und war ihr dankbar, dass sie nicht sagte: „Du hasst nicht mich, sondern den Lebensmittelladen, sondern die Idee einer Allianz mit der Tochter meines Vaters, der Schwester meines Bruders." „Immerhin ist das Mädchen eine Dame", sagte er zu sich selbst und der Gedanke ging ihm durch den Kopf: Würde sein nüchterner junger Bruder wahrscheinlich eine bessere Frau als diese heiraten? Dennoch war ihm seine Pflicht in dieser Angelegenheit klar.

„Und du wirst tun, was ich verlange? Du wirst mir helfen, den Jungen wegzuschicken?"

„Er wird es mir nicht sagen, fürchte ich."

„Er wird nicht gehen, es sei denn, du sagst es ihm." und er erlaubte sich, sie überzeugend anzulächeln.

„Dann werde ich es ihm sagen", sagte sie ernst; und als sie spürte, dass das alles war, was er von ihr wollte, stand sie auf und drehte sich zur Tür um.

Er erreichte es vor ihr. „Meine Aufgabe war eine undankbare Aufgabe", sagte er. „Mir kam es so vor, als sei es von mir verlangt worden. Ich hoffe, Sie werden mir verzeihen." Er sagte es ganz ernst, ganz demütig und legte für den Moment alle seine großen Förmlichkeiten beiseite. Und die Wut und der verletzte Stolz, die in ihrem Herzen gewesen waren, schmolzen davon.

„Du warst immer sehr freundlich zu mir. Wenn es etwas zu verzeihen gäbe, würde ich dir vergeben", sagte sie einfach; und ihr Gesicht war bezaubernd mit seinem Ausdruck unschuldigen Vertrauens zu ihm, seinem schwankenden, schüchternen Lächeln.

„Was ich gesagt habe, geschah zum Wohle meines Bruders", versicherte er ihr, während sich in seinem Herzen Gewissensbisse regten. „Aber ich glaube, dass es für Sie genauso gut sein wird. Vielleicht denken Sie heute nicht so, aber Sie können mir beim Wort glauben, dass Sie irgendwann so denken werden."

Er ergriff für einen Moment beruhigend ihre Hand; dann ging sie.

Der Brief von Sir Francis Forcus hatte auf Deleahs Frühstücksteller gelegen. Die Familie hatte die schlechte Angewohnheit, darauf zu warten, die Briefe des anderen zu sehen. Sie alle wussten, wer geschrieben hatte und was er gefragt hatte. Beim Abendessen, als sich die Familie wieder traf, wurde von Deleah erwartet, dass sie das Interview schilderte und öffentlich verkündete, was stattgefunden hatte.

Da sie die Angelegenheit lieber für sich behalten wollte, war sie ihrer Mutter und ihrer Schwester entgangen, indem sie auf den Tee verzichtet hatte, und hatte nur durch die Verzögerung zu denen, die bereits auf ihre Nachricht warteten, noch den unschuldigen Franky und die stets neugierige Emily hinzugewonnen ein ehrenwerter Charles, der von eifersüchtigen Ängsten erfüllt ist.

Sie ließen sie nicht einmal ihren Platz am Tisch einnehmen, bevor sie schon bei ihr waren. "Also?" fragte Bessie, wachsam, ihre misstrauischen, hellen Augen auf ihre Schwester gerichtet, die ein wenig blass im Gesicht und ein wenig träge wirkte, was vielleicht daran lag, dass sie keinen Tee getrunken hatte.

"Also?" wiederholte Deleah.

„Ich glaube nicht, dass es ein Geheimnis ist. Mama, ich glaube nicht, dass Deleah von Sir Francis Forcus wegen irgendetwas gerufen wurde, das sie nicht sagen kann!"

Emily, die dem Untermieter das Abendbier einschenkte, bemerkte, dass Miss Deleah die Dinge immer für sich behielt, selbst als sie noch ein Baby war.

„Ich kann mir nicht vorstellen, Deleah, was er von Ihnen gewollt haben könnte", antwortete Mrs. Day auf Bessies Berufung.

„Es war nicht viel, Mama."

nichts gewesen sein . Sagen Sie zumindest, ob es gut oder schlecht war", beharrte die ältere Schwester. „Ich verstehe nicht, warum Deda so affektiert und albern sein muss, Mama."

„Oh, lass mich zuerst etwas zu Abend essen", betete Deleah.

„Danke, Mr. Gibbon. Etwas Rindfleisch, bitte."

Die markanten, brennenden Augen des Pensionsgastes, die Augen, von denen Mrs. Day und Bessie entdeckt hatten, dass sie sein Gesicht aus dem Alltäglichen retteten, blickten mit einem verzweifelten, eifrigen Fragen auf ihr Gesicht. In seinem Herzen glaubte er, dass Sir Francis sie hatte bitten lassen, entweder sich selbst oder seinen Bruder zu heiraten. Vorausgesetzt, sie hätte zugestimmt! Angenommen, sie würde es jetzt sagen! Seine roten, quadratisch aussehenden Hände zitterten erbärmlich, als er das Rindfleisch tranchierte und es auf ihren Teller legte.

„Vielleicht möchte Miss Deleah ihre Neuigkeiten lieber für sich behalten, bis ich weg bin", zwang er sich zu sagen.

„Oh nein", erklärte Deleah, die das unendlich gerne getan hätte, aber seine Gefühle nicht verletzen durfte.

„Es geht um Reggie, ich weiß", sagte Bessie, während ihr Blick voller heftiger Fragen auf das Mädchen gerichtet war.

Erst nachdem Emily sich widerstrebend zurückgezogen hatte, gestand Deleah, dass Bessie Recht hatte, und erzählte ihre Neuigkeit trotzig in einem Satz. „Sir Francis hat mich holen lassen, um mich zu bitten, seinen Bruder nicht zu heiraten", sagte sie und widmete sich dem Inhalt ihres Tellers, als würde sie ihn wirklich genießen.

Eine Minute lang starrten sie sie sprachlos vor Überraschung an.

„Aber *wolltest* du ihn heiraten?" Bessie erkundigte sich ausführlich.

„Nein", sagte Deleah; "Ich war nicht."

„Und hast du es ihm gesagt?"

"NEIN."

„Meine liebe Deleah!" von ihrer Mutter. „Du hättest es ihm natürlich sagen sollen."

„Das habe ich nicht getan. Ich weiß nicht warum. Ich hatte das Gefühl, ich könnte es nicht. Ich habe kaum etwas gesagt, glaube ich."

„Aber jetzt *würde ich* ihn heiraten!" Bessie weinte. „Kein Mann sollte mich umsonst so beleidigen." Ihr Gesicht war rosarot geworden. Sie empfand die Beleidigung der Familie sehr deutlich. „Jetzt musst du *ihn* heiraten, Deleah. Mama, sag Deleah, dass sie um ihres eigenen Stolzes willen jetzt Reggie heiraten muss."

"NEIN!" sagte Herr Gibbon. Klappernd legte er Messer und Gabel nieder und richtete seinen wütenden Blick auf Bessie.

"NEIN!" sagte er und nachdem er sie angestarrt hatte, bis sie erstaunt den Blick abwandte, richtete er einen schützenden Blick auf Deleah. „Miss Deleah braucht nichts dergleichen zu tun", sagte er beruhigend.

„Das werde ich auf keinen Fall tun", sagte Deleah.

„Sollten wir uns dann angesichts dieser Unhöflichkeit ruhig hinsetzen?" fragte Bessie im Freien. „Du behauptest dich nie, Deda – du und Mama. Deshalb wagen es die Leute, dich so zu behandeln. Sir Francis hätte mich nicht wie einen Diener rufen lassen, um mir seine Befehle zu erteilen. Was hast du getan, Deda? Stand demütig da, wie ein Idiot, um zuzuhören, nehme ich an?"

„Miss Deleah hat getan, was richtig war. Zumindest hat sich das am schnellsten gebessert", erklärte der Internatsschüler. Er hatte noch nie zuvor offen als Deleahs Verfechter gestanden.

„Ich bin auch auf Dedas Seite", sagte Franky. „Deda hat das Beste auf ihrer Seite.
Kann ich noch ein Stück Torte haben, Ma?"

„Nein, das geht nicht", sagte Bessie prompt. „Mama, Franky hat im Schlaf geschrien, als er das letzte Mal zwei Stück Torte gegessen hat."

„Kann ich noch ein Stück Torte haben, Ma?"

Mrs. Day erklärte Franky, dass er zu dieser Nachtzeit zu Bett gehen müsse, anstatt noch mehr Kuchen zu essen; und Bessie begann voller Begeisterung eine neue Idee.

„Ich nehme an, das war der Grund, warum er hierher gekommen ist", rief sie.

„Sir Francis hat angerufen und Reggie Forcus bei mir gefunden", erklärte sie und wandte sich an den Internatsschüler. „Er kam hierher, um mich auszuspionieren. Zweifellos wollte er mir sagen, was er zu Deleah gesagt hat, aber er hat eine andere Person gefunden, mit der er sich befassen konnte. Ich habe ihm keine Chance gegeben, mich zu beleidigen, das weiß ich." Sie! Also schickte er nach Deleah, die sich nicht verteidigen kann.

„Arme kleine Deleah!" sagte die Mutter und betrachtete liebevoll das Mädchen, das in diesem Moment offensichtlich nicht in der Lage war, sich zu verteidigen, und offenbar mit ihrem Abendessen beschäftigt war.

„Miss Deleah könnte diejenigen finden, die sie verteidigen würden, wenn sie das Wort sagen würde", sagte Gibbon sehr gewagt; Das Rindfleisch lag ungenießbar auf seinem Teller, aber seine Augen verschlangen Deleah.

Bessie warf ihm einen erstaunten, missbilligenden Blick zu und erläuterte dann ausführlich, wie sie sich an Deleahs Stelle verhalten hätte. Wie sie Sir Francis scheinbar gelassen zugehört und nichts gesagt hätte, was ihn in seinen eigenen Untergang geführt hätte, und dann –

„Ich habe zugehört, ich habe nichts gesagt. Ich habe die ganze Zeit darüber nachgedacht, wie schrecklich es für ihn war, das tun zu müssen, was er getan hat."

„Nun, mein liebes Kind, das ging dich nichts an, du hättest darüber nicht unglücklich sein müssen."

„Nein, Mama. Aber ich war; und unglücklich darüber, dass ich sitzen musste, um ihm zuzuhören. Ich wollte unbedingt weg, das war alles. Ich kam genau in dem Moment, als ich konnte."

„Stattdessen hätte ich sagen sollen", erklärte die eifrige Bessie, „ich hätte sagen sollen: ‚Bis zu diesem Moment habe ich nicht einen Gedanken an Ihren Bruder verschwendet, Sir Francis. Aber jetzt, wo Sie es gewagt haben – es gewagt *haben* , mich zu beleidigen und „Meine Familie, ich werde dir sagen, was ich tun werde. Morgen früh hätte ich es auch getan", erklärte Bessie und blickte sich mit voller Selbstzufriedenheit um.

„Meine liebe Bessie. Lass deine Gefühle nicht so sehr mit dir durchgehen", tadelte Mrs. Day.

„Deleah hat keine Würde, Mama. Jeder kann sich vorstellen, dass Deleah sich ohne die geringste Würde benahm."

Deleah hörte kläglich zu und tat so, als würde sie nichts hören. Sie war mit Bessies Vorstellung von Würde nicht einverstanden, wusste aber, dass sie eine schlechte Figur gemacht hatte. Sie fühlte sich gedemütigt, verletzt und hilflos. Für sie war Sir Francis Forcus ihr Idealbild davon gewesen, was ein Mann und ein Gentleman sein sollte. Er hatte ihr am Tag ihrer Not geholfen, und sie hatte ihn sofort zu ihrem Helden auf einem Gipfel gemacht, zu ihm aufgeschaut und ihn heimlich und aus der Ferne angebetet. Sie wusste, dass sie heute Nachmittag beschämt, hilflos und kindisch vor ihm gesessen hatte;

erfüllt von ebenso großer Trauer um ihn, der sie so ungeschickt verletzte, wie um sich selbst. Sie hatte nicht den Wunsch gehabt, sich zu rächen; sie hätte sich nicht an ihm gerächt, wenn sie es gekonnt hätte; Die einzige Anstrengung, zu der sie fähig gewesen war, bestand darin, ihn glauben zu machen, dass sie so wenig wie möglich verwundet worden war und dass die Situation für sie nicht schrecklich war.

Doch als sie sie fragten, warum sie nicht mehr Mut gezeigt habe, konnte sie es nicht erklären. Sie konnte nur schweigend und elend dasitzen und sie reden lassen.

Sogar Mr. Gibbon, der sonst so beschäftigt und schweigsam war, redete. Er sagte, er nehme an, Sir Francis Forcus bezeichne sich selbst als Gentleman, aber er, der Mann aus Manchester, habe immer seine Zweifel an diesem Thema gehabt und er hoffe eines Tages auf die Gelegenheit, ihm zu sagen, dass er ein *Snob sei* . Und mehr noch, mit ungewollter, stotternder Geschwätzigkeit, mit Augenfeuer, mit unangebrachter, aufgeregter Wiederholung.

KAPITEL XXIV

Die kaltherzigen Schicksale

Als Mrs. Day und ihre Töchter an diesem Abend in den Ruhestand gegangen waren, setzte sich ihre Untermieterin auf und schrieb einen Brief.

Deleah fand es am nächsten Morgen beim Frühstück unter ihren Teller geschoben, da
Gibbon immer früh und allein frühstückte.

„Ich denke, Sie haben sich edel verhalten“, hieß es in dem Brief. „Hören Sie nicht darauf, was andere in ihrer Bosheit und Eifersucht sagen mögen. Der Mann Forcus ist ein Snob, der stolz auf sein Geldbeutel ist. Aber wenn er als solcher zu stolz ist, um Sie in seine Familie aufzunehmen, denken Sie daran, dass es einen anderen gibt, der einen besseren Geschmack hat. Mein Gott Meine Familie ist sehr respektabel, aber sie würden dich gerne aufnehmen, meinetwegen. Und was mich betrifft, ich sollte immer denken, dass du mir Ehre erwiesen hast, indem du meine Ehre erwiesen hast, meine geliebte Deleah.

Deleah zerknüllte den Zettel in ihrer Hand – sie lag an diesem Morgen vor ihrer Mutter und ihrer Schwester –, nahm ihn mit in die Küche, wo Emily gerade den Frühstückstoast machte, und rammte ihn mit dem Schürhaken und einem guten Willen ins Herz der glühenden Kohlen.

Dabei dachte sie an das Gespräch mit ihrer Mutter neulich Abend, in dem der Name des ehrenwerten Charles eine Rolle gespielt hatte. Sie hatte damals nur zur Hälfte gemeint, was sie gesagt hatte, aber jetzt – wie konnte sie auch nur einen Moment lang so leichtfertig über eine solche Heirat nachdenken!

„Und von welchem Liebesbrief des jungen Kerls brennst du gerade, Miss Deleah?“ Erkundigte sich Emily scherzhaft und schwenkte die Toastscheibe anmutig vor den Gittern.

„Der Liebesbrief eines jungen Kerls, der sich niemals trauen sollte, einen zu schreiben“, sagte Deleah ruhig. „Sein Liebesbrief war abscheulich, Emily.“

An diesem Morgen erhielt sie einen Liebesbrief anderer Art. Es wurde ihr gebracht und im Beisein ihrer Schüler in dem mal à propos Moment überreicht, als Miss Chaplin unerwartet das kleine Klassenzimmer betreten hatte, in dem die Junioren unterrichtet wurden und in dem sich Deleahs Domäne befand. Miss Chaplin hatte geglaubt, aus dieser Richtung Gelächter gehört zu haben, und war ins Zimmer gestürmt, um Miss Day zu bitten, für Ordnung bei den Kindern zu sorgen.

Die arme Miss Day wollte unbedingt ihren Posten in Miss Chaplins Akademie behalten, und aus diesem Grund und weil Miss Chaplin sich dieser

Tatsache durchaus bewusst war, hielt sie es für sicher und bequem, die arme junge Lehrerin zum Sündenbock für alle Unregelmäßigkeiten zu machen Sie war in der Schule engagiert, um die aufgestaute Gereiztheit an sich abzulassen, die sie nicht an den wertvolleren Assistenten auszulassen wagte, die solche Überwallungen zu ungünstigen Zeiten möglicherweise verübeln würden.

Sie hatte an diesem Morgen die Nachricht erhalten, dass drei Schüler, auf die sie stolz war und die die Schulleistung erbrachten, im nächsten Quartal gehen würden. Sie hatte einen „Streit" mit der deutschen Gouvernante gehabt, und Fräulein war unverschämt gewesen. Aber Fräulein war wertvoll, und Miss Chaplin hatte ihren Zorn in Flaschen gefasst, um ihn auf den unschuldigen Kopf von Deleah auszuschütten.

„Ich muss Sie wirklich bitten, Miss Day, für mehr Ordnung in Ihrer Klasse zu   sorgen.
Ich habe Lachen gehört. Wenn ich an der Tür vorbeikomme, höre ich oft Lachen –"

Aber wo war Miss Day, die für solch einen schrecklichen Zustand verantwortlich sein sollte?

Einer der kleinen Schüler war von der Form, auf der sie saß, gerutscht und unter den Tisch gerollt, und auch Deleah war auf der Suche nach ihr unter den Tisch gekrochen, worüber die anderen Schüler gelacht hatten. Die verlegene Gouvernante nahm den Tadel ihres Direktors auf allen vieren entgegen.

„Wirklich, Miss Day!" rief die empörte Frau. „Ihre Haltung vor den Schülern ist doch wohl kaum angebracht, oder?"

Und in diesem ungünstigsten Moment öffnete sich die Tür des Klassenzimmers erneut und Kitty Miller, die Schülerin des Tages, die manchmal mit Miss Day nach Hause ging und „Das Deleah-Buch" aufbewahrte, erschien. Sie hielt einen Brief in der Hand.

„Was geben Sie mir dafür, Miss Day?" Sie weinte, als sie erst zu spät die beeindruckende Gestalt von Miss Chaplin wahrnahm.

Deleah nahm das Schreiben entgegen, und es wäre schwer zu entscheiden, ob diejenige, die es überbrachte, oder diejenige, die es entgegennahm, schuldbewusster aussah.

Die empörte Stimme von Miss Chaplin verhaftete Kitty Miller im Moment ihrer schändlichen Flucht. "Warten!" befahl die alarmierenden Töne. Kitty stand still und zitterte, als sie es hörte. „Wer beauftragt Sie, Briefe an Miss Day zu überbringen, Kitty?"

Kitty, die Farbe von Rote-Bete-Wurzeln, sah Deleah an, lilienweiß.

„Wer hat dir diesen Brief gegeben, Kitty?"

Und die arme Kitty, die Deleah mitleiderregend ansah, log – vergeblich, aber um ihrer Freundin willen – und sagte, sie wisse es nicht.

„War es ein Gentleman?"

Kitty war verwirrt und demoralisiert und stammelte, dass sie es vergessen hatte.

Deleah kam ihr zu Hilfe. Deleah, die genau wusste, dass ihre Stunde gekommen war: „Es ist von Mr. Reginald Forcus", sagte sie. Sie hatte bereits zuvor Warnungen zum Thema Reginald Forcus erhalten.

„Und was hat dieser Herr Ihnen zu schreiben, was so wichtig ist, dass es zu einer Unterbrechung des Unterrichts führen muss?" forderte Miss Chaplin mit dem Kopf in der Luft.

Und als Deleah die Notiz im Umschlag betrachtete, sagte sie, sie wisse es nicht.

„Öffnen Sie es und schauen Sie", empfahl Miss Chaplin natürlich.

Als Deleah zögerte, ihr nachzukommen, streckte die Schulleiterin ihre Hand aus,   doch
Deleah ignorierte diese Geste und steckte den Brief in die Tasche.

Die ältere Dame zog ihre dünnen Lippen zu einem schmalen Strich über ihr schmales Gesicht. Sie hielt es wirklich für unmoralisch, wenn ein Mädchen einen Brief von einem Herrn erhielt, sie hatte wirklich das Gefühl, dass der gute Ton ihrer Schule durch den eklatanten Verstoß gegen die guten Sitten von Deleah Day gefährdet war. Sie musste Ungerechtigkeit bestrafen, sie musste die unbefleckten Jungen unter ihrer Obhut vor den bösen Auswirkungen schädlichen Beispiels schützen.

Als Deleah an diesem Nachmittag auf Reggie traf, der an der Straßenecke auf sie wartete und auf seinem albernen, gutaussehenden Gesicht einen albernen Ausdruck der Freude über ihre Annäherung zeigte, hatte sie ihre Entlassung aus der Schule erhalten.

Sie war voller Zorn auf ihn als Ursache dessen, was für sie ein Unglück war.

„Mir wurde gesagt, dass ich gehen soll. Das hast *du* getan, Reggie", begrüßte sie ihn. „Dein alberner Brief heute Morgen war das Ende."

„Auch eine verdammt gute Sache", erklärte der respektlose Reggie. „Ich freue mich wahnsinnig, das zu hören."

„Und was soll ich jetzt tun?"

„Das ist es, was ich dir sagen wollte. Es passt einfach nur zu meinen Plänen, wie du sehen wirst, Liebes.“

„Für mich ist es überhaupt nicht ‚schick‘.“

„Du. Warte! Du und ich werden heiraten, Deleah. Wir schaffen es sofort, verstehst du?“

„Oh nein, Reggie!“

„Oh ja, Deleah. Sehen Sie, ob wir das nicht tun! Ich mache nichts im Verborgenen. Ich habe es Francis ganz klar gesagt. Er ist kein Dummkopf. Er weiß, wann ich etwas meine. Und ich bin mein eigener Herr.“ "

„Aber du gehörst nicht mir, Reggie.“

„Warten Sie noch ein bisschen. Das alles klären wir hinterher. Was ich Ihnen heute Nachmittag zu sagen habe, ist Folgendes: Ich möchte Sie aufs Pferd setzen.“

"Absurd!"

„Warte! Warte nur! Wo war ich heute Nachmittag? Ich war in Runnydale, um mir die kleine braune Stute des alten Candy anzusehen. Es ist die, auf der sein Mädchen geritten ist. Sie ist verheiratet und weggegangen; Und ich habe das Versprechen für Sie. Jetzt ist die kleine Stute so sicher, wie ein Kind sie reiten könnte bis du Unterricht hattest; und ich habe das auch gesehen.“

„Reggie!“

„Das habe ich, richtig. Als ich aus Runnydale zurückkam, bin ich zu Ben Steel gegangen. Er hat vereinbart, dich zweimal in der Woche mitzunehmen. Ich gehe mit dir – damit du dich nicht merkwürdig fühlst. Ich habe es Ben dir gesagt „Die junge Dame wird zu Pferd umwerfend aussehen“, sagte Steel. Ein bisschen frech von ihm, aber ich sage, er ist privilegiert, was sollen die alten Frauen von Brockenham sagen wenn sie dich mit mir sehen, ein Hahnenpferd, Seite an Seite an ihren Fenstern vorbeireiten?“

„Sie werden mich nie dabei sehen, Reggie. Ich werde nicht mit dir reiten, mein lieber Junge.“

„Warten Sie! Sie werden Ihre Meinung ändern, wenn Sie Laura Candys kleine braune Stute sehen. Lassen Sie mich sie morgen hochbringen, damit Sie sie sehen können. Schauen Sie, ich soll sie heute Abend holen. Oh, Lass es sein, Deleah, wenn du willst, verschieben wir die Hochzeit noch eine Weile, aber ich habe mir vorgenommen, ein paar gemeinsame Fahrten zu machen. Du weißt nicht, wie stolz ich sein werde, mit dir neben mir zu fahren Broad Street und durch den Marktplatz und die St. Margaret's Lane hinauf. Es wird allen gackernden alten Frauen etwas zum Reden geben.

Es fiel ihr schwer, ihm klarzumachen, dass es nicht ihr Ziel war, ihm zu helfen, sich Nahrung für Klatsch und Tratsch zu leisten, und dass sie seine Begleitung zu Pferd durch die Straßen ihrer Heimatstadt sowie seine Begleitung durch das Leben ablehnte. Die Ereignisse des Tages hatten ihr Herz verhärtet; und es gelang ihr schließlich, ihn zu überzeugen.

„Und, Reggie, du darfst nicht mehr zu uns nach Hause kommen; du darfst mir nie Briefe schreiben; du sollst mir nicht auf der Straße auflauern."

„Oh, ich sage, Deleah! Komm! Das kann nicht so gemeint sein."

„Ich meine jedes Wort."

„Aber kann ich dich nicht manchmal zufällig treffen?"

„Wenn du das tust, werde ich dich schneiden."

„Und wenn ich nicht beschnitten werde?"

„Ich werde einen Polizisten rufen."

Sie lachte, aber sie zeigte ihm, dass sie es ernst meinte. Er ging niedergeschlagen an ihrer Seite, mit einem trauernden Ausdruck auf seinem gut gelaunten, freundlichen Gesicht. Die Jagdsaison war mehrere Monate lang nicht da. Sein Kopf und sein Herz waren in letzter Zeit von Deleah erfüllt, seine Zeit war damit verbracht worden, die Bridge Street hinunterzureiten, in der Hoffnung, dass sie vielleicht aus dem Fenster schaute, ihr aufzulauern, als sie von der Schule kam, und im Zimmer drüben zu sitzen den Laden mit Bessie, um die Zeit bis zum Erscheinen von Deleah zu verkürzen.

„Wenn ich es aufgeben soll, dich zu sehen und zu versuchen, dich zu sehen, was soll ich dann tun?" er hat gefragt.

„Du sollst reisen."

„Warum das ist es, was Francis in mich hineingesteckt hat!

„Da sind Sie also. Zwei Menschen, die wissen, was gut für Sie ist, Reggie."

„Francis hat es sehr eilig. Er möchte, dass ich nächste Woche gehe."

"Und warum nicht?"

„Ich weiß nicht, warum nicht – jetzt", gab ein unglücklicher Reggie zu.

„Dann geh sofort und sag ihm, dass du bereit bist."

Um ihres Wortes willen gegenüber seinem Bruder rang sie ihm widerstrebend die Zustimmung ab und verließ ihn. Doch eine Stunde später verkündete Emily, als sie den Tee hereinbrachte, dass ein Herr vorbeigekommen sei, um Miss Deleah zu sehen.

„Sie können sich vorstellen, wer das ist", sagte Emily, während sie das Tuch ausbreitete. „Er steht in seinem Hundekarren an der Tür und sein Pferd ist so unruhig, dass er sagt, dass er nicht reinkommen kann; aber er wird Miss Deleah keine Minute aufhalten."

Bessie kniete auf der Fensterbank und blickte auf die Straße: „Das ist natürlich Reggie", sagte sie. Dann drehte sie sich zu ihrer Schwester um. „Deleah", sagte sie, „sei nicht albern, *nimm* Reggie. Lass dich nicht von diesem hochnäsigen, eingebildeten alten Bruder abschrecken; kümmere dich nicht mehr um mich und die Dinge, die ich gesagt habe. Das ist es Eine echte Chance. Die beste, die Sie jemals bekommen *werden* .

Sie musste die letzten Worte über die Balustraden sagen, denn Deleah schenkte ihrer Ermahnung keine Beachtung und rannte die Treppe hinunter.

Neben Reginald Forcus saß zu seiner eigenen Freude und Überraschung in seinem schicken Hundekarren der kleine Franky Day. Er war die Straße entlang zu seinem Tee gerannt , als Reggie ihn mit der angenehmen Aufmerksamkeit eines um seine Waden geschlungenen Peitschenhiebs angesprochen hatte.

„Hallo, Junge!" Reggie hatte ihn begrüßt.

„Ganz gut, ich danke euch", hatte Franky geantwortet.

„Kommen Sie mit mir auf eine Spritztour?"

Franky hatte keiner weiteren Einladung bedurft, sondern war sofort mit funkelnden großen Augen und hoch schlagendem kleinen Herzen auf den freien Sitz neben dem Fahrer geklettert. Die überaus große Ehre gebührte ihm, die Zügel in der Hand zu halten, während der Stallknecht an Black Michaels Kopf stand, während Reggie herunterkam, um an der Tür mit Deleah zu sprechen.

„Deleah", sagte er, „ich bin gekommen, um dir zu sagen, dass ich alles getan habe,   was   du   von   mir   verlangt   hast. Ich habe Francis gesehen und gehe nächste Woche weg."

„Gut Reggie!"

„Ich habe es getan, weil du mich darum gebeten hast; und jetzt möchte ich, dass du nur noch eine Sache für mich tust. Ich weiß, dass alles vorbei ist und es für mich keine Hoffnung mehr gibt, und nach dieser Nacht werde ich dich nicht mehr sehen . Ich möchte, dass du heute Abend eine Spritztour mit mir machst.

„Nein, Reggie."

„Ja, Deleah. Ich muss nach Runnydale, um der alten Candy zu sagen, dass ich diese kleine Stute nicht will. Franky kommt. Franky kann zwischen uns sitzen, Deleah –“

Er war sehr stolz auf seine Voraussicht bei der Sicherung von Franky. Deleah, begleitet von Franky, konnte keine Entschuldigung haben.

Sie lehnte ihn sehr sanft ab, wegen seines unterwürfigen Verhaltens und weil seine Stimme, so absurd es auch von ihm war, bei seinem Appell versagt hatte und seine Augen feucht geworden waren. „Aber du darfst Franky nicht mitnehmen, Reggie“, sagte sie und forderte das Kind auf, herunterzukommen und zum Tee hereinzukommen.

„Lass mich gehen, Deda! Lass mich gehen!“ Franky flehte.

„Oh, Deleah, nur um mir eine Freude zu machen – dieses letzte Mal, dass ich dich sehe – kommst du auch!“ Der junge Mann versuchte es erneut. Als sie sich erneut weigerte, warf er sich wütend von ihr zurück und stieg auf seinen Sitz; Der Bräutigam sprang hinterher und ließ den hin und her wirbelnden Kopf des Schwarzen Michael zurück. Sie rief noch einmal nach Franky, aber sie gingen ohne Antwort. Deleah blickte ihnen eine Minute lang nach und konnte sehen, wie das aufgeregte kleine Gesicht des Kindes vor Freude strahlte und sich voller Bewunderung dem jungen Mann neben ihm zuwandte.

Dann ging sie zurück in den schwarzen kleinen Eingang, der als Flur diente, und stieg die steile, schmale Treppe mit verzögerter Stufe hinauf. Wie hell die Nachmittagssonne auf Reggie geschienen hatte, sein blondes, glattes Haar, seine bunte Krawatte, die Blume in seinem Mantel. Wie das Messinggeschirr geglänzt hatte und wie der Satinmantel des Schwarzen Michael geleuchtet hatte; wie blitzblank Odgers, der Stallknecht, in seiner grünen und lederfarbenen Livree war; Was für ein Hauch von Reichtum und Wohlbefinden bei jedem Termin.

Deleah hätte sehr gerne an der Seite des freundlichen Reggie hinter dem temperamentvollen Pferd gesessen; in das duftende Land gestürmt zu sein – weg von Käse und Kaffee und ihren vermischten Gerüchen, weg von Bessie und ihrer Klage über die Chance, die Deleah vertan hatte; weg von der Gesellschaft des Internatsschülers, der sie mit solch brennenden Augen ansah, unter einem Penthouse voller Hände, jede ihrer Bewegungen beobachtete, der sein rücksichtslos wildes „Ich liebe dich“ flüsterte, wenn die kleinste Ausrede seinen Kopf in ihre Nähe bringen konnte. Weg von dem Gedanken an Miss Chaplin und der Notwendigkeit, sich auf die Suche nach einer neuen Situation zu machen.

Sie hatte Reggie nicht heiraten wollen, aber jetzt, da er nicht mehr in ihrer Erinnerung war, schien ihm ein Wert zuzuerkennen, den er für sie zuvor nicht besessen hatte. Wie einfach wäre das Leben mit ihm gewesen! Franky hätte jeden Tag eine Autofahrt machen können; Ihre Mutter hätte dem Lebensmittelladen den Rücken kehren können –

Von dem Moment an, als sie ihren Fuß auf die untere Treppe setzte, bis sie den Treppenabsatz erreichte, erlaubte sich Deleah fast zu glauben, dass sie den jungen Mann und alles, wofür er für sie und die ihrigen stand, wieder zurückrufen würde. Aber bevor sie die Tür des Wohnzimmers geöffnet hatte, hatte sie sich an Sir Francis und seine Verachtung für sie und die ihren erinnert, und ihr Gesicht war vor Scham gebrannt.

"Also?" fragte Bessie, als sie eintrat, ihre Augen glitzerten vor Eifer.

„Er wollte, dass ich eine Fahrt mache. Ich wollte nicht gehen. Er hat Franky mitgenommen.“

„Franky, in seinem alten Schulanzug und ohne veränderten Kragen?“

Emily, die herumlungerte, um das Ergebnis dieses kurzen Interviews vor der Haustür zu hören, war auch entsetzt, als sie an die Schande dachte, die der Zustand von Franky über die Familie gebracht hatte. „Seine Nägel sind so schwarz, wenn er von der Schule nach Hause kommt, und oft ist sein Gesicht verschmiert. Was für ein Anblick, Odgers zu präsentieren.“

„Odgers steht mit dem Rücken zu ihm.“

„Trotzdem hätte ich ihm am liebsten den Dreck abgekratzt. Und er hat die Unterhose mit dem Aufnäher hinten an!“

Nachdem Mrs. Day aufgestanden war, um ihren Tee zu trinken, und sich wieder in den Laden zurückgezogen hatte, nahm sie ihren Platz hinter der Theke ein und schickte Mr. Pretty zum Essen.

Es kamen keine Kunden herein. Sie richtete ihren traurigen und geduldigen Blick auf die Straße und dachte – nicht an den Messerschmied gegenüber, mit dessen Sohn Franky eine so unerwünschte Freundschaft geschlossen hatte, noch an die Passanten auf dem schmalen Bürgersteig, noch an die Handwerkerkarren rattern über das Kopfsteinpflaster; Ich dachte an Bernard auf seinem Weg nach Indien und die unsäglichen Gefahren und Entbehrungen, an Deleah und ihre Entlassung aus der Schule. Ihr hübsches, gutes Kind, so schäbig behandelt worden zu sein! Deleah, die, wenn sie sich dafür entschieden hätte, vielleicht die Königin aller gewesen wäre. Sie dachte auch an ihr stetig rückläufiges Geschäft und daran, wie unmöglich es für sie war, mit Comans Geschäft weiter unten auf der Straße klarzukommen. Morgen war der siebte, der Tag, den Mr. Boult jeden Monat für die Erledigung ihrer Angelegenheiten festlegte; er blätterte in ihren Büchern, katechisierte sie, befragte sie und gab ihr auf seine tyrannische, tyrannische Art Ratschläge. Von hier aus wanderten ihre Gedanken zu dem Thema, über das Bessie beim Tee auf ihre irritierende, besorgniserregende Art gesprochen hatte.

„Es ist auf jeden Fall schade, dass das Gesicht des Kindes nicht gewaschen wurde", sagte sie.

Endlich ein Kunde! Nein, nur der kleine Sohn des Messerschmieds, Frankys Kumpel, von gegenüber.

Der Messerschmied mietete ein Stück Garten an einer der Straßen, und wenn der Tee zu Ende war, rannten Franky und der Sohn des Messerschmieds an Sommerabenden gemeinsam in ihren Garten, um sich dort auszutoben, was für kindisches Unheil auf dem begrenzten Raum möglich war.

„Franky ist heute Abend nicht da", sagte Mrs. Day zu dem Jungen. „Er ist mit Mr. Forcus spazieren gegangen." Sie gab ihm einen Schuss Säuretropfen und der Junge rannte davon.

„Alles klar, dann sag Franky, dass ich reingeschaut habe", rief er.

Als Nächstes kam das dicke kleine Dienstmädchen vom Metzger in der Nähe. Sie war rothaarig und hatte einen großen Kropf, über den sich ihr schwarzes Nachmittagskleid nicht ganz schließen ließ. Sie musste vom frühen Morgen bis zum späten Abend kaum arbeiten, und Mrs. Day, immer voller Mitgefühl für die Schwachen und Unterdrückten, war freundlich und sanft zu ihr.

Im Allgemeinen war sie vor Eile und dem Ärger mit dem Kropf außer Atem, und
Mrs. Day achtete jetzt nicht mehr besonders auf ihren keuchenden Zustand.

„Was hast du heute Abend, Alice?" sie fragte sie.

„Es ist Seife", keuchte Alice. „Seife und Streichhölzer und sechs Eier für das Morgenfrühstück, und ich sollte Ihnen bitte sagen, dass Sie sieben statt sechs hineinlegen sollten, denn eines aus der letzten Menge war abgestanden. Und haben Sie es gehört? „Bitte, da ist ein Unfall mit dem kniffligen Pferd von Herrn Forcus passiert?"

Mrs. Days dunkle Augen starrten das Mädchen aus einem Gesicht an, das zur Blässe der Toten geworden war.

„Dann haben sie es! Meister, er ist gerade hereingekommen und hat es gesagt. Sein Pferd ist im Kilt; und der Stallknecht hat eine Schnittwunde im Gesicht; und Ihr kleiner Junge, den er beim Reiten mitgenommen hat, hat seinen Hals Pleite."

KAPITEL XXV

Wiedergutmachung leisten

„Natürlich müssen wir etwas für sie tun", sagte Sir Francis. „Die Schwierigkeit besteht darin, zu entscheiden, was."

Er und seine Schwester hatten in ihrer Kutsche die Beerdigung von Franky Day verfolgt. Sir Francis hatte sich gewünscht, unauffällig zu erscheinen, da er dort erscheinen musste, aber Ada hatte gedacht, dass sie – so schmerzhaft es auch war – auch anwesend sein musste, und Ada konnte nicht zu Fuß gehen. Der Forcus-Wagen war daher in der dürftigen Prozession, die dem kleinen Sarg zum Friedhof folgte, auffällig gewesen.

„Wir müssen uns daran erinnern, dass die armen Dinge schon bessere Tage gesehen haben, und wir müssen vorsichtig sein, was wir anbieten", sagte Miss Forcus. „Ich habe keinen Zweifel daran, dass wir feststellen werden, dass sie lieber verhungern würden, als unser Geld anzufassen."

„Ich hoffe, sie wissen, dass Reggie weggegangen ist; sonst hätte es vielleicht herzlos gewirkt, dass er heute nicht da war."

„Sie werden es verstehen. Und Reggie hätte es nicht ertragen können. Es war schon so schmerzhaft genug", sagte Sir Francis.

Es war sehr schmerzhaft gewesen. Er dachte an die Gestalt der armen Mutter, die ohne Tränen in das kleine Grab blickte; von den armen weinenden Mädchen, die sich an sie klammerten. Frankys gewöhnliche kleine Schule hatte die Schule besucht und stand, geleitet von dem dürftigen jungen Meister, der die Leitung innehatte, in einiger Entfernung, aber der kleine Sohn des einst verachteten Messerschmieds war vorgerückt, wurde von seinen Kameraden ermutigend vorwärts geschoben und ließ einen Haufen davon auf den Sarg fallen Blumen, die im Garten an der Straße gesammelt wurden, wo Franky und er so gern gespielt hatten. Es waren keine anderen Blumen da. Es war vor dem Tag der Blumen-Gedenkpräsentation.

„Wenn sie uns erlauben würden, die Beerdigungskosten zu tragen oder ein kleines Denkmal auf dem Friedhof oder ein Fenster in ihrer Kirche aufzustellen?" Ada schlug vor.

„Wenn wir etwas tun könnten, um ihnen zu helfen, ihren Lebensunterhalt zu verdienen", sagte Sir Francis.

Der Tag von Frankys Beerdigung war der erste, der deutlich machte, dass der Sommer vorbei war. Die Kapelle war kalt und trostlos gewesen, und während sie um das Grab herumstanden, begann es zu regnen. Im Salon von Cashelthorpe war das Feuer angezündet worden, und Tee erwartete den Bruder und die Schwester. So tröstend diese Tröstungen auch waren, sie konnten die Traurigkeit, die das gütige Herz von Ada Forcus bedrückte, nicht zerstreuen.

„Ich werde diese armen Dinger heute nie vergessen. Niemals!" sagte sie und weinte ohne Scham in ihre Teetasse.

Der Mann weinte natürlich nicht, aber auch er wirkte für einen Moment überwältigt vom Schatten dessen, was geschehen war.

„Ich habe heute mit ihrem alten Diener gesprochen", sagte er. „Es scheint, dass das Kind zurückgerufen wurde; Reggie wollte nicht zuhören und ist mit ihm weggefahren."

„Es tut mir furchtbar leid für Reggie. Aber oh, ich kann nicht vergessen, wie *klein* der Sarg aussah. Francis, was für eine hübsche Familie sie sind! Mir fiel auf, dass die Mädchen hübsch waren, selbst wenn sie weinten."

Das war mehr, als man von Ada hätte sagen können; und sie wusste es, weinte aber trotzdem.

„Das jüngere Mädchen sieht sehr gut aus", sagte der Bruder, „und außerdem ist sie ein gewissenhaftes und gutes Mädchen."

Er dachte darüber nach, wie sicher sie, wenn sie es gewollt hätte, seine Schwägerin geworden wäre, und dieser Gedanke verstärkte erneut die Erkenntnis, dass die Familie von Forcus der Familie von Day etwas zu verdanken hatte.

„Ich werde morgen George Boult besuchen", sagte er.

„Der Tuchmacher, meinen Sie? Warum?"

„Er ist ihr Berater. Stecken Sie die arme Frau in diesen elenden Laden. Er wird wissen, was für sie getan werden kann."

Sir Francis wurde jedoch bei seinem wohlwollenden Projekt von Herrn George Boult nicht besonders unterstützt, ein Umstand, der den Mann überraschte, dem der Charakter des erfolgreichen Tuchmachers nicht unbekannt war. Von ihm wurde erwartet, dass er im Namen der Witwe ohne Bedenken alles angenommen hätte, was zu bekommen war; Stattdessen nahm er alle Vorschläge des reichen Mannes kalt auf und ermutigte ihn nicht einmal im entferntesten zu seinen wohltätigen Absichten.

Durch seinen Bruder – so unschuldig er auch war – war über diese armen Menschen ein schwerer Kummer gekommen. Es wäre eine große Erleichterung für Sir Francis und seine Familie, wenn er ihnen in irgendeiner Weise nützlich sein könnte. Sein Name muss nicht erscheinen. Herr Boult könnte die Transaktion arrangieren. Er hatte gehört, dass das Geschäft des Lebensmittelhändlers nicht erfolgreich war –?

Der Laden muss aufgegeben werden. George Boult gab die Tatsache zu. Die Frau war zu schüchtern für den Handel. Alle Frauen waren. Vor allem ihr fällt keine Schuld zu. Sie war fleißig und vorsichtig gewesen. Sie stand noch am selben Morgen hinter ihrer Theke. Er hatte sie dort gesehen. Aber welche Kunden würden schon gerne Seife und Kerzen von einer Frau kaufen, die vor Kummer halb tot ist?

„Sie darf nicht dort bleiben", sagte Sir Francis. „Ich kann leicht einen Mann einsetzen, der die ganze Verantwortung übernimmt und Mrs. Day freilässt. Ich werde morgen einen Mann schicken."

„Ich setze heute eins ein", sagte George Boult, der sich nur für den Moment dazu entschlossen hatte. Er streckte seine Brust hervor, straffte seine Schultern, schüttelte in seinem niedrigen Kragen den Kopf und machte eine wichtige Miene. „Es ist zweifellos allgemein bekannt, dass Mrs. Day und ihre Familie bisher Rat und Hilfe von mir gesucht haben", sagte er.

„Ich habe William Day versprochen, dass ich mich um sie kümmern würde. Ich habe mein Versprechen gehalten und werde es auch halten. Ich bin Ihnen trotzdem verpflichtet."

„Mein Angebot, auf jede erdenkliche Weise zu helfen, gilt, wie Sie sich erinnern   werden",
sagte Sir Francis. Er würde seine wohlwollende Absicht nicht kampflos aufgeben. „Gibt es etwas, was man für die Mädchen tun könnte?" fragte er. „Der Jüngere ist Lehrer an einer Schule, glaube ich?"

„Habe den Sack!" sagte Mr. Boult leichthin; und da er keinen Grund sah, warum er das nicht tun sollte, erklärte er weiter, dass das Unglück durch die Aufmerksamkeit von Herrn Reginald Forcus entstanden sei. „Das hat mir Miss Bessie erzählt", endete er und fragte Sir Francis mit einem Blick aus glitzernden Augen, ob er das Vergnügen hatte, Miss Bessie kennenzulernen. „Eine bemerkenswert gut aussehende junge Dame ist Miss Bessie", erklärte er.

Er nickte seinem Besucher zum vertrauten Abschied zu, als dieser sich unbehaglich und niedergeschlagen zurückzog. Die Forcuses waren nicht einmal Kunden. Sir Francis und er saßen zusammen auf der Richterbank. „Wir sind jetzt ungefähr gleichauf", sagte er zu sich selbst; und er erinnerte sich daran, dass er nun auch das Recht hatte, eine Kokarde auf den muffigen Hut seines Kutschers in der schimmeligen Livree zu setzen.

Lassen Sie den hohen und mächtigen Brauer eine eigene Witwe aufnehmen, um
die Vorsehung zu spielen, und lassen Sie das besondere Eigentum von George Boult in Ruhe!

Sir Francis seinerseits war beunruhigter als je zuvor, als er aus diesem Interview hervorging. Auch das Mädchen wurde von der Schule entlassen! Es schien, als müsste ihm das ganze Unglück der armen Tage angelastet werden. Er, der es hasste, jemandem etwas zu schulden, konnte sich dieser schweren Schuld nicht entledigen.

„Ich werde sie besuchen", sagte Ada, als er vom Misserfolg seiner Mission erzählte.

„Sie werden es hassen, dich zu sehen."

„Ich werde gehen. Ich bin sicher, dass es Menschen mit guten Gefühlen sind."

Auch über diesen Besuch konnte kein sehr zufriedenstellender Bericht gegeben werden. Es war sehr schmerzhaft gewesen. Mrs. Day war nicht anwesend. Sie hatte Miss Forcus eine Nachricht geschickt, in der sie sich für ihren Anruf bedankte und um Entschuldigung bat. Es waren nur die Mädchen da. Sie könnte sagen, nur das eine Mädchen, denn der Älteste hatte beim Erscheinen von Miss Forcus wild zu weinen begonnen und hatte sich nicht erholt, als sie ging.

„Der arme kleine Junge scheint ihr Idol gewesen zu sein", sagte Ada mit einem kläglich bedrückten Seufzer.

Das jüngere Mädchen hatte der Dame durch ihr Benehmen sehr gefallen; so gefasst, so selbstlos, so offensichtlich bewusst, wie anstrengend es für den Besucher war, so liebevoll bemüht, gnädig zu sein.

Sir Francis nickte. „Mir hat die Art dieses jüngeren Mädchens immer gefallen."

„Und sie ist ganz bezaubernd, Francis."

Er wisse nichts von der Schönheit, sagte der Bruder, aber er halte sie für einfach, gewissenhaft und gut. Er schaute in das schlichte Gesicht seiner Schwester: „Jede Frau, die so ist, ist reizend", verkündete er.

„Ich gehe wieder dorthin", sagte Ada.

„Wird es Ihnen nicht wie ein Eingriff vorkommen?"

„Ich werde es riskieren. Sie scheinen keine Freunde zu haben."

Nach dem zweiten Besuch hatte sie etwas Bestimmteres zu erzählen. „Ich hoffe, dass Sie damit einverstanden sind, aber wenn Sie es nicht tun, ist nichts zu ändern", sagte sie, „denn die Sache ist arrangiert. Das jüngere Mädchen, Deleah, kommt hierher."

„Hier? Bei einem Besuch meinst du?"

„Sie wird meine Begleiterin. Nur so kann ich herausfinden, wie wir ihnen von Nutzen sein können. Das arme Kind hat fünfzehn Pfund pro Jahr bekommen. Ich kann ihr fünfzig geben –"

„Du hast nicht vergessen, wie dieser junge Idiot, Reggie, sich wegen dieses Mädchens noch lächerlicher gemacht hat. Hätte sie wohl geheiratet, wenn die junge Frau sich nicht außerordentlich anständig verhalten hätte."

„Zum Glück ist Reggie weg", tröstete sich Ada. „Er wird ein Dutzend Mal verliebt gewesen sein, bevor er wieder zurückkommt."

„Aber was wirst du mit dem Mädchen machen? Wird es dich nicht langweilen, sie immer bei dir zu haben? Du hast dir noch nie eine Gefährtin gewünscht."

„Woher weißt du, dass ich das nicht getan habe?" fragte ihn seine Schwester lachend. „Ich wusste es selbst nicht, aber ich schätze, ich wollte schon immer eines. Endlich werde ich eines haben."

In Ada Forcus steckte jene unausrottbare Liebe zur Fröhlichkeit, die manche Frauen bis ins Grab tragen. Da seine Frau nach dem Tod ihres Bruders den Haushalt seines Bruders übernommen hatte, hatte man dieser Leidenschaft wenig Nachsicht entgegengebracht. Im Grab seiner Frau war nicht nur das ganze Herz von Sir Francis begraben, sondern offenbar auch die Liebe aller, die für den Glanz des Lebens sorgten. Als die Schärfe seines Kummers nachgelassen hatte, war es für ihn zur zweiten Natur geworden, ernst und traurig zu sein und die störenden Auswirkungen sozialer Ablenkung zu meiden. Ohne seinen eigenen Wunsch, sondern ganz natürlich und unwiderstehlich schien die Gewohnheit der Melancholie, die sich über seinen Herrn gelegt hatte, sein Zuhause zu verschleiern. Er mochte es, wenn sein Bruder bei ihm in dem Haus war, in dem er geboren worden war, aber die Freunde seines Bruders waren ihm nicht willkommen. Er hing sehr an der Schwester, die ein halbes Dutzend Jahre älter war als er selbst, aber der Gedanke, dass sie sich eine andere Gesellschaft als seine eigene wünschen könnte, war ihm offenbar nicht in den Sinn gekommen.

„Es gibt einige Dinge, die ein Mann nie lernen kann", sagte sich die Mitte-Viktorianerin Ada, als Sir Francis prophezeite, dass sie einen Gefährten langweilig finden würde. „Und eine davon ist, dass eine Frau, egal wie glücklich sie sich im Haus eines Mannes befindet, eine andere Frau haben muss, die leicht zugänglich ist, mit der sie reden, nähen und mit der sie flüstern kann."

KAPITEL XXVI

Ein Haushaltsvorstand

Als ihr erklärt wurde, dass ein Mann in den Laden geholt werden sollte, um ihr einen Urlaub zu schenken, lehnte Mrs. Day den Nachlass ab. Ihr Herz war gebrochen, aber sie war nicht krank. Es wäre eine Freude gewesen, Franky ein wenig Zeit zu geben – mit ihm auf dem Land spazieren zu gehen, ihm vorzulesen, ihm bei seiner Lieblingsbeschäftigung, dem Malen alter Nummern der *Illustrated News* und *des Punch*, *zu helfen*. Oft hatte sie sich nach der Muße gesehnt, diese Dinge tun zu können. Aber wo blieb die Freizeit, nachdem Franky weg war? Sie wollte nicht einmal die Muße haben zu weinen. Sie, die in diesem jüngsten Kummer so oft geweint hatte, konnte keine Tränen vergießen.

Deleah weinte und benetzte jeden Abend das Kissen mit ihren Tränen. Wenn man über Dinge sprach, die nichts mit dem verlorenen Kind zu tun hatten, strömten Tränen in die Höhe und übertönten die schönen haselnussbraunen Augen; zitterte, während sie versuchte, an den dichten schwarzen Wimpern weiterzureden; würde, sie tat so, als würde sie es nicht bemerken, über ihre Wangen rollen.

Bessie weinte – jaulte sogar, während sie, ihr Gesicht im Sofakissen vergraben, mit gedämpfter Stimme Frankys Namen rief.

rief Emily und reinigte mit Ammoniakgeist den schäbigen Schulanzug, dessen Geruch die Nase der älteren Schwester so beleidigt hatte. Noch einen Flicken an den hinteren Teilen der Hose anbringen, der einzige Nutzen dieser Arbeit besteht darin, dass sie das Weglegen der kleinen Kleidungsstücke für immer hinauszögert.

Aber der Mutter wurde ein so leichter Ausdruck ihrer Trauer verweigert, der jenseits von Worten und Tränen lag. „Ich bin nicht krank. Mr. Pretty und ich kommen zurecht", sagte sie und der von George Boult bereitgestellte Ersatz wurde zurückgeschickt.

Mr. Pretty war sehr gut zu ihr, verzichtete vorerst auf seine heimlichen Rauchereien im Keller, auf sein Herumtollen mit den Jugendlichen seines Alters, die an der Tür vorbeikamen, und widmete sich ernsthaft seinen Pflichten, denen er bisher konsequent ausgewichen war.

Jeder, der in die Nähe der trauernden Mutter kam, beging den häufigen Fehler, ihren Verlust zu ignorieren. Sogar ihre Töchter taten dies so oft wie möglich; so dass man ihn an der Stelle, wo der Name des Kindes auf allen Lippen gestanden hatte, nicht mehr hörte.

Diejenigen, die einen solchen Verlust erlitten haben, wissen, wie das Ohr krank wird beim Klang eines Namens, den die Zunge dennoch nicht aussprechen will; wie sich das Herz bei der Musik bewegt, wenn man es ausführlich ausspricht.

Mr. Pretty verstand das nicht, aber er kannte auch nicht die allgemein anerkannte Überzeugung, dass es am besten sei, nicht über die frisch Verstorbenen zu sprechen. Er schien das Kind nicht besonders gern zu haben, hatte sich oft darüber beklagt, dass es ein Hindernis sei, wenn Franky ihm beim Mahlen des Kaffees oder beim Putzen der Johannisbeeren helfen wollte, und dennoch hatte er einen Vorrat an Sprüchen und Taten angelegt, auf die er zurückgriff jetzt zum Ohr seiner Mutter. Geschichten über Frankys Frechheit, sogar über seine Vorliebe für die Nähe einer bestimmten Schublade, die eingemachte Kirschen enthielt. Von seiner Frechheit, als er es wagte, die Assistentin ohne den Herrn mit „Hübsch" anzusprechen, und von seiner bereitwilligen Ersetzung durch ein Adjektiv, das sein Aussehen sicherlich besser beschrieb, als der junge Mann protestierte. Von seinem Reiten auf Mr. Prettys Rücken, wenn er in Erfüllung seiner Pflicht auf allen Vieren unter die Theke kriechen muss; er klammerte sich an seine Beine, als ihn die Pflicht erneut dazu aufrief, die Stufen zum obersten Regal zu erklimmen. Nichts war zu absurd, keine kleine Aufzeichnung zu trivial, um in den Ohren der Mutter wertvoll zu sein.

Eine Quelle heimlichen Interesses für sie waren die Bewegungen von Willy Spratt, dem Sohn des Messerschmieds. Auf Anweisung seiner Eltern, die möglicherweise dachten, sein Anblick würde der armen Frau Schmerzen bereiten, gab das Kind auf und ging in den Laden, um sein Penny auszugeben. Als er im Vorbeigehen zunächst ein wenig wehmütig hineinschaute, rannte er bald singend oder schreiend an der Tür vorbei, ohne an den kleinen Begleiter zu denken, der dort immer darauf wartete, sich ihm anzuschließen. Als er schließlich wieder hereinkam, um seine Süßigkeiten zu holen, wandte Mrs. Day verärgert den Blick von ihm ab und überließ ihn Mr. Pretty, um ihn zu bedienen. Sie brachte es nicht über sich, mit dem Kind zu sprechen, das gesund und munter war und mit seinen Säuretropfen zufrieden war, während Franky in seinem Grab lag.

Von der Gesellschaft von Mr. Boult hatten die Days zu dieser Zeit mehr als genug. Mr. Gibbon stand immer auf und zog sich in sein Zimmer zurück oder ging auf die Straße, wenn der Chef seiner Firma erschien. „Ich habe in der Arbeitszeit genug von ihm", entschuldigte er sich hinterher. „Mr. Boult ist an seiner Stelle in Ordnung."

„Ich bin sicher, ich wünschte, er würde dort bleiben!" Bessie würde erklären. Sie dachte, der ehrenwerte Charles sei eifersüchtig; denn mit der älteren Tochter war der Tuchmacher gekommen, um sich einer Art schwerem

Ärgernis hinzugeben, was George Boult vielleicht befriedigte und offenbar Bessie nicht missfiel, was aber diejenigen, die zusahen, als ermüdend empfunden haben mussten.

Bessie tat immer so, als sei sie gelangweilt von diesen geistreichen Begegnungen mit dem dicken, kahlköpfigen Mann, der ein Zeitgenosse ihres Vaters gewesen war: „Sie haben kein Recht zu gähnen, wenn ich mit Ihnen rede, Miss Bessie", tadelte er sie. "Warum tust du das?"

"Weil ich müde bin."

„Du meinst, weil du meiner Gesellschaft überdrüssig bist? Das ist jedoch nicht der Grund, warum du gähnst. Du gähnst, weil du Verdauungsstörungen hast."

„Ich? Verdauungsbeschwerden? Was lässt Sie so denken, bitte? Sehe ich aus wie eine Verdauungsstörung? Habe ich Flecken im Gesicht oder eine rote Nase?"

„Nein, aber du wirst dick. Du isst zu viel."

„Herr Boult, wie *können Sie es wagen* !"

„Du isst zu viel und arbeitest zu wenig. Du treibst nicht genug Sport, um deine Nahrung zu verdauen."

„Sie machen persönliche Bemerkungen, Mr. Boult. Kein Herr kann einer Dame persönliche Bemerkungen machen, es sei denn, sie sind höflich ..." und so weiter.

Als Deleah wegging, schien Bessie zu größerer Attraktivität aufzublühen. Vielleicht gab es in den begrenzten Räumen der Bridge Street nicht genug Platz oder Luft für die Entwicklung beider Schwestern; oder es könnte gewesen sein, dass Deleah mit ihrer überragenden Schönheit und gewinnenden Art die andere in den Schatten stellte, und dass Bessie sich dieser Tatsache bewusst war. Sicherlich wurde sie liebenswürdiger, nützlicher, sogar hübscher und liebenswerter. Und George Boult kam oft und noch öfter. Kaum eine Nacht, in der er nicht kam.

Das nicht zahlende Geschäft muss veräußert werden; Es gab keinen unbedingten Grund zur Eile; Mrs. Day könne durchhalten, bis ein vorteilhaftes Angebot gemacht werde, entschied Mr. Boult. Das Haus, das jederzeit für ihn geöffnet war, gefiel ihm. Ihm gefiel das lange, schmale Wohnzimmer über dem Laden mit dem Kamin an einem Ende und den drei tief sitzenden Fenstern am anderen Ende, wo er jetzt wie in seinem eigenen Zuhause sitzen und sich mit Bessie unterhalten konnte, die absichtlich müßig war, oder Bessie Sie tat so, als würde sie nähen – immer war Bessie ein angenehmer Anblick und seltsam anregend mit ihrem gewagten Umgang mit ihm.

Deleah war weg, Franky war weg, es war sehr gemütlich dort, besonders wenn die Winterabende kamen, und die arme Witwe blieb lange in ihrem Laden, während er und Bessie allein saßen und „schabberten", wie er es nannte.

Wie sie es wagte! fragte er sich oft. Denken Sie an all die Wohltaten, die er der Familie beschert hatte, und daran, dass sie es wagte!

„Was wäre aus euch allen geworden, wenn ich nicht diese Abonnementsliste erstellt und euch ins Geschäft gebracht hätte?" er fragte sie.

„Was wird aus uns, nachdem das Geld ausgegeben ist und das Geschäft gescheitert ist?" sie erwiderte.

„Das überlassst du mir", sagte er zu ihr und versprach so gut wie, dass die Zukunft der Familie bei ihm in Sicherheit sei. Er erwartete vielleicht, dass sie von Dankbarkeit überwältigt würde; Stattdessen erteilte sie ihm eine nicht unnötige Lektion in Manieren und riet ihm, dass eine Person von so großer Bedeutung sich nicht dadurch erniedrigen sollte, dass sie selbst in die Trompete bläst.

Im Wohnzimmer über dem Laden herrschte für Charles Gibbon keine Anziehungskraft, da Deleahs schlanke Figur und ihr süßes Gesicht fehlten. Er konnte sich jetzt sehr gut ein Haus leisten. Nicht das große Haus, von dem Deleah gesprochen hatte, aber eines, das seinen bescheidenen Bedürfnissen genügen würde. Ein Haus mit einem großen Garten dahinter, in dem Rosen, Geißblatt und Jasminsträucher gezüchtet werden könnten, wenn dort jemals eine Dame wohnen würde, die Blumen liebt. Ein Garten, in dem eine Laube angelegt werden könnte, die groß genug für zwei Personen wäre, die dort je nach Saison ihre Erdbeeren essen oder dort an einem Sonntagnachmittag ein Glas Wein trinken könnten. Weit außerhalb der Stadt, zur Wahl, an einer Straße, an deren Tor jemand stehen und dem Abgang des Meisters zusehen könnte, wenn er morgens zur Arbeit ging und ihn abends begrüßte, wenn er zurückkam.

In seiner Freizeit beschäftigte er sich mit der Suche nach einem solchen Rückzugsort, und als der ideale Ort gefunden war, verließ er seine Zimmer in der Bridge Street und ließ sich dort nieder.

George Boult machte sich die Mühe, an einem Sonntagnachmittag zu dem kleinen, mit Spalieren bedeckten Haus zu gehen, anderthalb Meilen von der Stadt entfernt, und entdeckte den Juniorpartner in Hemdsärmeln, der den Kies im Hintergarten rollte. Boult, ein strenger Sabbatarier, war mehr als nur schockiert, als er diesen Verstoß gegen den Anstand bemerkte. Die Tatsache, dass der Hintergarten nicht zu übersehen war, beruhigte ihn jedoch. „Wir müssen bei solchen Dingen vorsichtig sein. Kunden sind oft wählerisch“, sagte er.

Die Schirmherrschaft des Besuchers, der darauf bestand, das kleine Anwesen zu übernehmen, ging auf die Laune seines Besitzers, der sich ohnehin unwohl darüber im Klaren war, dass der Rasen nur zur Hälfte groß genug für die demonstrativ darauf aufgestellten Krocketkörbe war; dass die Möbel im Esszimmer viel zu groß dafür seien und dass die Möbel im Wohnzimmer für ihren Zweck völlig ungeeignet seien. Er wollte diese Mängel vergessen, auf die der andere gewissenhaft hinweisen wollte.

„Sehr schön. Sehr schön. Wirklich sehr passend“, lautete schließlich das Urteil. Der Schmerz des Herrn Charles wurde dadurch keineswegs gelindert. Da die Unterkunft in Herrn Boults Augen offensichtlich so viel zu wünschen übrig ließ, war es kein Kompliment, wenn man ihnen sagte, sie sei geeignet. „Ein sehr schöner kleiner Käfig, Gibbon. Wo ist der Vogel?“

„Keine Eile“, sagte Gibbon mürrisch und zurückhaltend. Mit dem ernsthaften Wunsch seiner Abreise war er mit seinem Besucher zum Tor geschlendert. Ihn sowohl am Sonntag als auch die ganze Woche über zu haben, sei etwas zu viel, sagte er sich, ohne laut zu schweigen. Und in diesem Moment fuhr eine Kutsche vorbei, deren Diener die grün-braune Livree der Forcuses trugen. Eine der beiden Damen, die in der Kutsche saßen, beugte sich mit einem überraschten Gesichtsausdruck eifrig nach vorne und verneigte sich vor den Männern am Tor. Mr. Boult war völlig überrascht und stürzte sich auf seinen Hut. Gibbon, barhäuptig, beugte als Antwort auf die Begrüßung nicht einmal den Hals, aber sein Gesicht wurde bleibleich.

„Schlag auf die Wahlbeteiligung! Ich nehme an, dass ihre Kutschen immer vorbeirasen?“ Herr Boult sagte; denn die Straße, an der die Laburnums standen, führte nach Cashelthorpe.

Er arbeitete meist im hinteren Teil des Hauses und konnte nicht sagen, wie oft sie vorbeikamen, sagte Gibbon.

„Du schaust lieber auf deinen drei Quadratmeter großen Krocketrasen als auf
Deleah Day in der Kutsche der Forcuses, Gibbon?“

Gibbon pflückte ein Blatt von der Hecke und steckte es in den Mund, antwortete aber nicht auf die scherzhafte Bemerkung.

„Was machen sie, ihre Pferde zu lenken und ihre Diener mitten am Sonntagnachmittag hinauszuzerren?“

Sie gingen manchmal nachmittags zu einem Gottesdienst in der Kathedrale, und Gibbon, der, obwohl er sich gewöhnlich im hinteren Teil des Hauses aufhielt, offensichtlich etwas über die Bewegungen der Forcuses wusste, konnte sich verständigen.

„Die kleine Miss Deleah hält sehr viel von sich selbst, wie sie dort oben im Prunk sitzt."

Er sollte das nicht glauben, sagte Gibbon. „Was ist sie dort anders als eine Dienerin? Meiner Meinung nach war sie eine weitaus größere Dame, als sie im Zimmer über dem Laden ihrer Mutter saß."

„Es ist Bessie, die in ihrer Kutsche mitfahren sollte", erklärte Herr Boult.

„Vielleicht wird sie das", sagte Gibbon und sah seinen Partner an, der dem anderen hart in die Augen blickte.

„Wenn sie es tut", sagte er mit plötzlichem Getöse, „ist der Narr, dem die Kutsche gehört, ein ruinierter Mann. Merken Sie sich meine Worte. Extravagante, faule junge Frau. Im Arbeitshaus sterben – das wird Bessie Day tun. Schau her, Gibbon Sie wissen, wie die Dinge sind. Ich könnte morgen die Fensterläden schließen, und Bessie weiß es auch nicht „Sie weiß, dass ich sie in meiner Hand halte." Wie gewagt das war, „er berührte die Schulter des jüngeren Mannes mit dem steifen Finger seiner dicken Hand." du – äh?"

„Nein", sagte Gibbon entschieden.

„Schöner kleiner Ort, alles fertig – wenn Sie ein paar Pfund mehr ausgegeben haben –?"

"Nein danke."

"Ist das so?" „Sagte Boult und presste die Lippen aufeinander, nickte mit dem Kopf und schien sich Zeit zu nehmen, die Informationen in seinem Kopf durchzugehen. Dann beugte er sich vor und berührte erneut die Schulter des anderen, wobei er zur Betonung zwei- oder dreimal darauf tippte. „Du bist weise", sagte er vertraulich. „Glauben Sie mir, Gibbon, Sie sind weise. Wenn ich ein Mann wäre, der heiratet, was ich Gott sei Dank nicht bin, würde ich es nicht riskieren, Bessie Day zu heiraten, wenn es keine andere Frau auf der Erde gäbe."

KAPITEL XXVII

Aktion zum Mrs. Day

Deleah hatte mehrere Monate als Begleiterin von Miss Forcus in Cashelthorpe gelebt, als sie sich an einem bestimmten Donnerstagnachmittag, wie es oft ihre Gewohnheit war, entschuldigte, sich nicht um Miss Forcus kümmern zu müssen, und ging, um die anderthalb Stunden zu verbringen Feierabend mit ihrer Mutter und ihrer Schwester.

Mrs. Day war zum Zeitpunkt ihrer Ankunft allein und dass ihre Mutter in ungewöhnlich schlechter Stimmung war, war für Deleah offensichtlich.

„Komm mit mir spazieren, Mama; es ist nicht gut für dich, an so einem Tag in diesem stickigen Raum eingesperrt zu sein."

Mrs. Day lehnte ab, konnte aber nicht leugnen, dass es im Raum stickig war. Jetzt, da Gibbons Opfergaben aufgehört hatten, waren keine Blumen mehr auf dem Tisch. Keine Pflanzen auf der breiten Fensterbank. Auf einem Dingsbums in einer Ecke, die den Habseligkeiten des Kindes gewidmet war, standen Frankys Malkasten und einige seiner Spielsachen. Der Blick der Mutter wandte sich von Deleah ab, die jetzt mit ihrem hübschen Musselin und dem Hut mit der langen Straußenfeder gut ausgestattet war, und ruhte auf diesen Erinnerungsstücken.

„Ohne das, was ihm passiert wäre, wärst du nicht da, wo du bist, Deleah", sagte sie.

„Aber du möchtest, dass ich dabei bin, Mama?"

„Oh, das wünsche ich mir, Liebling, denn du bist glücklich; nur –"

Sie fasste den Gedanken nicht in Worte – nur Franky schien dafür gestorben zu sein. Franky, der eines Tages weinend zu ihr gekommen war, weil ein Schulkamerad über den Aufnäher auf dieser Hose gelacht hatte: Franky, der nur wenige Stunden vor seinem Tod so heftig um eine kleine Schachtel mit Zauberwerkzeugen wie der von Willy Spratt gebettelt hatte, was auch der Fall war ihm verweigert werden. Ihr kleiner Franky wurde unter den Rädern der Forcus-Kutsche zu Tode zerquetscht! In ihrem Herzen hätte sich die Mutter gewünscht, dass Deleah die guten Dinge, die ihr die Forcus-Hand bot, abgelehnt hätte.

„Natürlich bin ich nicht glücklich!" sagte Deleah. „Wie kann ich glücklich sein, Mama, wenn du unglücklich bist? Und der arme kleine Franky – glaubst du, ich vergesse ihn? Und Bernard und – armer Papa? Und wieder bin ich nicht glücklich, weil ich nicht das Geld *verdiene, das sie haben.*" „Bezahl mich", sagte Deleah und ihre Wangen wurden bei dem Gedanken rosa. „Sie geben es mir aus Nächstenliebe. Ich *kann nicht* fünfzig Pfund im Jahr verdienen, indem ich einfach in einer Kutsche sitze, Perlen auf eine Leinwand nähe, den Dienern ein paar Nachrichten überbringe oder ein paar Briefe schreibe! Ich frage mich, ob sie das tun Wäre froh, wenn ich alles aufgeben würde, Mama?"

„Wir verlassen den Laden", sagte Mrs. Day zu ihr. „Sie müssen versuchen, vorerst dort zu bleiben, wo Sie sind, Deleah. Miss Forcus ist nett zu Ihnen?"

„Oh, so himmlisch!"

„Und Sir Francis?"

„Ich nehme an, er weiß, dass ich im Haus bin. Ja. Manchmal spricht er bis zu zehn Wörter am Tag mit mir. Erzähl mir, dass du den Laden verlässt, Mama."

„Herr Boult hat mir bewiesen, dass wir nicht zahlungsfähig sind."

„Was bedeutet das? Nicht, dass wir bankrott wären? Oh, Mama! Als ob wir ohne das nicht genug Schande gehabt hätten!"

„Das hat kein Ende", sagte Mrs. Day hoffnungslos. „Aber du bist zumindest raus, Deleah." Sie hatte eine trostlose, distanzierte Ausstrahlung; Die Sorgen, mit denen sie zu kämpfen hatten, waren ihnen allen gemeinsam gewesen, aber Mrs. Day saß an diesem Feiertagsnachmittag da, als wäre sie ausgewählt und ausgesondert worden, eine Königin der Sorgen. Deleah ärgerte sich über diese Einstellung.

„Sicherlich denkst du nicht, dass ich da raus will, Mama! Glaubst du, ich möchte im Luxus leben, während du und Bessie kein Zuhause haben?"

Und in diesem Moment erschien Bessie, kam aus der Küche und unterhielt sich vertraulich mit Emily. Ihr Gesicht war gerötet und ihre Augen glitzerten vor Aufregung, die offensichtlich nicht angenehm war.

„Na ja! Was haltet Ihr davon?" sie brach hervor.

„Das sind schlechte Nachrichten. Aber alles, was uns passiert, ist schlecht", sagte Deleah mit ungewöhnlicher Niedergeschlagenheit.

"Schlecht?" wiederholte Bessie. „Das hängt davon ab, wie man es betrachtet."

„Insolvenz? Mehr schulden, als wir bezahlen können? Ich hätte denken sollen, dass es nur eine Sichtweise gibt."

Bessie drehte sich zu ihrer Mutter um. „Du hast es Deda nicht erzählt!" sie weinte vorwurfsvoll. „Sie hat es dir nicht gesagt! Mama wird Mr. Boult heiraten, Deleah."

"Ihn *heiraten* !" Deleah weinte, als ob sie geschrien hätte, „um ihn zu *ermorden* !" und sprang von ihrem Stuhl auf, um sich vor ihre Mutter zu stellen. „Mama! Mama!"

Mrs. Day saß zusammengekauert in ihrem Stuhl, als fehle ihr der Mut, sich aufrecht zu halten, und sah auf einmal ein Dutzend Jahre älter aus. Sie schüttelte verzweifelt den Kopf. „Ich kann nicht!" Sie sagte. „Ich glaube nicht, dass ich das *schaffe* ."

„Nun, du hast die Chance", sagte Bessie kaum. „Und es ist gut. Gut für uns alle. Er ist reich. Er hat hier gesessen und vor mir mit seinem Geld geprahlt – und dass er ein paar Tausend pro Jahr ausgeben könnte, wenn er wollte. Als ob es mich interessieren würde! Aber wenn es so ist wird dir gehören, Mama – zweitausend im Jahr – das ist mir egal!"

„Aber wir können nicht nur an uns selbst denken, Bessie", warf Deleah entsetzt   ein.
„Wir müssen an Mama denken. Sie konnte es nie ertragen."

„Sie hätte vorher darüber nachdenken sollen", sagte Bessie. „Mama hätte nicht so schlau und hinterhältig sein sollen –"

„Bessie! Bessie! Du kannst nicht meinen, was du sagst."

„Ich meine jedes Wort ernst. Vorgeben, ihn nicht zu mögen! Vorgeben, ihm aus dem Weg zu gehen!"

„Deleah, ich habe deiner Schwester erzählt, dass ich vor Erstaunen fast gestorben wäre, als er mit mir sprach. Die Idee war mir nie in den Sinn gekommen." Die arme Frau Day stützte den Kopf auf ihre Hand und verbarg ihr Gesicht in ihrem Elend.

„Bessie, du sollst Mama nicht schikanieren. Sei ruhig. Störe sie nicht, Mama. Was hast du zu ihm gesagt?"

„Ich habe weder das eine noch das andere gesagt."

"So ein Unsinn!" rief die unbändige Bessie. „Das musst du sagen! Und er hat keinen Zweifel daran. Er kam zu mir und sagte mir, dass er mein Papa sein würde. Ich hätte ihn zu Boden stürzen können, als er das sagte! Aber ich tat es." Nein, ich sagte: „Du magst hundertmal ein Papa für mich sein, ich werde niemals eine Tochter für dich sein!"

„Aber wenn Mama diese schreckliche Sache tun würde, müsstest du seine Tochter sein – du müsstest in seinem Haus leben –"

„Ich würde dort wohnen, aber ich würde es ihm warm machen!" Bessie weinte; Und dann wurden ihr die Gefühle zu viel, sie rannte aus dem Zimmer und schlug die Tür hinter sich zu.

Deleah, allein mit ihrer Mutter, tat ihr Bestes, um sie zu stärken. „Kümmere dich nicht um sie, Mama. Denk dabei nicht an uns, denk nur an dich selbst. Du könntest es nie schaffen."

„Bessie und er kämpften wie Katze und Hund", sagte Mrs. Day. „Sie streiten sich jetzt ständig. Sie sagt solche Dinge zu ihm und er zu ihr! Die Umwelt hat Bessie davon erzählt. Sie sagt Dinge, die keine Dame sagen sollte. Mein Leben wäre unerträglich."

„Daran ist keinen Moment zu denken."

„Aber da sind die Schulden, die ich nicht bezahlen kann. Da ist der arme Bernard. Ich sollte es tun, Deleah. Ich weiß, dass ich es tun sollte. Aber ich hatte schon genug Elend."

Als Deleah sie verließ, saß Mrs. Day immer noch zusammengekauert auf dem Sofa. „Ich hatte genug Elend", wiederholte sie; und auf der Grundlage dieses Textes sprach sie mit sich selbst – und ging dabei in allen Einzelheiten auf die Probleme ein, die sie erlebt hatte – die eitelste und nutzloseste Beschäftigung, der sich eine Frau hingeben kann.

Ihre verwaiste, abhängige Kindheit; ihre Ehe. Es war ihrerseits lieblos gewesen, aber sie hatte sich ein wenig darum gekümmert und geglaubt, dass die Liebe ihres Mannes ausreichen würde. War es jemals Liebe? Ist Liebe möglich, wo es keine Zärtlichkeit, Höflichkeit und Rücksichtnahme gibt? Im Laufe der Zeit hatte sie täglich unter seiner Unhöflichkeit gelitten, obwohl er ihr das Gefühl dafür genommen hatte, was ihr als seiner Frau, der Mutter seiner Kinder, der Herrin seines Zuhauses gebührte. Gewohnheit und Liebe zu ihren Kindern hatten das Leben erträglich gemacht. Aber zwanzig Jahre lang hatten er und sie Seite an Seite in der äußerlichen Vereinigung innerlich gespaltener Geister gelebt.

Dann war sein Verbrechen gekommen, seine schreckliche Sühne, der Schrecken, die Schande, die Bitterkeit des Sturzes für ihre Kinder und sie selbst, der salzige, salzige Geschmack des Brotes der Barmherzigkeit, die Plackerei, die die ganze Zeit über demütigend gewesen war, mit Misserfolgen das Ende. Das schmerzliche Leid über Bernards verdorbene Karriere, der grausame Tod ihres unschuldigen Trostes und Trösters, ihres kleinen Jungen.

Waren diese Dinge nicht genug? Großer Gott, war es möglich, dass sie immer noch unaussprechliche seelische Qualen und körperliche Demütigungen durchmachen musste? Ihre Augen, so erbärmlich in ihrem gedämpften Ausdruck der Geduld, wanderten durch den Raum, der ihr ein Zufluchtsort vor ihrem schmutzigen Leben im Lebensmittelladen gewesen war. Auf dem Tisch lag ein Hut, den Bessie gerade weggeworfen hatte. Arme Bessie! Die arme, undisziplinierte, widerspenstige, nie ganz erwachsene Bessie! Als sie das Elend ihres Lebens katalogisierte, war sie zu traurig und ehrlich, um so zu tun, als ob Bessie ihr ein Trost sein könnte.

An der Wand hing ein Bild von Bernard, gemalt von einem örtlichen Künstler zu einer Zeit, als Vater und Mutter ausnahmsweise einmal der

Meinung waren, dass es keinen schöneren, vielversprechenderen Jungen gab. Der arme Bernard, der seiner Mutter mit der letzten Post aus Indien geschrieben hatte, dass sein Leben in der Kaserne die Hölle sei.

Die müden Augen wanderten von dieser herzzerreißenden Aufzeichnung eines nie einzuhaltenden Versprechens zu dem Dingsbums, das Frankys Spielzeug in der Hand hielt. War das Staub auf dem Deckel des Farbkastens?

Sie durchquerte den Raum, bestieg einen Stuhl, nahm die kostbare Schatulle herunter, staubte sie sanft mit ihrem Taschentuch ab und blickte hinein. Solche zerbrochenen Kleinigkeiten seines Gamboge, seines gelben Ockers, seiner Tusche, von der er seinem Vater erzählt hatte, als er fragte, ob Karmin oder Zinnober für die Dächer seiner absurden Häuser verwendet werden sollten; ob Preußischblau oder Ultramarin für seine Meere und Himmel sein sollte. Sie sah wieder den riesigen Mann und das kleine Kind, die sich an Sonntagabenden vor langer Zeit über ihre Bilder beugten, hörte die Töne ihrer Stimmen. Ihre Tränen fielen auf die schäbige alte Kiste, auf die kleine irdene Palette, auf der noch die Farben standen, die Franky aufgerieben hatte. Die ganze Bitterkeit war aus ihrem Herzen verschwunden. Zurück blieb nur Traurigkeit und das Gefühl eines unwiederbringlichen Verlustes.

KAPITEL XXVIII

In der Laburnum Villa

Als Deleah an diesem Nachmittag nach Hause ging (denn sie hatte die ihr zugeteilte Zeit in Bridge Street überschritten und die Kutsche, die sie irgendwann abholen sollte, war ohne sie weitergefahren), beschloss sie, Cashelthorpe zu verlassen. Die Worte klangen in ihren eigenen Ohren, als würde sie sich selbst dazu verurteilen, den Himmel zu verlassen.

Ihrer Mutter durfte George Boult nicht heiraten; sie konnte nicht im Laden bleiben. Wie sollten sie und Bessie leben? Mit der Eitelkeit der Jugend, die sich immer im Vordergrund sieht, glaubte Deleah zu erkennen, dass sie es war, die für den Lebensunterhalt für sie alle sorgen musste.

Während sie weiterging, beschloss sie in ihrem kleinen, zerstreuten Kopf, dass sie ein kleines Haus mieten und eine kleine Schule gründen würde. Vielleicht würde jemand die Miete für das erste Quartal bezahlen, und sie könnte sie zurückzahlen, wenn die Schüler kämen.

„Jemand" hätte früher Sir Francis bedeutet; Aber jetzt, wo sie mit ihm unter einem Dach lebte, sah, mit welcher Ehrerbietung er sogar von seiner eigenen Schwester behandelt wurde, und seine Zurückhaltung spürte, seine Zurückhaltung gegenüber den niedrigen Sorgen von Leuten wie ihr, war sie außerordentlich schüchtern gegenüber diesem großen Mann geworden. Durch die Kühnheit der Unwissenheit und im Vertrauen auf den gelassenen und edlen Ausdruck in seinem Gesicht hatte sie sich ihm zuvor genähert. Sie glaubte immer noch an seine Güte, so wie sie an die Güte Gottes glaubte, aber die Ehrfurcht vor ihm, die sie immer empfunden hatte, war, seit sie unter seinem Dach gelebt hatte, in doppeltem Maße auf sie herabgekommen.

Vor seiner Schwester hatte sie keine Angst. Sie würde mit der freundlichen Miss Forcus sprechen. Miss Forcus würde ihr sagen, was sie tun sollte.

Gleichzeitig mit diesem Entschluss erreichte sie die sorgfältig geschnittene Hecke der Laburnum Villa. Für einen Moment hatte sie vergessen, dass der Ort für sie von Interesse war, das über die anderen kleinen Häuser in ihren fröhlichen Gärten hinausging, an denen sie vorbeigekommen war. Sie warf einen Blick auf das helle Grün der Gitterfront, auf die winzige Trauerweide in einer Ecke des Rasengrundstücks, auf die Rosenpflanzen, die dazu bestimmt waren, Bögen zu bedecken und nach und nach zu einer Laube heranzuwachsen. An der Vordertür war eine Clematis gepflanzt worden, und der ehrenwerte Charles beugte sich über die Pflanze und bemühte sich, die Ranken nach seinen eigenen Vorstellungen davon zu lenken, wie sie wachsen sollten.

Ihr leichter Schritt war vielleicht der einzige Schritt auf der Welt, dessen Musik seine Aufmerksamkeit von dieser fesselnden Beschäftigung hätte ablenken können. Er stand auf und drehte sich scharf um; und als sie ihm einen guten Abend wünschte, ging er schnell zum Tor und öffnete es.

„Komm rein", sagte er. „Darauf habe ich gewartet." Er wirkte im Moment so gebieterisch, dass Deleah nichts anderes übrig hatte, als ihm zu gehorchen.

„Ich möchte dir mein kleines Haus zeigen", erklärte er.

Deleah war ohnehin zu spät dran und hatte noch eineinhalb Meilen vor sich, doch aus der Größe des Ortes zu schließen, dass kein sehr langer Aufenthalt drohte, erhob sie keinen Einwand. Vor so langer Zeit schien es ihr, die seither kilometerweit auf dem Weg der Erfahrung und des Gefühls gereist war, als hätte der Internatsschüler von Bridge Street mit ihr geschlafen, obwohl er mit Bessie hätte schlafen sollen. Er hatte ihr das größte Kompliment gemacht, das in seiner Macht stand, und in letzter Zeit hatte sie begonnen, etwas darüber zu verstehen, was er erlitten haben könnte; Sie wollte freundlich zu ihm sein und Wiedergutmachung leisten.

So schritt sie voller voller Dankbarkeit für alles, was sie sah, an seiner Seite die kleinen Pfade entlang, half ihm, sich die Namen der einjährigen Pflanzen zu merken, und bewunderte die Aussicht auf den Hinterhof durch die Aussicht auf Gitterbögen.

„Gefällt es dir?" er fragte sie.

Deleah erklärte mit ihrem schlichten Wunsch zu gefallen, dass es ihr sehr gefiel.

Mit einem langen, zufriedenen Atemzug wandte er sich ab. „Komm rein", befahl er. Er ging voran, um voranzugehen, blieb aber plötzlich auf dem kleinen Pfad stehen und drehte sich zu ihr um, um sie zu fragen, ob sie wisse, wie lange es her sei, seit er und sie sich nicht mehr unterhalten hatten.

„Eine ziemlich lange Zeit, nicht wahr?" Deleah antwortete ihm. „Aber ich habe nicht zu Hause gelebt, wissen Sie; ich —"

Er unterbrach sie abrupt. „Es sind fünf Monate, drei Wochen und zwei Tage", sagte er. „Aber für mich ist die Zeit noch nicht lange her. Rückblickend scheint es, als wäre die Zeit fast wie im Flug vergangen."

Deleah fühlte sich sicher nicht geschmeichelt, aber sie sagte ihm, sie sei froh zu wissen, dass er so glücklich sei.

„Nicht glücklich", sagte er, „aber ich freue mich auf das Glück und arbeite dafür." Damit ging er weiter und blieb an der Flurtür stehen. „Ich glaube, ich habe mich an deinen Geschmack erinnert", sagte er, als er die Tür öffnete. „Ich habe es überall durchgeführt, soweit es möglich war."

Daraufhin zog sich Deleah zurück. „Ich werde mir Ihr Haus ein andermal ansehen", sagte sie. „Es ist spät. Ich muss jetzt nach Hause kommen."

„Nennen Sie das Forcus-Haus Ihr Zuhause?"

„Vorerst. Ich werde bald dort abreisen."

„Je früher, desto besser. Treten Sie ein."

Er legte eine schwere und gebieterische Hand auf ihren Arm und zog sie über die Schwelle, durch den winzigen Durchgang, der Halle genannt wurde, in eines der beiden Zimmer mit Erkerfenstern.

„Das ist das Esszimmer", sagte er. "Hinsetzen."

Um ihren Arm von seiner Hand zu befreien, gehorchte sie ihm und blickte sich mit dem Bemühen, sehr entspannt zu wirken, um.

„Was für ein süßes kleines Zimmer!" Sie sagte.

„Gefällt es dir? Ich dachte, es würde dir gefallen. Schau dir das Bild über dem Sideboard an."

Es war ein großer Druck – viel zu groß für den Raum – von „The Last Sleep of
Argyle", und an der gegenüberliegenden Wand befand sich eine Reproduktion von „The Execution of Montrose".

„Das sind Probedrucke", sagte er ihr stolz. „Ich erinnere mich, dass Sie sich diese Bilder vor Jahren angesehen haben, als sie in Brockenham ausgestellt waren, und sie mochten sie. Ich habe die Stühle mit rotem Leder statt mit Rosshaar bezogen. Es kostet mehr, aber Sie sagten immer rot." war fröhlich."

„Es ist so sehr schön, Mr. Gibbon."

„Im Salon gibt es ein Klavier. Kommen Sie und sehen Sie es sich an."

Sie ging wegen dieser seltsamen neuen Beherrschung ihres Verhaltens, von der sie das Gefühl hatte, dass sie nicht den moralischen Mut hatte, ungehorsam zu sein. Im Salon standen frische Blumen in einer Vase auf dem Mitteltisch.

„Haben Sie die Blumen dort hingelegt, Mr. Gibbon?"

„Ich stelle sie jeden Tag dort hin. Für dich. Ich habe darauf gewartet, dass du kommst, um sie dir anzusehen. Alles ist immer bereit. Gefällt dir alles?"

„Ja, tatsächlich."

„Dann gehört es dir. Es ist alles für dich. Von der Kutte auf dem Kaminofen – der Küchenkamin qualmte; ich dachte, es wäre unbequem – bis zum Geißblattstrauß auf dem Tisch. Alles deins."

„Oh nein, Mr. Gibbon.“

„Alles deins. Jeder Teppich wurde für dich ausgelegt, jeder Stuhl und Tisch gekauft. Jeder Samen wurde gesät, jeder Baum gepflanzt. Für dich.“

Deleah war im Moment sprachlos und blickte den Mann mit vor Bestürzung weit aufgerissenen Augen an. Er war keine tragische Figur. Er trug den hellen, großen karierten Anzug, der zu dieser Zeit von jungen Männern getragen wurde, die vorübergehend aus der schwarzen Livree von Geschäften oder Büros flüchteten, sein Haar war glatt nach hinten gekämmt und glänzte mit Brillantine, sein Schnurrbart glänzte mit der gleichen bewunderten Vorbereitung . Sein Gesicht war besonders blass, aber Deleah wusste, dass es den Trick hatte, plötzlich und aus unbedeutendem Grund zu erbleichen. Sie hatte gesehen, wie es bei einer zufälligen Begegnung mit ihr auf der Straße oder bei einer zufälligen Berührung ihrer Hand durch seine erbleichte. Sie vermied es, ihm in die Augen zu sehen – diese Augen sollten angeblich etwas in ihrem Ausdruck haben, das sein Gesicht von der Alltäglichkeit erlöste –, und die wilde Leidenschaft ihres Blicks ging ihr verloren.

„Alles gehört dir, Deleah; wann wirst du kommen und es übernehmen?“

„Mr. Gibbon, ich habe es Ihnen schon einmal gesagt. Ich habe mich nicht verändert.“

„Ich auch nicht.“ Seine Lippen waren bleifarben und zitterten; er zitterte tatsächlich am ganzen Körper. Er verschränkte die Arme vor der Brust, um sie ruhig zu halten. „Du wirst meine Frau sein oder niemandem, Deleah“, sagte er.

Sie stand nervös von ihrem Stuhl auf; sie versuchte, leichtfertig zu sprechen. „Ich werde niemandem gehören, Mr. Gibbon“, sagte sie. „Während ich heute Abend weiterging, habe ich überlegt, was ich tun sollte. Ich werde ein kleines Haus für uns alle nehmen und versuchen, eine kleine Schule aufrechtzuerhalten. Sie werden sehen, wie gut ich meine Schüler in Ordnung halte. Und , hin und wieder sollst du mir einen Strauß Blumen aus deinem Garten bringen –“

„Das passt mir nicht“, sagte er. „Ich gebe dir keine Blumen mehr, es sei denn, du nimmst sie alle. Willst du sie nehmen? Antworte.“

„Oh, Herr Gibbon!“

„„Oh, Mr. Gibbon!“‘ und er ahmte sie nach. „Ist das die Art, mit mir zu sprechen?
Bin ich nach all den Jahren meiner Anbetung für Sie immer noch ‚Mr. Gibbon‘?“

„Das nehme ich an“, war alles, was die arme Deleah sagen konnte.

Er stand mit dem Rücken zur Tür. Er drehte sich schnell um und schloss ab, dann hielt er den Schlüssel in seiner zitternden Hand und verschränkte erneut die Arme: „Jetzt!" sagte er und sah sie an; „Wir kommen jetzt zur Realität. Kein ‚Oh, Mr. Gibbon!' mehr Hören Sie zu, dass ich, Charles Gibbon, Sie mit einer leidenschaftlichen und verzweifelten Liebe liebe. so wie Gott im Himmel ist, um es zu hören."

„Ich liebe dich nicht."

"Hasst du mich?"

Deleah hatte Angst, aber sie war auch wütend: „Nur für diesen Moment glaube   ich,   dass ich es tue."

„Trotzdem hasst du mich, willst du mich heiraten und in dem Haus wohnen, das ich für dich gebaut habe?"

„Nein", sagte Deleah, blass und plötzlich atemlos. „Das werde ich nicht!"

Er lauschte und keuchte, als hätte er lange gerannt; Seine Brust schmerzte unter dem Griff seiner verschränkten Arme, als müsste sie platzen. Eine lange Minute starrte er sie sprachlos an; und Deleah, die ihn wütend anstarrte, fragte sich, ob dieser Mann mit dem arbeitenden, aschfahlen Gesicht wirklich ihr anständiger Gast war, der so eifrig den Senf verteilt und das Wasser ausgeschüttet hatte? Was war mit ihm geschehen? Hatte sie das getan? Wollte er sie töten?

Er kam langsam näher zu ihr, und das Mädchen brauchte all ihren Mut, den Kopf zu heben, um ihn anzusehen. „Endlich verstehe ich es", sagte er. „Jetzt möchte ich, dass du es auch verstehst. Also hör mir zu und erinnere dich und sieh, ob ich lüge. Du gehörst zu mir. Egal, was du dabei denkst. Du gehörst mir. Du gehörst zu mir. Hörst du mich? "

„Ich verstehe Sie, Mr. Gibbon."

„Sag es mir nach."

"Ich werde nicht."

„Du gehörst mir. Gehörst mir. Gehörst mir. Und solange ich lebe, sollst du niemand anderem gehören."

Dann drehte er sich um und schloss die Tür auf. Doch als sie mit einer kaum würdevollen Eile an ihm vorbeigegangen wäre, warf er seine Arme um sie, zog sie heftig an sich und küsste ihr leidenschaftlich das Gesicht.

Verängstigt und empört kämpfte sie für die Freiheit, und nachdem sie sie erlangt hatte, rannte sie davon. Sie flog den kleinen, sauber gewalzten

Kiesweg hinunter und durch das frisch gestrichene Tor hinaus, und als sie erst einmal auf der Straße war, raste sie mit halsbrecherischer Geschwindigkeit weiter, als ob durch die Verzögerung mehr als nur ihr Leben gefährdet wäre.

Als Sir Francis Forcus mit feierlichem und heiterem Gesichtsausdruck nach Hause ritt, wurde seine Aufmerksamkeit auf eine kleine Gestalt gelenkt, die vor ihm flog. Als er auf sie zukam, stellte er fest, dass es sich bei ihr, die so einsam floh, während die Abendschatten über die verlassene Straße hereinbrachen, um das kleine Mädchen handelte, den Schützling seiner Schwester, der im Schutz seines eigenen Daches in Sicherheit sein sollte.

Sie stand still, atemlos und verwirrt, als er sich neben sie stellte. „Was ist passiert? Wo ist meine Schwester? Warum bist du allein?" fragte er und blickte mit erstaunter Missbilligung in ihr verängstigtes kleines weißes Gesicht.

„Ich war zu spät und habe den – Wagen verpasst. Ich – renne – nach Hause", keuchte sie.

Er sah, dass noch mehr hinter ihm waren, und stieg ab. Damals wurden Mädchen nicht für körperliche Anstrengungen ausgebildet, und man erzog sie nicht in dem Glauben, dass sie keine Feiglinge sein dürften. Deleah zitterte vor Angst und Erschöpfung.

„Setz dich", sagte er, und sie ließ sich am Ufer nieder. Er stand eine Minute lang schweigend neben ihr und zog seine Schlüsse. „Du hast Angst gehabt", sagte er. „Wer hat dir Angst gemacht?"

„N-niemand", keuchte Deleah. „Ich – bin gerannt."

„Wovor? Vor wem?" Und Deleah konnte nicht antworten, konnte nur die gesegnete Geborgenheit seiner beschützenden Gegenwart spüren, konnte nur mit den vertrauensvollen, anbetenden Augen eines Kindes zu ihm aufblicken.

Er blickte zurück auf den Weg, den sie beide gekommen waren; das Tageslicht war noch nicht vom Himmel verschwunden, obwohl die Abendtöne bereits zu fallen begannen; Weit unten an der Straße, wo sie zur Stadt führte, wurden die Lampen angezündet. Am Tor der letzten „Villa-Residenz" auf der Straße stand ein Mann und blickte auf das Paar am Ufer.

„War das der Mann, der dir Angst gemacht hat? Der Mann am Tor?"

„N-nein."

Sie hätte ihrer Seele den Meineid ersparen können. Sir Francis führte sein Pferd am Zügel und ging zurück in Richtung Laburnum Villa.

„Komm zurück! Oh, bitte komm zurück!" Deleah weinte; Aber Sir Francis achtete nicht darauf und ging weiter, bis er mit dem Zaumzeug in der einen Hand und der Reitpeitsche in der anderen vor dem Mann stehen blieb, der auf dem Weg vor seinem Tor stand.

„Du hast dieser Dame Angst gemacht."

„Diese Dame geht dich nichts an."

„Du bist meine Sache, du Schurke", sagte Sir Francis und hob mit einer drohenden Geste die Hand, die die Peitsche hielt.

Der Mann zuckte nicht zusammen. Er war kein Feigling; er war viel der kleinere von beiden; er war unbewaffnet. „Nein", sagte Sir Francis. „Heute Nacht nicht", und ließ seine Peitschenhand fallen. „Aber passen Sie auf sich auf, Sir. Passen Sie auf sich auf. Ich werde ein Auge auf Sie haben."

Eine Minute lang stand er dem Mann gegenüber, der ihn hart ansah. Was er sonst noch zu sagen hatte, sagte er durch den Blick seiner Augen, durch die Lippenhaltung, durch seinen verächtlich getragenen Kopf; Dann drehte er sich langsam um, führte sein Pferd vom Weg zur Straße und schwang sich in den Sattel. Als er sich dort niederließ, fand er den anderen Mann an seinem Steigbügel.

„Zu Ihrem Glück haben Sie Ihre Peitsche nicht gegen mich eingesetzt, Sir Francis Forcus", sagte er. „Ganz sicher, wenn du es getan hättest, hätte ich dein Leben gehabt."

Sir Francis blickte auf ihn herab und schlug mit seiner Peitsche leicht auf die Schulter des Mannes.

„Sie haben danach gefragt, und Sie haben es bekommen", sagte er. „Gehen Sie uns aus dem Weg, ja?" und ohne Rücksicht darauf, ob der andere diese Maßnahme zur Selbsterhaltung ergriff oder nicht, ritt er weiter.

Deleah, die nicht genau erkennen konnte, was geschehen war, war erleichtert, dass das Gespräch so kurz war und Sir Francis so schnell wieder neben ihr stand. Sie war vom Ufer aufgestanden und ging zügig nach Hause, als er sie überholte.

„Ich hoffe, du – warst nicht unfreundlich zu ihm", sagte sie schüchtern. „Mr. Gibbon wohnte einst in unserem Haus –"

„War das Mr. Gibbon? Dieser Mann mit den verrückten Augen?"

„Er war unser Internatsschüler. Er war immer sehr nett."

„Zu dir besonders nett?"

„Für uns alle."

„Und soll ich hören, warum du, da er so freundlich ist, heute Abend vor ihm weggelaufen bist?"

„Ich wollte es lieber nicht erzählen."

Er war selbst ein Mann von so großer Zurückhaltung, dass er ihre respektierte. „Sehr gut", sagte er; und fügte nach einer Minute hinzu: „Ich bin mir ganz sicher, dass Sie keine Schuld tragen."

„Ich weiß es nicht", sagte Deleah und ließ den Kopf hängen, während sie weiterging.

Schuld oder nicht, sie schämte sich schrecklich. Sie fühlte sich in seiner Gesellschaft immer so schüchtern und *unbeholfen* wie ein unbeholfenes Kind und war sich bewusst, dass er sie in diesem Licht betrachtete. Sie wäre lieber gestorben, als dass er von diesem verzweifelten Kampf in Gibbons Armen, von dieser verrückten Umarmung erfahren hätte.

Deleah, die nicht über eine hervorragende Ausbildung verfügte, war von Natur aus musikalisch. Sie spielte keine schwierige Musik, aber ihr Klavierspiel war gut. Ihre Stimme war keineswegs kraftvoll, sondern wahr und rein und angenehm. Für Miss Forcus, die trotz der Vorteile der Bildung stets die falschen Dinge in der Musik liebte und sich gern von den klagenden Liedern Claribels zu Tränen rühren ließ, war es eine große Freude, sich in ihrem Stuhl zurückzulehnen, zu lesen oder zu lesen Stickereien, die zu Boden gefallen sind, und beobachten Sie, wie Deleahs Finger durch die Variationen von Brinsley Richards' Meisterwerken stolpern; zu hören, wie sie sich melodisch darüber beklagte, dass „sie die alten Lieder nicht singen konnte", oder in fröhlicherer Stimmung verkündete, dass sie „den Laird heiraten" könnte, wenn sie wollte – „den Laird von hohem Grad".

Abends hatten die beiden Damen in der Regel den kleinen Salon für sich allein, aber heute Abend hatte Sir Francis Lust, sich ihnen dort anzuschließen. Deleah war nervös, weil sie vor ihm spielte und sang, und war zu schüchtern, um um Entschuldigung zu bitten. Man hatte ihr erzählt, dass die verstorbene Frau eine hervorragende Instrumentalistin gewesen sei und dass sie ihrem Mann jeden Abend ein echtes musikalisches Vergnügen bereitet habe.

„Ich fürchte, ich spiele keine gute Musik", sagte sie. Aber um ehrlich zu sein, teilte Sir Francis den beklagenswerten Geschmack seiner Schwester, und wenn er still und nachdenklich unter der schattigen Lampe auf dem runden Mitteltisch saß, während das Mädchen am Klavier ihr einfaches Repertoire durchspielte, war sein Herz erfüllt Mit Erinnerungen an seine verlorene Frau beklagte er sicherlich nicht die Werke von Mozart und Beethoven, die sie so gekonnt wiedergegeben hatte.

Deleah wusste das jedoch nicht und zweifelte nie daran, dass ihr Wohltäter ein Kenner aller Künste war. Ihre Finger zitterten bei falschen Noten – alles unentdeckt, wenn sie es gewusst hätte –, ihre süße Stimme stockte bei den Liedern, die sie so angenehm zu singen pflegte. Sie ging zu Bett und wagte nicht, dem Hausherrn ins Gesicht zu sehen, so geschockt, erschüttert und müde, dass sie das Gefühl hatte, er müsse es sein.

„Ist sie nicht bezaubernd hübsch und süß?" verlangte seine Schwester von ihm. Sie konnte nie genug Lob für diese Neuerwerbung hören.

„Sie hat attraktive Manieren und scheint eine gute junge Frau zu sein."

„Ich erlaube ihr nicht, die Musik der armen Marion anzufassen, Francis."

"Oh!" Er lehnte solche Beschränkungen ab. „Welchen Schaden würde es anrichten, wenn sie Marions Musik spielt?"

„Ich habe Angst, dass sie uns verlässt."

„In der Tat? Ich habe sie als festen Bestandteil angesehen."

„Sie hat mir gesagt, dass der Laden der Mutter aufgegeben werden muss."

„Ich fürchte, es geht darum, dass der Laden die Mutter aufgibt."

„Dieses arme kleine Ding sagt, dass sie nicht glücklich sein kann, bei uns im Luxus zu leben, während die Mutter und die Schwester in Schwierigkeiten sind. Sie denkt darüber nach, ein recht kleines Haus zu nehmen und eine Schule mit kleinen Kindern einzurichten. Das scheint ein hoffnungsloser Anblick–" raus, Francis.

„Das stimmt", stimmte er zu und nahm das Buch zur Hand, das er hingelegt hatte.

„Aber, Francis, ich wünschte, du würdest ein wenig Interesse zeigen. Als dieser arme Junge getötet wurde, beschlossen wir, dass wir ihnen die Wiedergutmachung schulden würden, die möglich war. Ich habe das tiefe Gefühl, dass etwas für dieses Mädchen getan werden sollte. Sie ist zu hübsch, zu jung, zu zart und zierlich, um einen so harten Kampf alleine zu führen.

„Sie hat ihre Mutter und Schwester."

„Nette Frauen, da bin ich mir sicher, aber – hilflos."

„Ich würde die Mutter nicht als hilflos bezeichnen. Sie hat durchgehalten und in diesem hoffnungslosen Geschäft ihr Bestes gegeben."

„Du wirst sehen, dass alles auf die Schultern dieses kleinen Mädchens abgewälzt wird!"

"Na dann-?" Er blickte fragend auf das freundliche Gesicht seiner Schwester über dem Buch, das er gerade las. Dann fiel sein Blick wieder auf die Seiten. „Ich werde darüber nachdenken", sagte er.

Nachdem Ada Forcus zu Bett gegangen war, hielt er sein Versprechen: Er saß regungslos in seinem Stuhl, den Ellbogen auf der Armlehne, den Kopf auf der Hand, und dachte darüber nach.

KAPITEL XXIX

Ein Verbot aufgehoben

„Irgendwelche Interessensbekundungen?“ fragte Sir Francis seine Schwester, die nach dem Frühstück noch einmal die Korrespondenz durchblätterte, die ihr die Morgenpost gebracht hatte.

„Eins von Reggie.“

„Hat er eine gute Zeit?“

„Er sagt nein. Er sagt, dass er das Reisen hasst. Berge und Kirchen und Bildergalerien, sagt er, langweilen ihn, bis er weint „Ein junger Mann mit Geld in der Tasche, der sich nicht irgendwo auf dem europäischen Kontinent amüsieren kann, muss mangelhaft sein, Francis.“

„Der arme Reggie ist kein sehr kultivierter Mensch. Und ich nehme an, er ist – verliebt.“ Er hielt inne und schien etwas in seinem Kopf durchzudenken. „Er könnte genauso gut zurückkommen“, schloss er. „Ich habe gestern Abend beschlossen, ihm zu sagen, dass er zurückkommen kann, wenn er möchte.“

„Wenn es ihm gefällt!“ wiederholte eine erstaunte Ada. „Dann wird er natürlich kommen, und zwar sofort! Er ist am besten weg. Sagen Sie ihm, er soll bleiben, wo er ist.“

„Ich kann nicht immer erwarten, dass ich den Jungen an der Spitze behalten kann. Er war immer sehr anständig darin, die Dinge zu tun, die ich mir wünsche; aber tatsächlich habe ich nicht mehr die geringste Autorität über ihn und halte mich nicht mehr an ihm fest. und er weiß es.

„Dann lass es. Sag nichts. Schreibe nicht, dass er kommt.“

„Ich habe gestern Abend beschlossen, ihm zu schreiben.“

Miss Forcus schwieg, um zu zeigen, dass sie damit nicht einverstanden war. Sie hat nie mit ihrem Bruder gestritten. „Dann ist es ein Glück, dass Deleah Day stattfindet“, sagte sie plötzlich.

„Wir könnten Reggie unmöglich hier bei sich haben. Diese alberne Affäre würde in kürzester Zeit wieder aufflammen.“

„Dagegen ziehe ich meinen Einspruch zurück. Der Junge muss sein eigenes Spiel spielen.“

"Francis!" Grenzenloses Erstaunen lag auf dem guten, schlichten Gesicht von   Ada
Forcus.

Ihr Bruder verließ seinen Platz auf dem Kaminvorleger und ging zum breiten Fenster am Ende des Raumes. Er stand da, groß und fein und aufrecht, mit dem Rücken zu ihr, die Hände leicht auf dem Rücken verschränkt.

„Deleah ist ein süßes Mädchen, Francis; aber in einer Ehe gibt es mehr als das zu bedenken."

„Ja. Es gibt viel zu bedenken; aber es ist Sache von Reggie und dem Mädchen, darüber nachzudenken – nicht von mir."

„Aber bestimmt auch du, Francis!"

„Na dann habe ich darüber nachgedacht."

„Es liegt nicht nur an Reggie, sondern an uns allen. Du musst für uns alle denken,
Francis. Das hast du immer getan. Es ist keine Verbindung zum Verlangen."

„Ich stimme dir zu. Der Letzte auf der Welt, der sich etwas wünscht. Aber es geht in erster Linie um die beiden. Er ist – er glaubt zweifellos, dass er es ist – in sie verliebt; und sie ist, nehme ich an, in ihn verliebt . Niemand hat das Recht, sich einzumischen."

„Denk daran, wie anders du geheiratet hast, Francis! Ein reiches Mädchen aus vornehmer Familie."

„Dafür habe ich nicht geheiratet. Es ist passiert – das war alles. Ich habe Marion aus dem gleichen Grund geheiratet, der Reggie dazu bewegt, dieses Mädchen zu heiraten Um sie zu heiraten, hätte ich meine Frau trotzdem heiraten sollen, wenn sie beispielsweise die Tochter von William Day gewesen wäre. Das liegt daran, dass ich es ablehne, mich weiterhin einzumischen oder irgendeine Verantwortung in dieser Angelegenheit zu übernehmen ."

„Du liegst falsch, Francis. Reggie wird dir später nicht dafür danken."

„Oh, möchte ich, dass mir jemand dankt?" Sagte Sir Francis mit plötzlicher, ganz ungewöhnlicher Gereiztheit und drehte sich zu seiner erstaunten Schwester um, die bei seinem Ton in ihrem Stuhl aufsprang und sofort Reue empfand. Den Zorn des Oberhauptes ihres Hauses auf sich zu ziehen, war das, wovor sie auf Erden am meisten Angst hatte.

„Tu natürlich, was du für richtig hältst, Francis."

„Natürlich werde ich tun, was ich für richtig halte."

Er ging in sein eigenes Zimmer, machte es sich in seinem Sessel am offenen Fenster bequem und schlug die Morgenzeitung auf, die er dort zu lesen pflegte. Das Fenster öffnete sich auf einen langen, länglichen, mit Blumen gesäumten Rasen, der an zwei Seiten von dicken, quadratisch geschnittenen

Eibenhecken umgeben war; am Ende versperrten eine Reihe von Glashäusern die Aussicht. Der Blick von Sir Francis wanderte von den Seiten der Zeitung zum Sonnenschein und Schatten des frisch gemähten Rasens. An der Tür eines der Gewächshäuser dahinter stand Deleah in ihrem schwarzen Musselinkleid und dem breiten schwarzen Hut und unterhielt sich mit Jarvis, dem Obergärtner. Zu ihren Pflichten, hatte man ihm gesagt, gehörte es, Jarvis von den Blumen abzubringen, die Miss Forcus gern in ihren Räumen sah, deren Abschneiden er jedoch ablehnte.

Sir Francis blickte das Paar an – sie waren zu weit weg, als dass er ihre Gesichter hätte erkennen können, aber er wusste, wie das Mädchen ihre Rolle spielen würde, schüchtern lächelnd und mit flehenden Augen; dass Jarvis sie wahrscheinlich als Mensch verneinte, nur aus Vergnügen, gefragt zu werden. Plötzlich fiel ihm die Zeitung aus der Hand, und er trat in die Morgensonne hinaus und ging den gepflasterten Weg entlang, der den Rasen teilte, während die Moose zwischen den Steinen grau und grün wuchsen.

Es war ein Morgen mit wolkenlosem Himmel und einer sanften Luft voller Blumenduft. Ein Morgen, an dem man lebendig ist – ja, an dem man glücklich ist, trotz Bedauerns, Zweifeln und Sorgen; sogar trotz Tod und Verlust und begrabener Liebe. An einem solchen Morgen könnte ein Mann vielleicht an seine tote Frau denken. Könnte sich sagen: „Wie schade!" aber er konnte sich nur bewusst sein, dass er selbst noch am Leben war; dass in ihm, so ernst und verantwortungsbewusst er auch sein mochte, das Feuer der Jugend noch nicht erloschen war. Er muss den duftenden Wind auf seiner Wange spüren, den Duft köstlicher Luft in seinen Nasenlöchern, muss sogar, gegen seinen Willen, die Augen in seinem Kopf benutzen, um zu sehen, was schön, süß und anmutig ist.

Jarvis zog sich mit dem Finger an der Mütze in sein Nelkenhaus zurück, dessen Eingang er bewacht hatte.

„Also verlässt du uns?" Sir Francis begann sofort und blieb vor Deleah stehen. „Meine Schwester hat es mir erzählt. Du wirst uns sehr fehlen."

„Ich werde nie vergessen, wie gut ihr beide zu mir wart", sagte Deleah mit ihrer schüchternen Stimme und spielte mit den Blumen in ihren Händen. „Aber ich denke, ich sollte gehen."

„Sie werden tun, was Sie für richtig halten, da bin ich mir sicher", sagte er; und ihr Herz sank angesichts der Leichtigkeit, mit der er nachgab.

Sie drehte sich um, um zum Haus zu gehen, und er ging neben ihr. „Du kommst zu mir, wenn ich dir helfen kann?" er sagte.

„Dürfte ich Ihren Namen nennen, für den Fall, dass mir niemand ein Haus vermietet?"

„Natürlich. Aber du gehst heute nicht hin?"

Sie hatte es nicht vorgehabt, aber da er es zu erwarten schien, sagte sie, dass sie es tat.

„Es gibt noch eine andere Sache", sagte er, „und die ist es, worüber ich sprechen wollte. Mein Bruder Reginald kommt nach Hause."

„Wirklich? Stimmt das?" Sie sprach ohne jegliches Interesse. „Ich dachte, er wäre für ein Jahr weg."

„Das war der ursprüngliche Plan. Aber er ging, weil ich es damals wollte. Er war mir gegenüber immer ein fügsamer Mensch, lieber Kerl, und ich fürchte, ich habe mir das eingebildet. Ich hatte kein Recht, sein Gehen und Kommen zu befehlen –" um sein Leben zu ordnen.

„Ich glaube, es war Frankys Tod. Ich glaube, er war froh zu gehen –"

„Das ist möglich. Ich werde ihm jetzt sagen, dass er zurückkommen soll."

Deleah, die das Gefühl hatte, dass dies eine Angelegenheit war, die ihr nichts bedeutete, ging schweigend weiter.

„Und jetzt", fuhr Sir Francis fort, „werde ich Sie bitten, Ihre Meinung über das Verlassen uns zu ändern. Wollen Sie nicht bleiben, da Reggie zu uns zurückkommt?"

Deleah hob den Kopf und betrachtete ihn in stillem Erstaunen.

Er ging weiter. „Sie haben nicht vergessen, was ich Ihnen vor einigen Monaten zu einer bestimmten Angelegenheit gesagt habe, obwohl Sie sich liebevoll verhalten haben, als ob Sie sich nicht erinnern würden. Jetzt möchte ich mich an die Worte erinnern, die ich damals gesagt habe."

Er wartete. Es war schwierig, ein Gespräch zu führen, an dem sie sich nicht beteiligte.

„Ich sehe ein, dass ich falsch lag. Das, was ich befürchtete, könnte Reggie zum Verhängnis werden, glaube ich jetzt, dass es zu seinem Besten wäre. Würden Sie mir die große Güte erweisen, das frühere Gespräch, das wir hatten, zu vergessen, oder, wenn Sie es nicht vergessen können, zu handeln? als ob es nicht stattgefunden hätte?"

Ihr Spaziergang hatte sie vor das Fenster des Morgenzimmers geführt, an dem Miss Forcus jetzt stand und hinausschaute und sich fragte, was Francis dem Mädchen sagen sollte, mit dem er so selten sprach.

Deleah fand mit Mühe ihre Stimme. „Damals – als Sie mit mir über Ihren Bruder gesprochen haben – hatte ich ihm nicht versprochen, ihn zu heiraten."

„Ich weiß", sagte er sehr sanft, denn ihre Stimme zeigte ihm, dass sie verzweifelt war. „Aber Reggie hat es sich sehr gewünscht. Und vielleicht hätten Sie es getan, wenn ich nicht gehandelt hätte?"

„Ich weiß es nicht", sagte Deleah, den Kopf über die Blumen in ihren Händen hängend. Ihr Hut war groß, er konnte, wenn er wollte, ihr Gesicht nicht sehen. „Mama und Bessie wünschten es –"

„Und – ohne mich – hättest du es dir gewünscht?"

"Ich weiß nicht."

Sie warf ihm einen kurzen, flehenden Blick zu. Sicherlich muss er verstehen, wie schwierig es für sie war, ihm zu erklären, was sie für Reggie empfindet! Der Reggie, den er ihr so edel anbot. Der Reggie, dass nicht nur ihre Mutter und Bessie, sondern nun auch Sir Francis selbst wünschten, dass sie heiratet, und dass sie deshalb zweifellos heiraten müsste. Sie konnte ihm das nicht sagen, konnte nur vor ihm stehen – denn sie waren mitten im Kiesweg vor der großen Flurtür stehengeblieben –, mit hängendem Kopf, nervös an den Stielen ihrer Blumen ziehend, und es mit einem wiederholen Kindlichkeit muss er verachten: „Ich weiß es nicht."

„Nun, wir werden sehen", sagte er ermutigend. „Aber wenigstens beeilst du dich nicht? Du bleibst bei uns, bis Reggie nach Hause kommt? Geh zu meiner Schwester und sag es ihr. Wirst du?"

„Wenn du es wünschst", sagte Deleah.

Miss Forcus, die unter keinen Umständen kalt oder ungastlich sein konnte, erhielt die Andeutung, dass Deleah bleiben sollte, bis Reginald mit weniger als der gewohnten Herzlichkeit nach Hause kam.

„Natürlich, meine Liebe! Du weißt, ich hasste den Gedanken, dass du gehen würdest; aber warum sollte es speziell für Reggie sein? Waren du und Reggie solche Freunde?"

Deleah gab ohne Begeisterung zu, dass sie auf jeden Fall Freunde waren.

„Dann wird er sich zweifellos freuen, Sie zu sehen", sagte Miss Forcus und dachte bei sich, dass sie jetzt die Tochter eines Schwerverbrechers für ihre Schwägerin bekommen würde.

Um ihren Familienstolz zu trösten, wandte sie sich von der drohenden, desaströsen Ehe ihres Stiefbruders ab und wandte sich dem befriedigenden Bündnis zu, das ihr eigener Bruder geschlossen hatte. Die Tochter eines

Baronets war seine Frau gewesen – die Schwägerin eines Adligen. Der Baronet war Bankier und reich. Wenn der kleine Sohn überlebt hätte, hätte er das Vermögen seines Großvaters geerbt, das nun an den Sohn von Lord Brace gegangen war. Lord Brace, ein irischer Adliger, wollte das Geld sicherlich mehr als Francis, der selbst über ein ausreichendes Vermögen verfügte, auch ohne das beträchtliche Vermögen, das seine Frau von ihrer Mutter erhalten und ihm hinterlassen hatte.

All diese Tatsachen, die Ada Forcus allgemein als selbstverständlich akzeptierte, brachte sie nun zu Gunsten von Deleah vor und zählte demütig die Maschen der Madonnenlilie auf, die, wenn sie in Perlen gearbeitet, in bernsteinfarbener Seide grundiert und in Gold gerahmt wäre, entstehen würden in einen Paravent umgewandelt, der auf dem Marmorkamin im Salon von Cashelthorpe aufgehängt werden kann.

Über die Frau, die Sir Francis geliebt und verloren hatte, die zwei Jahre lang in diesem wunderschönen Haus gelebt hatte, in der Gesellschaft ihres Mannes saß, um zu lesen, zu essen und zu nähen, an seiner Seite durch die Gärten spazierte, sich um ihn kümmerte, ihn pflegte und beobachtete Drüben bei ihm hatte Deleah viele Träume geträumt. Schön wie ein Engel hatte sie sich vorgestellt, und mit der Natur eines Engels, von ihm so geliebt und so unaussprechlich betrauert zu werden. Sie hatte Träume geträumt, aber keine Fragen gestellt. Sie fragte sie jetzt.

„War sie so schön – Lady Forcus?"

Um nicht unbedingt schön zu sagen; Das hatte sie alle überrascht, da Francis schon immer ein Schönheitsliebhaber gewesen war. Sie hatte das, was man ein *liebes Gesicht* nannte . Und solche Manieren! Was für eine Würde! Was für eine vornehme Atmosphäre! „Ich sagte mir immer: ‚Kein Wunder, dass Francis dein Sklave ist.'"

„Und war er?"

„Er war in der Tat an sie gefesselt, an Händen und Füßen; ohne daran zu denken, außer ihr zu gefallen, ohne Wunsch, außer dem, was ihr gehörte."

Deleah seufzte voller Herzensfülle.

„Aber nur, weil er sie liebt, verstehen Sie. Nicht, weil sie ihn auch nur im Geringsten unter ihrer Fuchtel hatte."

Deleah schüttelte mitfühlend den Kopf. „Ich bin mir sicher, dass er das nicht sein kann."

„Er war seit ihrem Tod nie mehr derselbe. Niemals! Und wird nie wieder derselbe sein."

„Das würde man sich nicht wünschen. Das würde alles verderben", seufzte Deleah.

Miss Forcus wiederholte den Seufzer. „Nun, ich weiß es nicht", gab sie zu. „Menschen sterben, aber die Welt muss weitergehen, Deleah. Wenn das Kind gelebt hätte, wäre es anders gewesen; aber es scheint mir schade, dass es niemanden geben sollte, der nach Francis kommt, seinen Namen trägt und seinen erbt." Natürlich gibt es Reggie;

Dort blieb sie stehen und erinnerte sich, dass der Sohn von Reggie aller Wahrscheinlichkeit nach der Enkel von William und Lydia Day sein würde – Schwerverbrecher und bankrotter Lebensmittelhändler. Der Gedanke erstickte sie. Hatte Francis sich daran erinnert? „Wer Reggie heiratet, wird ein faules Schilfrohr heiraten", sagte sie ungestüm. „Das Mädchen, das das tut, tut mir von Herzen leid."

„Das tue ich auch", sagte Deleah leise, runzelte die Stirn und jagte mit der Nadelspitze einer winzigen, flüchtigen Perle hinterher.

Fräulein Forcus hörte das mit Überraschung und Befriedigung, hatte aber Angst, es zu glauben. Welches mittellose Mädchen, dessen Hand ihre eigene Hand war, würde den reichen jungen Forcus ablehnen? Da sie sich nach weiterer Gewissheit sehnte und sehr mutig war, wagte sie die Frage: „Sie kannten Reggie also so gut, haben sich aber nicht in ihn verliebt?"

„Ich? Oh nein!" sagte Deleah. Sie hob ihren Kopf von dem Rahmen, über den sie sich beugte, und sah der anderen Frau ruhig ins Gesicht; und Miss Forcus war beeindruckt von der sanften Würde des Mädchens. Eine Würde, die vielleicht weniger fesselnd war als die, die sie an Francis' Frau so sehr bewundert hatte, aber genauso wirkungsvoll.

"Ah, gut!" Sie lächelte, ungemein erleichtert und überglücklich, als sie feststellte, dass sie ihren Schützling wieder in ihr Herz schließen konnte. „Wir werden sehen, wer gut und groß genug für dich ist, Deleah. Er muss beides sein, um dich zu verdienen."

„Er muss beides sein, bevor ich ihn liebe", sagte Deleah ruhig, aber mit roter Wange. Sie legte den Kopf auf die Seite und betrachtete die Lilie, die so langsam unter ihren Fingern wuchs. „„Ich muss das Höchste lieben, wenn ich es sehe"", sagte sie halb zu sich selbst.

Denn während sie redete und zuhörte, hatte sie über das Opfer nachgedacht, das ihrer Meinung nach jetzt von ihr verlangt wurde; und sie hatte beschlossen, es nicht zu schaffen.

Als Sir Francis an diesem Abend hereinkam, fand er auf seinem Schreibtisch einen kleinen Zettel mit der Unterschrift „Deleah Day" liegen. „Ich hoffe, Sie entschuldigen mich, dass ich es mir anders überlegt habe und beschlossen habe, sofort nach Hause zu gehen", hieß es. „Ich glaube, dass ich dort gesucht werde. Ich hoffe, Sie denken nicht, dass ich Ihre ganze Freundlichkeit nicht spüre. Ich fühle sie von ganzem Herzen."

Sir Francis hielt dieses dürftige Schreiben offen in der Hand und suchte seine Schwester auf.

„Ja, sie ist weg", sagte diese Dame. „Sie wollte es offenbar, und ich fuhr sie heute zurück."

„Wie wäre es dann mit Reggie?"

„Du hast dich in Bezug auf Reggie ziemlich getäuscht, Francis. Das bist du in der Tat. Deleah wird Reggie nie heiraten Du. Was sagt sie?"

Sir Francis wollte nicht, dass die Hand für Deleahs kleine Notiz ausgestreckt wurde. Er faltete es zusammen und ging zum Fenster, blickte nachdenklich auf den Garten hinaus, die Hände auf dem Rücken, den Brief, den er an einer Ecke festhielt, auf und ab wackelnd.

„Sie hat mir erzählt, dass sie geschrieben hat", sagte Miss Forcus noch einmal zur Erinnerung.

„Sie sagt einfach, dass sie gegangen ist."

„Ich werde sie schrecklich vermissen. Sie ist das liebste Mädchen. Noch nie habe ich ein so schönes und so wenig eitles Mädchen gesehen."

„Sie ist zu schön, um eitel zu sein", sagte Sir Francis.

Und als Miss Forcus eher den Ton als die Worte hörte, hob sie erschrocken den Kopf und blickte immer wieder auf den stattlichen Rücken ihres Bruders, auf die dahinter verschränkten Hände, in denen er den Brief hielt und auf und ab wedelte, den er nicht aus seiner Obhut lassen wollte.

Über einen weiteren Brief, den Sir Francis am nächsten Morgen erhielt, lachte er beim Lesen. Er warf es seiner Schwester über den Tisch. „Was für ein Kerl!" er sagte.

„Von Reggie? Ich wünschte, du hättest ihm nicht geschrieben, er solle nach Hause kommen, Francis."

„Er kommt nicht. Machen Sie sich keine Sorgen. Er sagt, die Worradykes seien in Nizza aufgetaucht ..."

„Sie sind ihm gefolgt! Sie haben zweifellos Daisy entführt. Ich würde meine Existenz aufs Spiel setzen, sie haben Daisy entführt!"

„Du hast völlig recht. Daisy ist da. Reggie hat versprochen, mit ihnen nach Rom weiterzugehen."

„ *Jetzt* wird sie ihn fangen!" prophezeite die Dame. „Mein Gott! Angenommen, die Dinge wären so, wie du dachtest, und Deleah hätte darauf gewartet, ihn zu Hause willkommen zu heißen! Was für ein Dilemma hätten wir damals sein müssen, Francis!"

KAPITEL XXX

Deleah wird erwachsen

Es war Donnerstagnachmittag: der Tag, an dem die Geschäfte von Brockenham um zwei Uhr schlossen. Heute Nachmittag muss mit George Boult gerechnet werden, der die Bridge Street sowohl am Donnerstag, dem halben Feiertag, als auch am Sonntag besucht hatte. Auf die eine oder andere Weise würde Mrs. Day auf seinen Vorschlag antworten müssen, der sie mit solch elenden Zweifeln erfüllt hatte.

Zum Zeitpunkt des Angebots war von seiner Seite nur sehr wenig gesagt worden. Umso glücklicher wäre er, wenn eine Dame am Kopfende seines Tisches stünde, hatte er gesagt; Sie und ihre Töchter wollten ein Zuhause. Beide waren vielleicht zu alt für Gefühle, beide waren alt genug, um die Chance auf Glück und Trost zu nutzen, die ihnen das Leben noch bot. „Denken Sie darüber nach, Ma'am", hatte er gesagt. „Ich schaue am Donnerstag vorbei. Ich gehe nicht davon aus, dass Ihnen ein besserer Plan eingefallen ist."

Sie hatte es nicht getan, es sei denn, sich zu ertränken wäre ein besserer Plan.

Sie hatte keinen Selbstmorddrang, war aber eine Frau von grenzenloser Selbstlosigkeit, die im Glauben, dass ihr Tod ihren Kindern das Leben erleichtern würde, ohne viel Aufhebens darauf eingegangen wäre.

Manchmal war sie mit der kleinen Franky an einem Sonntagnachmittag am Ufer des Flusses spazieren gegangen, wo dieser vor den hässlichen schwarzen Kais an seinen Ufern zu den Wiesen floh, wo Franky gern zusah, wie die Kröten durch das Unkraut ins Freie glitten Er liebte es, seine Stiefel nass zu machen, als er versuchte, die umherfliegenden Elritzen in seinen Händen zu fangen, er liebte es, Vergissmeinnicht, Flussminze und Rotkehlchen zu sammeln, um sie nach Hause zu Deleah zu tragen. Sie kannte genau die Stelle, an der sie, wenn sie nur sicher wäre, dass es für Bessie, für Deleah, für den armen, armen Bernard am besten wäre, die Bank hinunterrutschen und hineinwaten und hineinwaten würde, bis sie über ihre Tiefe hinaus und beschwert wäre Durch ihre Kleidung würde sie außer Sicht, aus der Not, aus dem Leben verschwinden. Sie machte sich keine Illusionen über die Umarmung in den „kühlen und tröstenden Armen des Todes". Sie wusste ganz genau, wie schrecklich es war, der Würgegriff, mit dem stinkenden, übel schmeckenden Fluss in ihrem Mund, dessen Unkraut und Innereien ihre Gliedmaßen umwickelten. Aber das würde vergehen, und sie wäre raus. Viel lieber würde sie tot auf dem Grund des Flusses liegen, als mit ihrem Wohltäter, Mr. George Boult, verheiratet zu sein. Wenn sie nur sicher wäre, dass es das Beste für die Kinder wäre.

„Ich frage mich, was aus mir werden soll, während Sie Ihr interessantes Interview mit Dagobert führen?" sagte Bessie beim Abendessen. „Es regnet, deshalb kann ich nicht spazieren gehen."

„Ich entscheide mich für eins", sagte Mrs. Day, die sich in dem Moment, in dem sie ihre Absicht bekannt gab, für diesen Weg entschieden hatte.

„Aber ich dachte, Dagobert würde kommen?"

„Ich weiß. Ich kann ihn nicht sehen. Ich kann es wirklich nicht. Du siehst ihn für mich, Bessie."

„Wirklich, Mama, wie absurd! Will der alte Mann mich heiraten?

Daran war kein Zweifel, Widrigkeiten hatten Bessie nicht verbessert; Ihre Mutter musste sich eingestehen, dass sie manchmal sogar vulgär war. „Das hättest du mir vielleicht ersparen können, Bessie", sagte die arme Mrs. Day. Sie war zutiefst beleidigt und verletzt. Sie wollte nicht warten, bis sie mit dem Abendessen fertig war, sondern ging in den Laden hinunter und beschäftigte sich dort, bis Mr. Pretty die Fensterläden hochgezogen hatte. Dann kleidete sie sich in die Witwenhaube, die sie immer noch trug, den schäbigen Seidenmantel mit dem breiten Kreppsaum, die schwarzen Handschuhe, die so abgenutzt waren, und ohne ein weiteres Wort zu Bessie zu sagen, ging sie hinaus.

„Natürlich weiß ich, wohin sie gegangen ist", sagte Bessie zu Emily, ihrer treuen Vertrauten. „Zu Frankys Grab. Es ist nicht der Ort, um sie zu einer lebhaften Begleiterin zu machen, wenn sie wieder zurückkommt; und es ist nicht sehr erfreulich für mich, zu Hause sitzen zu müssen und dort an sie zu denken."

„Es ist wie eine Mutter, Miss Bessie." Frankys Grab übte auch auf Emily eine Anziehungskraft aus, die es jeden Sonntag ihres Lebens besuchte.

„Ja, aber, Emily, sollte Mama nicht genauso gut an mich denken wie an Franky? Und ich habe keine Geduld mit ihr. Ich denke, sie sollte sich entscheiden und hat damit Schluss gemacht. Ganz junge Mädchen, Warum sollte sie, wenn sie ihr ganzes Leben noch vor sich haben, für Geld heiraten, warum sollte sie so viel Aufhebens machen?"

„Die Kleinen wissen vielleicht nicht, was sie tun; und deine Mutter weiß es", riskierte die Weise Emily.

„Und wenn der alte Mann heute kommt, was soll ich ihm wohl sagen?"

„Es gab noch nie eine Zeit, in der Sie nicht wussten, was Sie sagen sollten, Miss
Bessie."

„Es ist alles sehr gut. Warum sollte ich darin verwickelt sein? Ich werde einfach nichts sagen."

„Dann kann er da sitzen und dich ansehen, und das gefällt ihm."

Bessies Augen glitzerten: „Aber wenn es ihm gefällt – und er hat sich immer so verhalten – warum dann? Warum? Warum –?" Sie breitete die Handflächen ihrer dicken, weißen Händchen aus und stellte eine dramatische Frage an Emily, die mit einem schwarzen, in Bleichmittel getauchten Lappen die „Brillanten", wie sie ihr Zinn- und Zinngeschirr nannte, polierte.

„Ah", sagte Emily; „Er ist einer von euren Vorsichtigen, Boult schon. Die jungen und faszinierenden Leute sind vielleicht nicht gerade die besten Haushälterinnen."

Bessie stand eine Minute lang still da und beobachtete das kräftige Reiben eines Geschirrdeckels. „Geh und zieh dein Kleid um", sagte Emily und blickte zu ihr auf. „Zieh den schwarz-weißen Musselin an, in dem du am schönsten aussiehst –"

„Ich sollte ein Jahr lang ganz Schwarz tragen, Emily."

„Du ziehst dein Schwarz-Weiß an", überredete Emily.

Mrs. Day ging, wie vorhergesagt, zu Frankys Grab, machte aber einen langen Umweg und machte zunächst den Spaziergang am Fluss entlang, den das Kind und sie normalerweise gemeinsam gemacht hatten. Als sie die Stelle am Flussufer entdeckte, die ihr seit Mr. Boults Angebot so sehr im Gedächtnis geblieben war, setzte sie sich dorthin mit der bewussten Absicht, zu entscheiden, welchen der drei ihr zur Verfügung stehenden Wege sie einschlagen sollte. Mit ihren Kindern obdachlos und mittellos auf der Welt zu sein; Boults Frau werden; im Fluss ertrinken.

Sie bemühte sich, sich auf diese Themen zu konzentrieren, konnte aber stattdessen nur an Franky denken. Nicht von Franky, wie er am Fluss gespielt, fröhlich seine Bilder gemalt hatte und lärmend mit dem Sohn des Messerschmieds zur Schule geeilt war, sondern von Franky, der an einem Frühlingsnachmittag da saß und sein Butterbrot und Radieschen aß, den Teller auf den Knien , entfernt vom Teetisch, weil Bessie erklärt hatte, dass er nach Kitt rieche.

Es war ein absurder kleiner Vorfall, der bis jetzt vergessen war, als in ihrer Erinnerung das Gefühl erwachte, das Herz der Mutter ohne fast unerträgliche Schmerzen zu zerreißen. Verbannt! Nicht gut genug, um mit Bessie am Tisch zu sitzen – ihrem Franky, ihrem Baby, ihrem Engelsjungen! Tief in ihrem Herzen wusste sie, dass es dem Jungen egal gewesen war und dass ihm, nachdem er ein paar Tränen vergoss, sein Essen in einem Teil des Raumes genauso willkommen war wie in dem anderen. Doch dieses Bild von ihm, wie er einsam in seiner Ecke saß und kaute, erfüllte sie mit einem Schmerz, der zu tief war, als dass sie weinen konnte; Die kleine, klaglose Gestalt beschuldigte sie bitterlich, die vorwurfslosen Augen machten ihr Vorwürfe.

So saß sie am Fluss und weinte dort, unfähig, ihre Gedanken auf die lebenden Kinder zu richten; zu Bessie, die manchmal so hart war, aber nur, weil sie nicht wach war und nicht verstand; an die hübsche, hübsche Deleah mit ihren unschuldigen Verlockungen, ihrer gewinnenden Art; an Bernard, der in seinem letzten elenden Brief aus Indien geschrieben hatte, dass er sie am meisten auf der Welt liebte. Daran dachte sie überhaupt nicht; aber nur von dem Kind, das in der Ecke seine Radieschen isst und sie aus seinen großen dunklen Augen ernst ansieht.

Er rief sie von seinem Grab aus, und bald darauf stand sie auf und ging dorthin.

Deleah, die vom Forcus-Wagen an der privaten Tür in der Bridge Street abgesetzt wurde, rannte die Treppe hinauf und ins Wohnzimmer. Bessie und Mr. Boult, der in dieser Wohnung Seite an Seite auf dem Sofa saß, flog ziemlich heftig auseinander, als sie durch ihren Auftritt unterbrochen wurde.

„Nun, Deleah! Was für eine Art, in den Raum zu stürmen!" Bessie sagte; eine aufgeregte Bessie mit roten Wangen, die in einen schimpfenden Ton ausbrach, um ihre offensichtliche Verlegenheit zu verbergen.

„Wo ist Mama?" Deleah keuchte vor Erstaunen und stieg aus. und Bessie warf ihr in der Aufregung und Aufregung des Augenblicks den schwesterlichen Rat zu, es herauszufinden.

Deleah blickte mit blassem Gesicht und starrenden Augen sprachlos von Bessie auf dem Sofa in dem von Emily empfohlenen schwarz-weißen Musselin zu Mr. Boult, der jetzt mit plötzlichem Interesse auf die Straße spähte. Dann schloss sie hastig die Tür hinter den beiden und ging zu Emily in die Küche.

„Wie lange ist Mr. Boult schon hier?"

Emily hatte nicht auf die Uhr geschaut.

„Wird er zum Tee bleiben?"

Emily würde bei Gelegenheit eine zusätzliche Tasse hinstellen. „Am besten gehen Sie und suchen Ihre Mutter, Miss Deleah; sie ist auf den Friedhof gegangen und hat kein Recht, dort allein zu sein."

„Ich gehe; und, Emily, ich werde nicht mehr ins Haus kommen, solange dieser Mann da ist; und Mama wird es auch nicht tun."

„Jetzt machst *du* eine Menge Aufhebens!" sagte die besorgte Emily. „Ich habe noch nie erlebt, dass so viel los ist wie heute. Nirgendwo Frieden."

„Ich mache kein Aufhebens. Du musst Bessie nur sagen, dass sie Mr. Boult loswerden soll, bevor wir nach Hause kommen."

Er ging erst, als Bessie, rundlich und attraktiv, mit einer rosa Rose an der Brust, ihm Tee eingeschenkt hatte, aber er war schon eine halbe Stunde weg, als die Mutter und die Tochter zurückkamen. Mrs. Day, erschöpft von ihrem langen Spaziergang, wurde durch das Halten von Deleahs warmem jungen Arm getröstet und durch Deleahs mutige Rede gestärkt. Es würde einen weiteren harten Kampf geben, aber Deleah würde nicht mehr weggehen, sie würden gemeinsam kämpfen.

„Wir können von fast nichts leben, Mama – du und ich."

Da wäre Bessie, erinnerte ihre Mutter sie; aber Deleah schien nicht geneigt zu sein, Bessie in ihre Berechnungen einzubeziehen. Sie entfaltete ihren Plan des kleinen Hauses und der kleinen Schule für ganz kleine Kinder, die sie unterrichten konnte.

„Wir werden viel glücklicher sein als jemals zuvor im Laden. Ein paar Eier und Milch für dich und mich und ab und zu ein bisschen Metzgerfleisch für Emily. Was wird das kosten! Sicher schaffen wir das, Mama."

„Sie vergessen, dass es Mr. Boult gibt, mit dem Sie sich abfinden können. Auf seinen schrecklichen Vorschlag muss irgendwie eine Antwort gefunden werden, Deleah."

„Wir werden es heute Abend beantworten. Ich werde Ihnen helfen, den Brief zu schreiben", versprach Deleah.

Sie schrieben es untereinander, nachdem Bessie zu Bett gegangen war, und sie reparierte es nach ihrer Rückkehr schnell. Die Komposition stammte größtenteils von Deleah, und als sie fertig war, lautete sie:

> „Ich fühlte mich einem Vorstellungsgespräch mit Ihnen nicht gewachsen, und ich bin sicher, Sie werden es mir entschuldigen, dass ich den Termin nicht eingehalten habe. Als ich darüber nachdachte, kam ich zu dem Schluss, dass die Vereinbarung, die Sie mir neulich vorgeschlagen haben, völlig ungeeignet ist , und ich schreibe daher, um abzulehnen. Da ich Zeit zum Nachdenken hatte, habe ich keinen Zweifel daran, dass Sie der Weisheit dieser Entscheidung zustimmen."

„Das ist alles, Mama."

„Meine Liebe, nein! Es ist so sehr kalt."

„Nun, uns ist kalt – dir und mir.“

„Aber wir dürfen nicht vergessen, was er für uns getan hat. Wir müssen immer dankbar sein.“

„Ich weiß. Mama, ich habe es so satt, dankbar zu sein.“ Mrs. Day seufzte; Um ehrlich zu sein, hatte sie es auch satt. „Er wirft uns das, was er getan hat, immer ins Gesicht und reibt es in unsere Haut. Es ist unsere Dankbarkeit, die ihn so abscheulich gemacht hat.“

„Es war nett von ihm, diese fünfzig Pfund zu geben, und –“

„Wir werden es ihm zurückzahlen. Wir werden es ihm bis zum letzten Penny zurückzahlen, Mama. Sir Francis Forcus ist *mein* Freund; er hat es versprochen; ich werde zu ihm gehen und ihn um Rat fragen. Nur ich hasse – ich hasse es stört ihn."

„Dann lasst uns versuchen, alleine weiterzukommen.“

„Nein. Ich bin sicher, er würde es mir wünschen.“ Sie wartete, den Kopf auf die Hand gestützt, während sie am Tisch saß und auf den Brief blickte, den sie für ihre Mutter zum Abschreiben geschrieben hatte, ohne ihn zu sehen. „Er ist so ein trauriger Mann, Mama“, sagte sie plötzlich. „Er trauert immer noch und trauert und trauert um seine Frau.“

„Aber er war nett zu dir, Deleah?“

„Ja. Als er sich erinnerte. Als er wusste, dass ich da war. Er liebte sie so sehr. Miss Forcus hat mir erzählt, wie er sie liebte. Sie war so schön, so großartig in Manieren und Aussehen, mit so einem feinen Charakter, so Großartig und gut. Es gibt ein *schönes* Denkmal für sie auf dem Friedhof von Cashelthrope. Ich habe es mir heute Morgen angesehen, nachdem Miss Forcus von ihr gesprochen hatte. Über dem Grab steht eine Lilie in ihrer Hand. Weißt du, was ich fühlte, Mama? Ich hatte das Gefühl, ich würde sterben, wenn ich sie ihm zurückgeben könnte.

„Deleah!“

„Das würde ich“, sagte Deleah ganz blass und mit zitternden Lippen; „Ich würde gerne sterben, wenn das sie zu ihm zurückbringen und ihn wieder glücklich machen könnte.“

Mrs. Day sah ihre Tochter mit ziemlich erschrockener Aufmerksamkeit an, und
Deleah blickte auf, fing den Blick ihrer Mutter auf und lächelte strahlend. „Komm, jetzt lass uns diesen Brief abschicken“, sagte sie.

Als es fertig war, rannte sie selbst damit hinunter zum roten Säulenkasten gegenüber der Ladentür. „Die Sache ist erledigt“, sagte sie, als der Brief in der Schachtel verschwand, und sie drehte sich um, um wieder einzutreten. Das Licht der Straßenlaterne fiel auf den Namen ihrer Mutter, schwarze Buchstaben auf weißem Grund, über der Ladentür. „Lydia Day, lizenziert zum Verkauf von Tabak und Schnupftabak." „Und das ist fast erledigt", fügte sie hinzu, „und was auch immer passiert, es tut mir nicht leid."

Sie fühlte sich seltsam stark und fähig; kompetent, ihren Weg zu gehen, keine Angst vor Schwierigkeiten. „Es ist mehr als an der Zeit, dass ich erwachsen werde, und endlich habe ich es geschafft", sagte sie sich. Mit angespannten Schultern und erhobenem Kopf ging sie durch den schlecht beleuchteten kleinen Gang und die steile, schmale Treppe hinauf. Es war die Tatsache, dass sie an diesem Tag eine Entscheidung getroffen hatte, die jeder weltgewandte Mensch verurteilt hätte, die sie aber in jeder Faser ihres Wesens als richtig empfand, die ihr das Gefühl von Selbstvertrauen gegeben hatte, das ihr bisher gefehlt hatte . Sie hatte sich zwischen Komfort, Luxus, der Anerkennung und Bewunderung der Welt, wie Reggie Forcus, und dem harten, mühsamen Kampf um die bloße Existenz, mit Freiheit und ihrer eigenen Selbstachtung, entschieden; und wie sie wusste, hatte sie das Gefühl gehabt, dass sie an geistiger und spiritueller Statur gewachsen war.

„Was ist mit mir passiert?" fragte sie sich. „Heute Abend möchte ich rausgehen, um Schlachten auszufechten."

„Mama", sagte sie und ging zurück ins Wohnzimmer, wo ihre Mutter sie erwartete, „siehe, ich bin kein Kind mehr. Ich bin erwachsen."

KAPITEL XXXI

Bessies Stunde

Den größten Teil der Woche wunderte sich Mrs. Day, die sich seit Frankys Tod auf die vage und gedankenverlorene Art und Weise um ihre wenigen Kunden kümmerte, sehr und mit äußerster Unruhe über Mr. Boult. Er beachtete ihren Brief nicht, er kam nicht ins Haus. „Er ist zu sehr beleidigt", sagte sie sich und fragte sich, welche Form die Rache annehmen würde, die sie erwartete.

Schließlich konnte sie zu diesem Thema nicht länger schweigen und befragte Bessie.

„Ich hoffe, Mr. Boult war nicht sehr verärgert darüber, dass ich ihn am Donnerstag verlassen habe, Bessie?"

„Er hat es nicht gesagt", sagte Bessie schüchtern.

„Aber war er das? Anhand seines Verhaltens konnte man das doch beurteilen?"

„Wenn Sie mich fragen, glaube ich nicht, dass es ihn einen Cent interessiert hat."

„Ich habe ihm geschrieben, weißt du, Bessie."

„Damit ist es erledigt, nehme ich an?"

„Nun, ich muss sagen, ich habe eine Antwort erwartet."

„Mr. Boult war in letzter Zeit in London. Vielleicht ist ihm das entfallen."

„London? Das erklärt es. Aber woher weißt du das, meine Liebe?"

„Ich weiß es zufällig", sagte Bessie und entging einer weiteren Befragung.

Am Morgen des Tages, an dem Deleah und ihre Mutter das Haus besichtigen sollten, das Deleah als Schauplatz ihres neuen Lebensanfangs ausgewählt hatte, ging das Mädchen in den Laden hinunter, um ihrer Mutter zu helfen, eine Bestandsaufnahme ihrer Vorräte an Tees und Tee zu machen Zucker und Seifen. Der unternehmungslustige Coman, der sein Bestes getan hatte, um das Geschäft der Witwe zu ruinieren, hatte seine Bereitschaft zum Ausdruck gebracht, das Geschäft in der jetzigen Form und sofort zu übernehmen; Es steht der Familie frei, bis Weihnachten im Haus zu bleiben.

Da sie ihre jüngere Tochter hinter der Theke hatte, war ihr Morgen im Laden anders als Mrs. Day. Sie verlor die müde Miene der Hoffnungslosigkeit, die sie seit Frankys Tod an den Tag gelegt hatte, redete fröhlich mit ihren

Kunden, war lebhaft und wachsam bei den Geschäften, die sie und Deleah zu erledigen hatten.

„Es ist überraschend, dass Herr Boult, der immer darauf bestanden hat, in alles seine Finger zu haben, uns das alles überlässt", sagte sie einmal. „Unser Brief muss ihn tödlich beleidigt haben, Deleah."

„Macht nichts, Mama. Wir werden ohne ihn auskommen", versprach Deleah. Sie empfand so ein glückliches Selbstvertrauen. „Wir werden arbeiten", sagte sie. „Es gab nie zwei Menschen, die so gearbeitet haben wie du und ich."

„Und ich bin sicher, dass Bessie auf ihre Weise helfen wird", fügte Mrs. Day loyal hinzu; Aber Deleah ließ Bessie nicht so schnell in ihren Plan ein.

„Fünfundzwanzig Zitronen", sagte Mrs. Day, nachdem sie den Vorrat dieser Ware gezählt hatte. „Zwei davon gehen kaputt. Sag mal dreiundzwanzig, Liebes."

„Dreiundzwanzig Zitronen", wiederholte Deleah und trug diese Zahl in das Inventurbuch ein.

„Drei ganze und eine halbe Dose Ingwernüsse zu acht Pence das Pfund."

„Dreieinhalb Dosen – Oh, warte mal, Mama." Sie hielt ihren Stift in der Hand und blickte durch das Schaufenster. Sie blickte zunächst nachlässig, dann aufmerksam. Eine geschlossene Kutsche fuhr die schmale Straße entlang, das Rad, das auf dem Bürgersteig knirschte, hatte sie veranlasst, nach oben zu schauen. „Da ist jemand, ganz in Weiß, in dieser Kutsche", sagte sie.

„Ganz in Weiß? Hast du die Ingwernüsse runtergeholt, Liebes? Dreieinhalb Dosen –"

„Es war jemand, der Bessie so ähnlich war. Ich glaube, es *war* Bessie, Mama."

„Bessie wird wahrscheinlich nicht ganz in Weiß in einer Kutsche sitzen. Sagen Sie ‚Richtig', wenn Sie die Sachen abgelegt haben, Deleah. Fensterschwämme kosten sechs Pence. Legen Sie neunzehn Schwämme zu sechs Pence hin, Deleah."

„Warte einen Moment. Ich möchte einfach hochlaufen, um zu sehen, was Bessie macht. Ich habe nur einen flüchtigen Blick erhaschen können, aber – ich bin in einer Minute zurück, Mama."

Innerhalb dieser Zeit war sie mit einem verängstigten Gesichtsausdruck zurück: „Bessie ist nicht im Haus, Mama." Mrs. Day blickte leicht überrascht auf. „Und Emily ist auch weg."

„Emily? Weg?"

„Die Haustür ist verschlossen, der Schlüssel abgenommen, und beide sind weg.“

„Emily hat kein Recht, mitten am Morgen so loszugehen. Bessie sollte es nicht zulassen. Ich muss mit beiden sprechen, wenn sie nach Hause kommen. Wir sind bis zu den Schwämmen gekommen –“

„Mama, es *war* Bessie in Weiß in dieser Kutsche – ihr Gesicht war abgewandt, aber ich war mir fast sicher. Jemand war bei ihr auf der weiter entfernten Seite; das war Emily.“ Deleah blickte ihre Mutter an, als würde sie sich fragen, wie viel von der Wahrheit sie ertragen konnte, bevor sie fortfuhr. „Sei nicht böse, Mama. Ich wollte dir etwas sagen. Ich bin mir sicher, dass Bessie heute weg ist, um zu heiraten; und Emily ist mit ihr gegangen.“

„Deleah!“

„Setzen Sie sich für eine Minute. Sie waren die ganze Woche über so mysteriös – ist Ihnen das nicht aufgefallen? – und so beschäftigt; niemand wusste, wovon –“

„Verheiratet! Verheiratet! Wie kann sie verheiratet sein? Es gibt niemanden, mit dem sie verheiratet sein kann.“

„Setzen Sie sich. Es gibt nichts, worüber man so weiß aussehen könnte. Haben Sie es nicht erraten? Ich habe es die ganze Zeit erraten. Es ist Mr. Boult.“

„Boult! Herr George Boult?“

"Ja."

„Mr. George Boult!“

„Ja. Mr. George Boult. Ich sage es dir immer wieder, Mama. An dem Tag, als wir den Brief schrieben, rannte ich unerwartet die Treppe hinauf, und sie saßen auf dem Sofa, und dieser alte Mann hatte seinen Arm um Bessies Taille gelegt.“

„George Boults Arm? Bessie? *Unsere* Bessie?“

„Ja. Jetzt werden Sie nicht ohnmächtig und fangen Sie nicht an zu weinen. Ich bin sicher, dass sie geheiratet haben.“

„Bessie würde es niemals tun! Das würde sie niemals tun! Es ist *schrecklich* von ihr! Das kann nicht sein! Das kann nicht sein!“

„Es *ist* so. Ich bin mir dessen sicher, als ob ich in der Kirche wäre und zusehen würde, wie es geschieht. Oh, Mama, *gib nicht* nach. *Tu es nicht!* Ich habe es dir gesagt, damit sie, wenn sie zurückkommen, hier sind wie sie.“

werden – sie werden es tun! In einer halben Stunde können Sie ganz mutig sein und nicht vor ihnen nachgeben.

Deleah rief Mr. Pretty vom Keller zum Laden, nahm den Arm ihrer Mutter und führte sie ins Wohnzimmer. „Wenn du jetzt das Gefühl hast, dass du zusammenbrechen oder weinen *musst*, Mama", beschwor sie ihre Eltern mit einem Hauch der Verachtung, die die jüngere Generation für die Älteren empfand, die damals gewohnt waren, allen Krisen mit Tränen und Ohnmachtsanfällen oder zumindest wild zu begegnen Gestikulieren – „Wenn es *sein muss*, dann tu es jetzt und hier; damit du ruhig und würdevoll sein kannst, wenn sie kommen."

„ *Unsere* Bessie!" sagte Mrs. Day immer wieder, rang die Hände und schaute mit flehenden Augen auf, die in Tränen schwammen. „Unsere Bessie! Unsere hübsche, attraktive Bessie! Und dieser Mann! Dieser *alte* Mann!"

„Es geht nicht, so weiterzumachen, wenn sie kommen, Mama", warnte Deleah sie. „Du kannst ihm nicht sagen, dass er alt ist. Das darfst du Bessie jetzt nicht einmal sagen. Bessie ist nicht wie du und ich, denk dran, die sich elend und beschämt gefühlt hätten. Sie denkt an sein Geld und seine Kutsche. Sie glaubt nicht, dass sie ein hinterhältiges Spiel gespielt hat als der Rest von uns. Sie ist stolz auf sich selbst, und wenn Sie müssen, weinen Sie alles, was du jetzt kannst, also vergieße auf keinen Fall eine Träne vor *ihnen* .

Als Bessie erschien – sie kam ohne ihren Bräutigam, der ein Treffen mit der Mutter seiner Braut unter den gegebenen Umständen für unangenehm gehalten hatte –, hatten Deleahs Ermahnungen ihre Wirkung gezeigt.

Bessie – die eine Vorliebe für „Szenen" hatte und diese bei jeder Gelegenheit selbst inszenierte –, die nun eine erwartete, wurde enttäuscht. Sie kam herein, in ihrem weißen Kleid und mit der Haube, ihr schönes, rundliches Gesicht war gerötet, ihre Augen funkelten in Erwartung der Sensation, die sie hervorrufen würde, und fand Mutter und Schwester, die sie ernst erwarteten.

„Hier bin ich! Ich bin verheiratet, Mama", verkündete sie.

Anstelle des erwarteten Ausbruchs: „Ja, meine Liebe, das habe ich gehört", sagte Mrs. Day. „Ich weiß nicht, warum du es vor mir geheim halten musstest, aber jetzt ist es erledigt und ich kann dir nur noch viel Glück wünschen, Bessie."

Es war enttäuschend: sehr flach und zahm. Mrs. Day stand auf und küsste ihre Tochter, und Deleah folgte ihrem Beispiel.

„Es wäre schöner für dich gewesen, Mama und mich bei deiner Hochzeit dabei zu haben, hätte ich denken sollen", sagte Deleah. „Kommt Mr. Boult nicht, um mit uns zu sprechen?"

„Nein", sagte eine leicht niedergeschlagene Bessie. „Er dachte, es würde einen Aufruhr geben."

„Für Aufregung ist es zu spät, Bessie."

„Nun, das dachten wir; und dass es keinen Sinn hatte, ihn belästigt zu haben; also ist er direkt zum Bahnhof gegangen, um auf mich zu warten. Wir fahren um 1.20 Uhr in die Stadt. Ich komme in einer halben Stunde zu ihm. Die Kutsche Ich werde warten."

„Das ist schon in Ordnung, Liebes. Du solltest lieber etwas essen, bevor du gehst."

Emily wurde gerufen, um Erfrischungen zu bringen. Das Tablett war bereits vorbereitet, bevor sie zur Kirche aufbrachen, und darauf befanden sich eine kleine Hochzeitstorte, die Emily mit ihren Ersparnissen gekauft hatte, und eine Flasche Portwein, die sie aus demselben dürftigen Fonds gekauft hatte.

Der weiße Zuckerkuchen sollte eine Überraschung für Bessie sein:

„Ein kleines Geschenk von mir", sagte Emily, als sie es auf den Tisch stellte.

„Oh, du liebes altes Ding! Du musst anhalten, um etwas zu essen. Schneide den Kuchen an, Deleah."

Deleah würde das Privileg der Braut nicht an sich reißen, und Bessie, die die Operation versuchte, ohne ihren Handschuh auszuziehen, spaltete ihn in der Handfläche! „Da habe ich meinen Handschuh verdorben!" sie weinte und wandte sich an ihre Schwester. „Das ist deine Schuld, Deleah. Du hättest den Kuchen anschneiden sollen, als ich dich darum gebeten habe." Dann fing sie an zu weinen. „Ich heirate", schluchzte sie; „Mama und Deda kümmern sich nicht mehr, als wenn ich spazieren gegangen wäre. Niemand kümmert sich darum. Sie sitzen da und starren und sagen nichts; niemand kümmert sich."

„Oh, Bessie, mein armes Mädchen, Gott weiß, dass es mich interessiert!" sagte die Mutter. „Aber was soll ich sagen? Es ist geschafft; was soll ich sagen?"

„Sag was! Setz dich nicht hin!" Bessie schluchzte. „Deda könnte meinen Handschuh zunähen, anstatt da herumzusitzen."

Deleah hatte bereits Nadel und Watte gefunden. „Zieh deinen Handschuh aus, Bessie."

Bessie versuchte, es ihr aus der Hand zu reißen. Ihre Tränen fielen auf das weiße Kind. „Es ist eng. Ich werde es nie wieder anziehen. Oh, was soll ich tun, Mama? Ich muss in einer halben Stunde da sein. Wie spät ist es jetzt? Nein. Ich kann den Kuchen nicht essen, Emily. Du Ich kann es essen, und

Deleah, wenn ich weg bin, hätte ich – ich habe Franky immer geliebt – ich weine jetzt wegen Franky.

Dann weinten sie alle, brachten sie zum Schweigen und streichelten sie und ließen sie ein Glas Wein der armen Emily trinken, was ihre Wangen noch mehr rötete und sie über ihre Tränen hinweg zum Lachen brachte. Dann mussten sie streng zu ihr sein und sie ausschimpfen, damit sie nicht hysterisch wurde. Und währenddessen schaute sie immer wieder auf die Uhr auf dem Kaminsims. „Nur noch fünf Minuten, Mama! Deda, Emily, nur noch fünf Minuten!"

„Liebes, du wirst dir die Sehenswürdigkeiten von London ansehen", tröstete Emily sie, während die Tränen über ihre eigenen lederfarbenen Wangen liefen. „Und dein eigener Kerridge und alles! Und dein Mann in Livree, der an der Tür wartet! Und dein Gentleman, der dich mochte, er könnte dich fast auffressen!"

Aber trotz dieser Überlegungen verbrachte Bessie die letzten fünf Minuten in dem Zimmer, in dem sie sich so geärgert hatte, auf dem Sofa, den Kopf im Kissen vergraben, ihre Füße strampelten in der alten, unkontrollierten Manier auf dem Rosshaar Abdeckung.

Deleah holte ihren eigenen Hut und den Umhang, der Bessies weißen Musselin für die Reise bedecken sollte, und Eau de Cologne, um sich damit die tränenüberströmten Wangen abzutupfen. „Ich komme mit dir, Bessie, zum Bahnhof", versprach sie. „Emily muss auch kommen."

„Ich komme", versicherte ihr Emily, die immer noch ihre Haube und ihren Schal trug. „Glauben Sie nicht, dass ich Sie verlassen werde, meine Liebe, bis ich dazu gezwungen werde. Und das kann ich Ihnen genauso gut sagen, Ma'am", fuhr sie fort und wandte sich an Mrs. Day: „Wenn meine junge Dame und ihr Mann von ihren Flitterwochen zurückkommen, werde ich mit ihnen zusammenleben. Es tut mir leid, dass ich mich von Ihnen und Miss Deleah trennen muss, aber Bessie stand bei mir immer an erster Stelle." , und das wird immer so sein."

Dann waren die fünf Minuten um: „Auf Wiedersehen, Mama, Schatz."

„Auf Wiedersehen, meine liebe Bessie."

„Außerdem habe ich noch drei neue Kleider, und ich werde später noch welche haben. Es war so schwierig, das Gepäck zu packen, ohne dass du und Deleah davon wussten! Ich hoffe, ich habe alles."

„Du wirst schreiben, Bessie?"

„Und du kommst und bleibst bei mir, Mama? Es wird die Kutsche geben, in der du rausfahren kannst. Das wird eine schöne Abwechslung sein."

„Das wird es tatsächlich, Liebes."

„Ist meine Haube gerade? Ich habe den Vergissmeinnicht-Kranz anbringen lassen, weil du immer gesagt hast, Blau sei meine Farbe."

„Geh jetzt, Liebling. Es gibt keine Minute mehr."

„Oh, Mama! Mama! Mama!"

„Geh sofort, Bessie. Deleah, bring sie nach unten –"

Der Bräutigam, gekleidet für die Figur in blauem Gehrock, lavendelfarbenen Hosen, passenden Handschuhen und Krawatte sowie einer Blume im Knopfloch, wartete darauf, seiner Braut beim Aussteigen zu helfen. Er, der ihr noch nie zuvor so aufgefallen war, erschien Deleah plötzlich ziemlich alt, trotz seiner sorgfältigen Kleidung und der geölten und gekräuselten Schnurrhaare. Bessie mit dem Vergissmeinnicht, das ihr rundes, hellhäutiges Gesicht umgab, sah im Vergleich dazu fast wie ein Kind aus.

"Spät!" sagte er und lächelte die Damen an. „Aber besser spät als nie, nicht wahr,
Schwester Deleah?"

„Das hängt davon ab, wie man diese Dinge betrachtet", sagte Deleah und verspürte zum ersten Mal in ihrem Leben den Wunsch, unangenehm zu sein.

„Wir haben eine Überraschung für dich vorbereitet, was?"

„Wir waren überhaupt nicht überrascht, Mr. Boult."

„Es muss jetzt ‚George' heißen, nicht wahr? Wir können nicht zulassen, dass Schwester Deleah
mich ‚Mr. Boult' nennt. Äh, Bess?"

„Du kannst ihn ‚George' nennen, Deda", sagte eine großmütige Bessie.

„Danke", sagte Deleah im Tonfall von jemandem, der überhaupt nicht dankbar ist. Sie folgte dem glücklichen Paar zum Bahnsteig. Beide waren für gewöhnliche Reisende zu elegant gekleidet, und die Leute, die sie für Braut und Bräutigam hielten, betrachteten sie interessiert.

„Wie sie alle starren! Ich hoffe, sie finden uns sehenswert."

„Das habe ich immer gedacht, meine Liebe", sagte Mr. Boult galant.

Eine ziemlich kleine Menschenmenge versammelte sich, um zu sehen, wie Bessie in den First-Class-Wagen einstieg, auf dem das Wort „verlobt" angebracht war: „Wir werden allein sein. Dafür habe ich gesorgt", sagte der Bräutigam stolz auf seine Manieren -die-Welt-Wege.

Deleah stieg mit ihrer Schwester in die Kutsche. „Du wünschst, du würdest mit uns kommen?" fragte Mr. Boult scherzhaft.

"Gar nicht!"

„Du wirst an der Reihe sein. Wie wäre es mit Mr. Gibbon? Jetzt, wo Bessie aus dem Weg ist, hast du deine Chance."

„Auf Wiedersehen, Bessie. Ich hoffe sehr, dass du glücklich bist."

„Du bist eine glückliche junge Dame, das ist es, was du bist!" Sagte Emily und steckte ihren Kopf in die Kutsche. „Du konntest nicht alle heiraten, die in dich verliebt waren, Bessie; aber du hast eine weise Entscheidung getroffen —"

Die Wache unterbrach ihre Beredsamkeit, indem sie die Tür zuschlug. Mr. Boult, der sich nicht darüber im Klaren war, dass Bessie sich vielleicht auch gerne gezeigt hätte, füllte das Fenster. Emily war fest entschlossen, dass kein Teil des Rituals, das solchen Zeremonien eigen ist, ausgelassen werden sollte, und warf ihm prompt eine Handvoll Reis ins Gesicht. Es schmerzte, blendete ihn halb, hatte aber den Effekt, dass es ihn aus seiner Position vertrieb, so dass Bessie für eine Minute erscheinen konnte. Das arme Gesicht in dem weißen Tüll und den Vergissmeinnicht sah besorgt, verängstigt und flehend aus; und als der Zug weiterfuhr und es ihnen wegnahm, sahen sich die Frauen, die auf dem Bahnsteig zurückgeblieben waren, mit tränenblinden Augen an.

„Arme Bessie! Sie ist immer so ein Kind", sagte Deleah.

„Das ist sie, Miss Deleah. Ich sage Ihnen, wie es mit mir und Bessie ist — obwohl sie so mit den Herren umgeht und so einen eigenen Willen hat — hatte ich immer das Gefühl, dass ich nie verloren habe das kleine Mädchen, auf das ich aufpassen musste, als ich zum ersten Mal bei deiner Mutter zum Dienst kam.

KAPITEL XXXII

Der Mann mit den verrückten Augen

Da die anderen Frauen tagsüber beschäftigt waren, war das Wohnzimmer eher Bessies Domäne gewesen. Wie seltsam und erschreckend war der Gedanke, dass Bessie für immer leer sein würde. Ihr unordentlicher Arbeitskorb lugte unter dem Sofa hervor, wohin sie ihn stets als Besucherin schob; Die Penny-Wochenzeitung, in der sie über die Mode und die romantischen Liebesheirat las, von denen sie geträumt hatte, während sie selbst eine absolut schmutzige Ehe einging, lag hinter dem Kissen ihres Stuhls versteckt. Deleah stand eine Minute lang im Türrahmen, ohne einzutreten, und fühlte sich seltsam trauernd und verlassen. Es gab nicht viel Sympathie zwischen den beiden, aber die Blutsbande sind stärker, als man denkt, bis „Ehe, Tod oder Trennung" das Band zerreißt.

Mit langsamen Schritten ging Deleah vorwärts in den so erbärmlich leeren Raum. Auf dem Tisch lagen einige Blumen. Zwei tiefviolette Clematisblüten. Die Schlingpflanze, die so sorgfältig darauf trainiert war, neben einer bestimmten Flurtür zu klettern, kam ihr in den Sinn. Sie hatte bei einer Gelegenheit, die sie am liebsten vergessen hätte, ohne es zu wissen, bemerkt, dass es zwei Knospen trug. Deleah betrachtete die Blüten mit einem seltsamen Gefühl der Abscheu. Sie ging um den Tisch herum auf die Seite, die am weitesten von ihnen entfernt war. Dann hob sie den Blick und sah, dass Charles Gibbon an der gegenüberliegenden Wand stand. Die offene Tür hatte ihn beim Eintreten von ihr abgeschirmt.

„Herr Gibbon!" sagte sie, und ihre Stimme stockte vor Bestürzung; In ihren Augen lag nur Besorgnis.

Er sah sie wortlos an. Es war seltsam beunruhigend, ihn dort stehen zu sehen, mit dem Rücken zur Wand und nichts sagend; die breite, kleine Gestalt, die einst in diesem Raum so vertraut war, jetzt so fremd und seltsam, das alltägliche, schlichte Gesicht, tragisch mit seiner neuen grauen Farbe, die Augen – Deleah erinnerte sich mit Schaudern an einige Worte, die sie kürzlich über sie gesprochen hatte Augen! Sie waren auf ihr Gesicht fixiert.

„Wollen Sie nicht kommen und sich setzen, Mr. Gibbon?"

Er ging ein paar Schritte weiter und stellte sich ihr gegenüber an den Tisch.

Sie betrachtete die Blumen. „Du hast diese mitgebracht?"

„Für dich", sagte er mit belegter Stimme. „Das sind die einzigen zwei, die die Clematis hatte. Wenn es zehntausend wären, wären sie für dich gewesen."

Deleah behielt die Blumen im Auge. Sie hatte das Gefühl, dass sie sie nicht berühren konnte. „Du bist sehr nett", sagte sie.

„Das würdest du jedem Fremden auf der Straße sagen, der dir einen Stein aus dem Weg geworfen hat, und ich – ich –." Er stammelte neugierig mit seiner belegten Stimme. Es schien, als würden die Worte, die er sagen wollte, nicht kommen. „Und ich – nach all dem, was ich leide – nur freundlich?" er kam endlich raus.

Mit etwas vom Ausdruck einer gefangenen Kreatur in ihren Augen blickte Deleah an ihm vorbei zur Tür. Er drehte sich sofort um, schloss die Tür und kehrte zu seinem Platz ihr gegenüber am Tisch zurück.

„Ihre Schwester ist heute mit Herrn Boult verheiratet", sagte er. „Einmal konntest du mich wegen deiner Schwester nicht heiraten. Dieses Hindernis ist weg. Ein anderes Mal hattest du eine andere Ausrede. Wieder eine andere. Komm, welche Ausrede hast du heute?" Er beugte sich über den Tisch, um sein Gesicht ihrem zu nähern. „Du hast nicht vor, mich zu heiraten, oder?"

Sie blickte ihn voller Angst an, sagte aber nichts. „Du hast mich neben dir leben lassen, hast mein Herz auf dich gerichtet, bis es für mich nichts anderes mehr auf der Erde oder im Himmel gab als dich. Du hast mich als Sklaven dienen lassen, um einem Mann zu dienen, den ich hasste, um dich zu bekommen. Du hast mich dazu gebracht, mich fertig zu machen." mein Haus – jeder Ziegelstein darin, jedes Pfund Farbe, das darauf gelegt wird, für Dich –"

„Mr. Gibbon, warten Sie! Ich glaube, Sie sagen zu viel. Ich habe Sie nie getäuscht. Ich habe nie gesagt, dass ich Sie heiraten würde. Ich habe versucht, es Ihnen verständlich zu machen."

„Hör zu! Hast du mich schon immer gehasst? Als du meine Blumen und Früchte nahmst – all die Geschenke, mit denen ich dich überhäufte – sag mir, hast du mich damals gehasst?"

„Das habe ich sicher nicht. Ich fand Sie sehr nett und großzügig."

"Hasst du mich jetzt?" Als sie „Nein" sagte, streckte er ihr über den Tisch hinweg eine zitternde Hand entgegen. "Dann-?"

Deleah trat von der Hand zurück und schüttelte den Kopf.

"Warum?"

Keine Antwort.

"Warum?"

„Oh, welchen Sinn hätte es, wenn ich es dir erzähle!"

„Aber du sollst es mir sagen."

"NEIN."

„Dann werde ich es dir sagen. Du denkst, du wirst jemand anderen heiraten."

Deleah hob den Kopf und sah ihn voller Stolz und Beleidigung an. „Das dürfen Sie nicht sagen, Mr. Gibbon. Das ist nicht wahr."

„Das glauben Sie", beharrte er. „Aber das bist du nicht. Weißt du warum? Weil ich dich aufhalten werde. Ich weiß! Weiß! Weiß!" Er schlug gnadenlos mit einer seiner zitternden Hände auf den Tisch. „Und ich werde dich aufhalten."

Er wandte sich ab, ging zur Tür, starrte sie einen Moment lang an, mit dem Rücken zu ihr, und blickte sie dann plötzlich wieder an: „Sir Francis Forcus", sagte er. Er ging zum Tisch und blickte sie an. „Sir Francis Forcus", wiederholte er. Und noch einmal: „Sir Francis Forcus", während er sich über den Tisch beugte, um sein Gesicht näher an ihres zu bringen.

Dann lachte er dem Mädchen ins verängstigte Gesicht und verließ das Zimmer.

Emily steckte fragend den Kopf zur Tür herein.

„Er ist nicht gegangen? Mr. Gibbon ist nicht gegangen, Miss Deleah? Nun, als die Herrin mir erzählte, dass er neben Ihnen war, hoffte ich, dass wieder eine Hochzeit bevorsteht. Das hätten Sie nicht tun sollen." Lass ihn so schnell gehen, mein Lieber.

Deleahs Augen waren benommen. „Er war schrecklich! Ich glaube, er ist verrückt", sagte sie.

Emily klatschte in die Hände. „Bessies Ehe hat das bewirkt! Ich habe Bessie immer gesagt, dass sie einige von ihnen in die Irrenanstalt oder in ihre Gräber schicken würde."

„Ich glaube, er ist verrückt. In welche Richtung ist er gegangen, Emily?" Sie rannte in den Laden hinunter, wo Mrs. Day, wenn Töchter verheiratet waren oder Töchter bedroht wurden – sie durfte nie vergessen, dass sie eine Lizenz zum Verkauf von Tabak und Schnupftabak hatte – immer noch mit ihrer Inventur beschäftigt war. „Mama, hast du Mr. Gibbon weggehen sehen?"

„Nein. Ist er weg, mein Lieber?"

Deleah rannte zur Tür, die immer noch offen war, obwohl die Fensterläden geschlossen waren, und blickte die Straße hinauf und hinunter.

„Willst du ihn zurückrufen?" fragte ihre Mutter leicht überrascht.

„Ich glaube, er ist verrückt." Deleah war atemlos und zitterte vor Aufregung oder Angst. „Er war im Wohnzimmer – versteckte sich hinter der Tür – und wartete auf mich."

„Mr. Gibbon! Mein Lieber, das konnte er nicht sein. Warum sollte er das tun?“

„Er hat es getan. Wie ist er dorthin gekommen?“

„Er kam wie immer herein – es ist wirklich nichts mit ihm los, Deleah – um mich zu fragen, ob ich wüsste, wo seine Pistole war, mit der er und Franky immer auf Flaschen geschossen haben, als er zum ersten Mal aus seinem Schlafzimmerfenster kam. Erinnerst du dich? Soweit ich wusste, habe ich ihm gesagt, dass es immer noch in seinem Schlafzimmer sei.

„Hat er es verstanden? Hatte er eine Pistole in der Tasche, während er mit mir sprach?“

Emily war Deleah in den Laden gefolgt. „Er hatte keine Pistole“, warf sie selbstbewusst ein. „Er würde es nie finden. Mir hat das eklige, gefährliche Ding nie gefallen, mit Franky, das jede Menge Unfug treibt, und ich habe es oben auf dem Kleiderschrank versteckt. Er würde es nie finden!“

„Lauf und sieh“, sagte Mrs. Day. Der Ausdruck der Angst auf Deleahs Gesicht begann sie zu beeindrucken; Das Mädchen zitterte jetzt heftig, ihre Zähne klapperten, als ob sie vor extremer Kälte litten.

In weniger als einer Minute war Emily zurück. „Er hat es“, hörten sie sie rufen, als sie kam. „Die Pistole ist weg. Er hat sie. So sicher wir leben, er wird sich wegen Bessie erschießen!“

"Unsinn!" Mrs. Day weinte scharf. „Deleah, es gibt wirklich keinen Grund zur Angst, meine Liebe. Die Pistole gehörte Mr. Gibbon. Er wollte sie natürlich haben.“

Deleah stand mitten im Laden, beleuchtet von der halb geöffneten Tür und dem Gasstrahl über Mrs. Days Schreibtisch. Sie drückte ihre Hände zusammen und drückte ihre Arme gegen ihre Brust, als versuche sie verzweifelt, ihr Zittern zu stoppen. „Könnte ich dort hinkommen?“ sagte sie zu ihrer Mutter. „Könnte ich zuerst da sein?“ Ihr Körper war nach vorne gebeugt, als hätte sie den Drang zu rennen, aber sie wartete, drückte sich mit zusammengezogener Stirn in ihre Arme und versuchte, ihre Gedanken zu beruhigen. „Wenn ich zuerst da bin –!“ Sie sagte.

„Wohin, Liebes? Wohin? Was willst du tun, Deleah?“

Sie schien nicht zu hören: „Wenn ich zuerst da bin!“ sie sagte sich; Dann erreichte er stolpernd die Tür und war weg.

Die beiden Frauen gingen hinaus und starrten einander im Licht des Ladens ausdruckslos ins Gesicht. „Sie rennt bestimmt nicht Mr. Gibbon hinterher!“ Sagte Mrs. Day hilflos ratlos.

„Es nützt nichts, wenn sie das tut. Gibbons Herz hängt an Bessie“, erklärte Emily.

„Geh ihr nach und bring sie zurück, Emily.“

Der große Hof der Hope Brewery war fast leer. Ein junger Angestellter, den Stift in den buschigen Haaren über seinen Ohren steckend, die Hände in den Hosentaschen, pfiff, während er darüber ging und leichtfüßig aus den Schatten der riesigen Gebäude in die Sonne der offenen Räume trat. Ein riesiger Fuhrmann zog ein Paar kräftiger Pferde hinterher, um seinen Wagen unter den Teil der Mauer zu bringen, über dem ein Faß hing; Zwei weitere Männer, ebenfalls von gigantischen Ausmaßen, mit rot leuchtenden Gesichtern und über ihre üppigen Körper gebundenen Schürzen, standen da und beobachteten die Manöver. Ein Reitknecht , der am Eingang des Hauptgebäudes für ein Reitpferd verantwortlich war, tätschelte den Hals seines Pferdes, während er ebenfalls zusah.

Deleah warf sich von der Tür des Geländewagens, der sie gebracht hatte, und rannte durch den Hof, ohne bewusst etwas von all diesen Dingen zu sehen, die sich dennoch in ihrem Gehirn festhielten und dort bis zu ihrem Tod unauslöschlich eingeprägt blieben. Sie kannte den Weg zum Privatzimmer von Sir Francis und ging darauf zu, ohne innezuhalten, um auf die ein oder zwei Männer zu achten, die versuchten, anzuhalten und sie zu befragen. Im Vorraum des Allerheiligsten flog ein vertraulicher Angestellter, der immer dort saß, von seinem Schreibtisch auf.

„Entschuldigen Sie, Miss. Einen Moment bitte. Sie können da nicht reingehen. Sir Francis ist besonders beschäftigt.“

Als sie es nicht bemerkte, versuchte er, die Tür vor ihr zu erreichen; aber Deleah, zu schnell für ihn, stürmte vorwärts, öffnete und schloss es vor seinem Gesicht.

Sir Francis stand in seiner Lieblingsposition mit dem Rücken zum Kaminsims, in Reitkleidung, Handschuhe und Peitsche in der Hand. Als Deleah ins Zimmer stürmte und auf die Tür zurückfiel, um sie wirkungsvoller vor dem vertraulichen Angestellten zu verschließen, hatte er für einen Augenblick eine Vision von ihm in seiner ruhigen Unangreifbarkeit, in dieser unerschütterlichen Vollkommenheit seines Aussehens, die, obwohl sie immer wieder erwacht war, vor ihm lag Ihre mädchenhafte Bewunderung schien ihn jemals in unermessliche Distanz zu bringen. Sein Anblick, selbst in einem für sie überragenden Moment, hatte die gewohnte Wirkung, kalte Wasser der Entmutigung über ihre Stimmung zu gießen und sie an sich selbst und an jedem Anspruch, den sie möglicherweise auf seine Aufmerksamkeit erheben konnte, zweifeln zu lassen. Sie war anmaßend gewesen, sich in seine Gegenwart zu drängen. Natürlich war er in Sicherheit. Natürlich konnte ihm nichts schaden. Der arme ehrenwerte Charles, der ehemalige Gehilfe des Tuchmachers, mit seiner gewöhnlichen, untersetzten Figur, seiner heiseren Stimme, seinem unkultivierten Akzent – es war eine Beleidigung, ihn auch nur in einem Atemzug mit diesem eleganten Herrn zu denken. Wie konnte dieser aufgrund seiner herausragenden Zurückhaltung und Sicherheit durch so jemanden in Gefahr gebracht werden?

Das alles zu sehen und zu fühlen war die Arbeit eines Augenblicks. Der Moment, in dem sie dem protestierenden Angestellten die Tür zuschlug, der Moment, in dem auch sie den Schock spürte, als sie aus ihrem rasenden Eifer erwachte, der alle Hindernisse niedergeschlagen hätte, um das Leben dieses Mannes zu retten, und zu der Erkenntnis gelangte, dass ihr Eifer es mit dem seinen tun würde Augen scheinen eine Absurdität zu sein; dass ihre Anwesenheit dort überflüssig, wenn nicht unverschämt war; dass sie sich umsonst lächerlich gemacht hatte.

Sir Francis ertrug diesen unerklärlichen, lärmenden Eingriff in seine Privatsphäre mit einem Ausdruck von Verärgerung und Überraschung, der die Fassung seines Gesichts zerstörte. Als er dann sah, wer es war, der so auf ihn losgestürmt war, der sich an die Tür gelehnt hatte, die sie zugeschlagen hatte, keuchend, als würde er verfolgt, und ihm ängstliche, flehende Augen zuwandte, veränderte sich sein Gesichtsausdruck, der ganze Mann schien sich zu verändern. Mit einem Blick, den Deleah nie für möglich gehalten hätte, ging er auf sie zu; In einem Tonfall, den seine Stimme nicht gekannt hatte, sprach er ihren Namen aus.

„Deleah!" er sagte.

Sie sah ihn an; Aber in verzückter Verwunderung über das Leuchten in seinen Augen lauschte sie gebannt der Freude darüber, dass ihr Name so ausgesprochen wurde, und vergaß, wer sie war, wo sie war, in dem Wirbel der Glückseligkeit, in dem ihre Sinne für einen Moment schwammen. Dann streckte er seine Hände aus, ergriff ihre und drückte sie fest an seine Brust.

„Mein liebes Kind, ich kam zu dir", sagte er. „Stattdessen bist du zu mir gekommen, meine kleine Deleah!"

KAPITEL XXXIII

Der Moment des Triumphs

„Während du in meinem Haus warst, habe ich viele Male die Jahre gezählt." Er lächelte ein wenig traurig, schüttelte den Kopf und sah auf sie herab. „Sie sind nie kleiner geworden, Deleah. Zwischen dir und mir sind es fünfundzwanzig. Das ist zu viel! Zu viel!"

"NEIN!" hauchte Deleah mit nach oben gerichteten, anbetenden Augen.

„Und, Liebes, sie sind nicht die einzigen Dinge zwischen uns – die mich von dir trennen. Eine Liebe, die ich gespürt habe – eine große Liebe, von der ich dachte, ich würde sie nie wieder fühlen – in der Vergangenheit –" Er blickte von ihr weg, über ihren Kopf hinweg in die Jahre, die vergangen sind. Dann kehrten seine Augen zu den Augen zurück, die zu ihm aufblickten, und er drückte ihre Hände fester an seine Brust.

„Da war auch Reggie", sagte er. „Armer Reggie! Aber ich habe es wiedergutgemacht,   was
ich konnte. Ich habe ihm seine Chance gegeben. Hatte er jemals eine Chance, Deleah?"

Sie schüttelte den Kopf. "Niemals!"

„Was wird er uns sagen?"

Es ertönte ein Klopfen an der Tür, und Sir Francis ließ die Hände fallen, die er gehalten hatte, und machte sich auf den Weg zurück. „Ich bin besonders engagiert, Rogers", sagte er.

Die Tür wurde diskret geöffnet, um nicht Rogers, sondern Rogers' Stimme hereinzulassen: „Ich bitte um Verzeihung, Sir, aber es gibt eine Angelegenheit von einiger Wichtigkeit; wenn Sie für ein paar Minuten kommen könnten."

„Ich habe Ihnen gesagt, dass ich verlobt bin", protestierte die Stimme der Autorität. Mit einer Art diskretem Widerwillen schloss sich die Tür wieder, und Sir Francis nahm das Mädchen mit der Ungeduld eines Liebhabers, dessen Leidenschaft für einen Moment einen Dämpfer erlitten hat, in seine Arme. Mit einer Hand gegen seine Brust hielt sie sich von ihm fern.

"Warum?" er fragte sie. „Du hast keine Angst vor mir, Deleah?"

„Ja. Ich habe große Angst."

„Sag mir warum, mein liebstes Kind?"

„Oh, wissen Sie", sagte Deleah und wandte den Kopf ab.

„Nein! Ich bin es, der Angst vor dir haben sollte; vor dir, mit deiner Jugend und Schönheit und deiner süßen und sanften Güte. Ich gestehe es – all die Monate, die du in meinem Haus gelebt hast, hatte ich Angst.“

„Du hast gesagt, es gäbe Dinge zwischen uns – die uns trennen. Du hast nicht gesagt, was wirklich da ist. Was Papa getan hat –“

Während sie über die Worte nachdachte, ertönte ein lauteres Klopfen an der Tür, die sich fast im selben Moment öffnete. Dort erschien das abfällige Gesicht von Mr. Rogers und dahinter das Gesicht eines Polizisten.

„Eine Minute, Sir. Ich werde Sie keine Minute aufhalten“, sagte der Angestellte; und Sir Francis ging mit ungeduldigen Schritten zur Tür und schloss sie hinter sich.

Deleah, sich selbst überlassen – war es für eine Stunde? war es nur für eine Minute? – blickte mit vor Glück benommenen Augen auf die Hände, die in seinen zerquetscht worden waren.

„Früher dachte ich, dass es himmlisch wäre, von ihm geliebt zu werden“, sagte sie. „Und jetzt – jetzt fühle ich nichts. Ich bin taub.“

Er kam sehr ernst zurück, sein Gesicht war ungewöhnlich blass. „Dein Taxi wartet. Ich bringe dich nach Hause, mein liebes Kind“, sagte er.

Sie überquerte erneut den großen Hof an seiner Seite. Der Fuhrmann stand noch immer an der Spitze seiner Pferde, der Stallknecht führte das Reitpferd zum Stall. Auf der gegenüberliegenden Seite des Hofes standen unter einem der Bögen einer schweren Kolonnade ein paar Polizisten. Einer von ihnen machte sich Notizen in einem Buch. Eine Gruppe von Arbeitern stand daneben; und Deleah erinnerte sich später daran, dass sie und die anderen so aussahen, als würden sie etwas unterbrechen, was sie sagten oder taten, während ihr Häuptling und das Mädchen an seiner Seite zu den großen Eingangstoren gingen.

„Zum Glück wartete ein Taxi“, sagte Sir Francis, als er sie hineinsetzte, und Deleah erwachte, so schien es ihr, zum ersten Mal, seit er ihren Namen gerufen hatte, als sie sich an seine Tür lehnte, zu vollem Bewusstsein .

„Es war meins“, sagte sie. „Ich habe es genommen, um schnell zu dir zu kommen – bevor du nach Hause gehst. Ich hatte Angst, du könntest verletzt werden. Ein Mann – der Mann, der früher bei uns wohnte – kam heute Nachmittag zu mir und bedrohte dich. Ich war so Dumm – ich hatte Angst, dass er es tun würde, als du an seinem Haus vorbeifuhrst, hinter der Hecke. Natürlich machte er mir einfach Angst; er würde es nicht wagen –“ Sie richtete ihre bewundernden Augen auf sein Gesicht, als er sich neben sie setzte. Wer würde es tatsächlich wagen, dieser Exzellenz Schaden zuzufügen?

„Ich hatte Angst, er wäre verrückt geworden", entschuldigte sie die Torheit ihres Gedankens.

„Armer Kerl, ich glaube, das hat er", sagte Sir Francis. Er hielt ihr Gesicht zu sich gewandt, das reine Oval in seiner Hand. „War es die Liebe zu dir, die ihn wütend gemacht hat, Deleah?"

Sie war ihm gegenüber noch zu schüchtern und zu bescheiden, um die Frage mündlich zu beantworten; aber er kannte die Antwort.

„Er wird dich nicht mehr belästigen, Deleah", sagte er sehr sanft. „Er wird mir nichts tun. Er ist tot."

Sie würde es nicht glauben. Es war unmöglich. „Er kann nicht sein! Er war vor einer halben Stunde bei mir. Ihm ging es genauso gut wie mir und er war sehr stark. Er kann nicht tot sein!"

„Er scheint zum Brauereihof gekommen zu sein – warum werden wir nie erfahren. Vielleicht mit einer verrückten Absicht mir gegenüber. Vielleicht – . Aber es ist alles eine Vermutung. Wir wissen nur, dass er jetzt dort ist. Tot."

„War er vor mir da? Hat er mich durch den Hof rennen sehen – zu dir?"

„Niemand weiß es. Niemand hat ihn bemerkt, bis sie ihn mit einem Schuss durch den Kopf hinter einer der Säulen der Kolonnade liegend fanden. Ich gehe jetzt dorthin zurück. Sie wollen mich."

Er hob sie aus dem Taxi und blieb neben ihr stehen, bis Emily die Tür öffnete: „Ich werde so bald wie möglich wieder bei dir sein, mein liebes Kind", versprach er; und stieg wieder ins Taxi und fuhr weg.

Deleah schlich die Treppe hinauf und schloss die Tür des Wohnzimmers vor Emily. Sie war voller Fragen, bekam aber keine zufriedenstellenden Antworten. Von Emotionen geschüttelt, schwach und zitternd, stand sie da und schaute sich in dem leeren Raum um, der ihn mit seinem vertrauten Kreis füllte. Da war Bessies Platz und dort Frankys besonderer Stuhl. Dort, an dem kleinen Tisch auf der einen Seite des Feuers, hatte der Pensionsgast jeden Abend gesessen, das Buch in der Hand, aber die Augen wanderten immer in Deleahs Richtung. Sie sprach oder lachte oder seufzte, und die Veränderung in seinem Gesicht zeigte, dass er zuhörte. Bessie musste seinen Namen zweimal laut rufen, bevor seine Aufmerksamkeit erregt wurde. Franky stellte einige Fragen zum Mischen seiner Farben. Der Mann antwortete mit einer Art besorgter Höflichkeit und stand auf, um dem Kind über die Schulter zu schauen. Als er an Deleah vorbeiging, bückte er sich nach dem Buch, das er absichtlich neben ihrem Stuhl abgelegt hatte. "Ich liebe dich!" Sie würde sein wildes, tiefes Flüstern in ihrem Ohr hören.

Sie war sich selbst gegenüber zu geringschätzend gewesen, zu unschuldig an den Wirkungen der Leidenschaft, als dass sie über die Anzeichen eines Leidens in ihm etwas anderes als Verärgerung und Verärgerung empfunden hätte, an die sie weder glauben noch verstehen konnte. War es schließlich möglich, dass sie, Deleah, deren Herz so zart war, deren Verhalten so erbärmlich war, die die ertrinkenden Fliegen rettete und nicht freiwillig das gemeinste Geschöpf Gottes gequält hätte, nur durch ein blasses und hübsches Gesicht, hatte dieses Chaos angerichtet?

Mit einem Schluchzen im Hals kam sie ins Zimmer. Auf dem Tisch lagen die beiden violetten Clematisblüten, die von einem Zweig ihres eigenen Blattwerks umgeben und mit den Ranken der Pflanze zusammengebunden waren. Deleah erinnerte sich an den Abscheu, mit dem sie sie dort liegen sah. Sie streckte ihnen die Hand entgegen, zog sie aber zurück. Sie konnte sie auch jetzt nicht berühren.

Für jeden von uns kommt der Moment des Triumphs, egal wie ernst sein Leben ist und wie sehr er seine Geschichte verschleiert, ob er nun lebt oder tot ist. Zu Charles Gibbon kam sein Glück, als Deleah, vergessend ihrer neu gewonnenen Glückseligkeit und des sich vor ihr öffnenden Himmels des Glücks, ihren Kopf auf den Tisch neben den armen Blüten der Clematis-Blüte legte und weinte, als wäre ihr das Herz gebrochen für das Schicksal des ehrenwerten Charles.